DEEP & EASY

메시지 담은 성경 내비게이션

신약편 가이드북

임동택 지음

쿰란출판사

들어가는 글

하나님의 말씀인 성경은 시대와 문화를 초월해 오늘날까지도 인간의 모든 삶의 영역을 조망하고 세상의 온갖 문제에 대한 명쾌한 답을 제시한다. 그 때문에 인생이란 긴 항해를 하는 사람에게는 나침반이요, 어두운 길을 걷는 사람에게는 밝은 등불이다. 그래서 성경을 읽고 묵상하며 그 말씀대로 행하는 사람은 부와 영광, 행복과 성공을 동시에 얻을 수 있으며 좌로나 우로나 치우치지 않고 살 수 있다.

자연 만물이 일반계시라면 성경은 하나님께서 자신을 계시하신 방식 중의 하나인 '특별계시'다. 하나님이 자신의 뜻을 알려주는데 어렵게 하실 이유가 없다. 따라서 조금만 관심을 갖고 연구하면 누구든 하나님의 뜻을 명확히 알 수 있다. 성경은 그 자체로 무오성과 충족성을 다 가지고 있기에 성경을 읽으면 구원에 이르는 길을 알 수 있다. 특히 하나님의 영인 성령을 받은 사람은 성경을 읽을 때 엄청난 통찰력을 얻는다. 하나님의 영감으로 쓰인 책을 읽는 데 하나님의 영이 임한다면 원 저자의 직강을 듣는 셈이다.

성경을 보는 시각은 너무도 달라서 과연 하나님의 말씀답게 꿀보다 더 달다는 사람이 있는가 하면 난해하고 복잡해서 도무지 무슨 말인지 모르겠다는 사람도 있다. 우선 생각해 볼 것은, 성경이 하나님의 말씀이라면 하나님께서 우리에게 주시는 말씀을 난해하고 복잡하게 하셨을 리 없다는 점이다. 그렇다면 성경은 쉽고 명확하다고 할 수 있다. 그러나 아무에게나 그런 것도 아니다. 성경이 쉽고 명확하게 느껴지려면 첫째, 성경의 원저자인 성령의 도움이 절대적으로 필요하다. 성령을 덧입은 사람은 하나님의 지혜로 성경을 볼 수 있기 때문이다. 둘째, 성경 전체에 대한 개관이 필요하다. 성경 개관이 잘 정립된 사람은 성경의 숲과 나무를 동시에 볼 수 있다.

대체적으로 구약성경은 신약성경보다 좀 더 어렵다고들 한다. 율법서인 모세오경은 복잡하고 예언서인 선지서는 난해하고 시가서는 의미가 다양해 초점을 잡기가 어렵다. 신약으로 오면 복음서는 그런대로 읽히지만 서신서로 가면 다소 복잡해지다가 예언서인 요한계시록을 만나면 짙은 안개 속을 헤매는 느낌이다.

본서는 난해하고 복잡하게 느껴지는 성경을 쉽고 단순하게 느낄 수 있도록 해 줄 것이다. 신구약 66권 각 권마다 서론과 개관은 물론, 장별로 요약한 설교를 실었다. 설교자에겐 하나의 좋은 모델이 될 것이며 신구약을 더 깊이 알고자 하는 크리스천에겐 성경의 나무와 숲을 동시에 볼 수 있게 해줄 것이다.

목차

마
태
복
음

서론

<table>
<tr><td>주 제</td><td colspan="3">왕으로 오신 메시아 예수</td><td>저 자</td><td>마 태</td><td>기록장소</td><td>팔레스타인</td></tr>
<tr><td>기록연대</td><td colspan="3">A.D. 50-70년 사이</td><td>대 상</td><td colspan="3">특히 유대인</td></tr>
<tr><td>대 지</td><td>탄생 및 유년기에 관한 기사들</td><td colspan="4">무리들과 제사장들을 가르침</td><td colspan="2">죽으심 및 부활에 관한 기사들</td></tr>
<tr><td rowspan="2">구 분</td><td colspan="7">1:1 4:12 8:1 11:2 16:13 20:29 28:1 28:20</td></tr>
<tr><td>왕의 탄생</td><td>왕의 선포</td><td>왕의 권능</td><td>왕에 대해 고조되는 배척</td><td>왕의 제자 훈련</td><td>왕의 등장과 배척</td><td>왕의 증거</td></tr>
<tr><td>배 경
(장소,시대)</td><td colspan="7">베들레헴-나사렛-갈릴리-유대/B.C. 6-A.D. 30년경</td></tr>
<tr><td>요 절</td><td colspan="7">"예수께서 나아와 말씀하여 이르시되
하늘과 땅의 모든 권세를 내게 주셨으니"(28:18)</td></tr>
</table>

마태복음 이해

예수께서 부활 승천하신 지 30년이 지난 후 예수와 동행했던 1세대 중에 자신들이 세상을 떠나기 전에 예수님의 생애를 후대에게 전해야 할 사명을 느낀 여러 사람이 붓을 들었다. 그중 마태, 마가, 누가, 요한의 기록은 신약성경(聖經)의 4복음서로 남았다. 출신이나 신분, 학력 수준이 달랐던 이들이 각자의 관점과 의도로 쓴 복음서(福音書)였기 때문에 4복음서를 비교하여 읽으면 예수 그리스도의 생애를 더 풍부하고 정확하게 알 수 있다.

마태는 당시 유대교로부터 개종했던 수많은 그리스도인들을 위해 마태복음을 썼다. 그들은 예수의 복음과 구약의 율법 사이에서 혼란을 겪고 있었다. 이에 마태는 구약의 모든 메시지가 예수 그리스도를 증거하고 있음을 유대인들에게 확실히 일깨워줌으로써 그 혼란을 불식시키고자 하였다. 마태는 구약의 예언(창 3:15; 사 9:6, 7; 말 4:2)에서 말하는 이스라엘의 구원자로 오실 왕이 바로 예수임을 증명하였다. 따라서 유대인들은 구약과 신약 사이에서 갈등을 느낄 필요가 없었고 구약만을 고집할 수도 없었다. 이러한 이유로 마태복음이 신약 27권 중에서 가장 먼저 기록된 책이 아님에도 신약의 가장 처음에 놓인 것이다.

기록 목적

마태는 다음과 같은 목적으로 이 책을 기록했다.

(1) 예수의 생애와 관련하여 자신이 눈으로 본 것을 증언하기 위해서이다. 다시 말해서 이 책은 여기에 기록된 사건들이 벌어졌을 때 그 장소에 있었던 목격자에 의해 기록된 이야기라는 것이다.

(2) 예수가 구약의 선지자들에 의해 예언되고 약속된 하나님의 아들이요 메시아임을 확증하기 위해서이다.

(3) 하나님의 나라, 즉 하나님의 궁극적인 능력과 권세와 목적과 삶의 방식이 예수를 통해 이전에 인류에게 결코 알려지지 않은 방식으로 계시되고 실체화되었음을 보이기 위해서이다.

마태는 자신의 독자들이 다음과 같은 두 가지 중요한 주제를 깨닫기를 원한다.

(1) 대부분의 이스라엘 백성들이 예수와 그의 나라를 배척했다는 것이다. 그들은 예수가 약속된 메시아(즉 구주, 그리스도)임을 믿지 않았다. 그것은 그가 그들이 기대했던 정치적인 지도자가 아닌 영적인

지도자로 오셨기 때문이다.

(2) 이 세대의 끝, 즉 하나님이 세상을 심판하실 마지막 날에 예수가 만국을 심판하고 통치하기 위해 만왕의 왕으로서 영광 가운데 오실 것이라는 것이다(계 17:14, 19:16).

기록 배경

A.D. 30년경, 십자가에서 죽으신 예수께서 부활 승천하신 직후 얼마 동안은 유대인과 기독교인들이 유대교의 회당뿐만 아니라 예루살렘에 있는 성전에서도 예배를 드릴 수 있었다. 그러나 로마인들과 유대인들 사이에 전쟁이 발발할 무렵(A.D. 66-70년)에는 이러한 상황이 크게 변했다.

마태복음이 기록되던 시기에는 유대교와 기독교 사이의 차이점이 분명하게 드러나기 시작해 유대교와 충돌을 일으키고 있었다. 또한 복음이 점차 이방 세계로 멀리 전파되자 개종한 이방인들의 수가 늘어나 교회 안에서 이들이 점점 중요한 위치를 차지하게 되었다. 교회는 이제 더 이상 유대파 기독교인들로만 이루어진 공동체가 아니었다. 따라서 교회는 육적 선민(肉的 選民)의 모임이 아닌 여호와의 영적 백성들의 모임, 곧 새로운 이스라엘로서의 정체성을 정립해야만 했다. 아마 이 당시 마가복음은 이미 기록되어 있었을 것이다. 그러나 마가복음은 유대파 기독교인들의 당면 문제에는 직접적인 도움을 주지 못했다.

그래서 마태는 대략 A.D. 60년 이후에 팔레스타인 또는 시리아에 있던 교회 공동체를 향해서, 특히 유대교적 전통과 기독교적 신앙 사이에서 갈등하고 있는 기독교인들을 향해 오히려 유대교가 구약성경을 곡해한 것이며 기독교는 구약의 핵심사상을 정통으로 계승하였음을 주지시키기 위하여 마태복음을 썼던 것으로 보인다.

내용 분해

서문: 족보와 유아기 때의 이야기 1:1-2:23

A. 예수님의 족보 1:1-17

B. 예수님의 탄생 1:18-25

C. 동방박사들의 예배 2:1-12

D. 애굽으로 피난, 유아대학살, 이스라엘로 복귀 2:13-23

Ⅰ. 하나님 나라 선포 3:1-7:29

A. 이야기: 예수님의 사역 시작 3:1-4:25

B. 담론: 산상보훈 5:1-7:29

Ⅱ. 예수님의 갈릴리 사역 8:1-11:1

A. 이야기: 열 가지 기적 8:1-9:34

B. 담론: 사명과 순교 9:35-11:1

Ⅲ. 논란과 비유 11:2-13:52

A. 이야기: 확산되는 논란 11:2-12:50

B. 담론: 하나님 나라에 대한 비유 13:1-52

Ⅳ. 이야기, 논란, 담론 13:53-18:35

A. 이야기: 예수님의 예루살렘을 향한 마지막 여정 전에 있었던 일들 13:53-17:2

B. 담론: 교회에 대한 가르침 18:1-35

Ⅴ. 유다와 예루살렘에서의 예수님 19:1-25:46

A. 이야기: 예수님의 마지막 여정과 깊어지는 갈등 19:1-23:39

B. 담론: 종말에 대한 예수님의 가르침 24:1-25:46

Ⅵ. 죽으심에 관한 이야기 26:1-27:66

Ⅶ. 부활에 관한 이야기 28:1-20

| 장별 핵심 메시지 |

제1장 예수님의 족보

❁ 만왕의 왕(1–17)

그리스도께서 아브라함과 다윗의 자손이라는 증거에는 그분의 역할을 특징짓는 중요한 의미가 있다.

첫째: 예수 그리스도는 믿음의 주이시다

주께서 아브라함의 자손으로 언급된 것은 그분이 믿음의 주(히 12:2), 곧 인격적인 믿음의 선구자이심을 지칭한 것이다. 성령께서는 우리에게 믿음의 주이신 예수를 바라보라(히 12:2)고 하신다. 그분을 바라보는 믿음이 온전한 믿음이요, 그분을 바라보고 나아갈 때 실족하지 않게 된다.

둘째: 예수 그리스도는 만왕의 왕이시다

이사야는 다윗의 왕권이 메시아의 영원한 왕권을 상징하는 것으로 묘사했다(사 9:7). 그분의 나라도 영원하고 그분의 왕권 또한 영원하다. 하나님께서는 아들이신 그분에게 하늘과 땅에 있는 모든 권세를 주셨으며, 모든 무릎으로 그 앞에 꿇게 하셨고, 그분을 주라 시인하게 하셨다.

셋째: 예수 그리스도 안에서 장벽이 무너졌다

주님의 계보에 기록된 여인들의 이름은 많은 의미들을 부여해 주는데, 무엇보다도 그분 안에서 남녀를 비롯하여 빈부와 귀천, 민족 등의 장벽이 무너졌음을 보여준다. 평등의 세계가 도래한 것이다. 이것은 그리스도 예수 안에 있는 자에게는 결코 정죄함이 없음을(롬 8:1) 보여주는 귀한 증거이다.

결론(結論)

믿음의 주이시며 만왕의 왕이신 예수 그리스도를 통하여 구원의 축복을 누리자.

제2장 예수님의 탄생과 애굽 피난

❄ 동방박사들(1-12)

본문은 예수 그리스도의 탄생과 이방인인 동방박사의 경배에 대해 기록하고 있다.

첫째: 위대한 왕의 탄생을 알게 됨

박사라고 언급한 점으로 미루어 그들은 동방에서 별자리를 연구하던 천문학자나 점성술에 익숙한 사람들이었을 것으로 추측할 수 있다. 여기서 놀라운 사실은 그들이 위대한 왕의 탄생을 알리는 별을 보고 이것을 믿게 되었다는 것이다. 그리스도는 이 세계의 모든 사람들에게 알려져야 할 유일한 분이시다.

둘째: 먼 길을 찾아와 경배함

별을 본 박사들은 그 별이 가는 방향으로 길을 떠났고, 그리스도를 찾아와서 경배 드렸다. 진리를 발견하는 것도 중요하지만 따르는 것은 더욱 중요하다. 주님이 비유로 교훈하신 것처럼 좋은 진주를 구하는 장사치가 극히 값진 진주 하나를 만났을지라도 그것을 빨리 사지 않으면 내 것이 될 수 없다.

셋째: 각기 귀한 예물을 드림

그들은 주님께 엎드려 경배와 예물을 드림으로 경의를 표했다. 고대 사람들은 왕을 알현할 때는 황금을 드렸는데 거기에 몰약과 유향까지 드렸던 것이다. 우리가 드려야 할 가장 값진 예물은 무엇인가? 항상 그분을 생각하고 그분이 기뻐하시는 일에 힘써야 한다.

결론(結論)

먼 길을 찾아와 주님을 경배한 박사들처럼 주님의 말씀을 믿고 행하는 성도가 되어야 한다.

제3장 예수님께서 세례를 받으심

❋ 하늘의 음성(13-17)

하나님의 아들이요 하나님과 하나이신 그리스도께서 하나님의 종인 세례 요한으로부터 세례를 받으셨다는 사실을 언급하고 있다.

첫째: 주께서 세례 요한에게 세례를 받으심

요한은 요단강에서 세례를 주고 있었다. 그런데 그분이 왜 자신에게 오셔서 세례를 받으셔야 하는가에 대해서 세례 요한 자신도 이해할 수 없었다. 요한의 세례는 회개의 세례였으므로 죄인들이 그 대상이었는데, 하나님의 아들이 자기에게로 오신 것을 보고 당황하여 이를 만류했다. 하지만 주님은 하나님의 모든 의를 이루기 위해 이를 행함이 필요함을 아셨으므로 요한에게 허락하도록 말씀하신 후 세례를 받으셨다.

둘째: 하늘에서 들리는 음성

주께서 세례를 받으시고 물에서 올라오실 때 놀라운 광경이 벌어졌다. 하늘이 열리고 하나님의 성령이 비둘기같이 내려 그분 위에 임하셨으며 "이는 내 사랑하는 아들이요, 내 기뻐하는 자"라고 말씀하시는 하나님의 음성이 들려왔다. 예수님이 하나님의 뜻을 살펴 그

뜻대로 행하는 분임을, 즉 그분이 메시아임을 하나님께서 친히 공포하셨다.

결론(結論)

하나님의 뜻대로 살고자 하는 사람에게는 하나님께서 항상 "내 기뻐하는 자라" 하시면서 길을 열어 주신다.

제4장 예수님께서 시험을 받으심

❋ 시험을 받으신 예수님(1–11)

그리스도의 사역은 40일간의 금식 기도와 마귀에게 받으신 시험으로 시작된다.

첫째: 이 돌들을 명하여 떡덩이가 되게 하라

예수께서 40일을 주야로 금식하였음을 아는 마귀는 육신적인 문제, 즉 육신의 정욕을 무기로 주님께 도전했다. 마귀는 인간의 약점을 이용하여 그리스도를 시험했는데 그분은 "사람이 떡으로만 살 것이 아니라 하나님의 입으로 나오는 모든 말씀으로 산다"라는 말씀으로 그의 도전을 일축해 버리셨다.

둘째: 성전 꼭대기에서 뛰어내리라

마귀가 사용한 두 번째 무기는 안목의 정욕이었다. 성도들도 빠지기 쉬운 시험이다. 이것을 극복하려면 주님께서 말씀하신 "하나님을 시험치 말라"는 말씀의 의미를 이해해야 한다. 보기에 좋다고 몸에도 좋은 것은 아니다. 아담과 하와는 보기에 좋은 것(선악과)을 먹음으로써 에덴을 잃었다.

셋째: 내게 엎드려 경배하라

마귀가 사용한 마지막 무기는 이생의 자랑이었으며, 이는 마귀에게 엎드려 절하는 것이었다. 영적인 시험으로써 정신적인 유혹을 하고 있다. 그러나 예수님께서는 이것도 말씀으로 물리치셨다.

결론(結論)

누구에게나 시험이 다가오는데 시험이 올 때마다 주님처럼 말씀으로 그 시험을 이기는 성도가 되어야 한다.

제5장 예수님의 산상보훈

❀ 주님이 가르치신 복

예수님의 산상설교는 복음서 중에서도 주옥 같은 설교이기 때문에 산상보훈이라 불린다.

첫째: 복의 개념

사람은 누구나 복을 받기 원한다. 그래서 옛날부터 복 받는 비결을 알려고 애를 썼다. 세상 사람들은 부귀영화나 장수와 같이 외형적인 것들을 복으로 생각한다. 그러나 주님께서는 오히려 내적인 복을 말씀하신다.

둘째: 천국의 팔복

예수님은 산상설교에서 팔복을 말씀해 주셨다. 이를 일컬어서 오늘날 신학자들은 '천국의 팔복'이라고 한다. 복을 받는 자는 ① 심령이 가난한 자 ② 애통하는 자 ③ 온유한 자 ④ 의에 주리고 목마른 자 ⑤ 긍휼히 여기는 자 ⑥ 마음이 청결한 자 ⑦ 화평케 하는 자 ⑧ 의를 위하여 핍박을 받는 자다.

셋째: 신령한 복

믿음으로만 얻을 수 있는 영적 복을 말한다. 이 복을 소유한 사람은 겉으로는 아무런 특징이 없거나 사람들에게 손가락질을 받을지라도 그 내면 세계는 세상의 어떤 것도 이기지 못할 큰 능력을 갖게 된다. 때문에 세상 사람들에게 핍박을 당할지라도 슬퍼하거나 좌절하지 않는다.

결론(結論)

사람은 누구나 복 받기를 원한다. 그러나 우리는 주님께서 주시는 복을 받아야 한다.

제6장 예수님의 산상보훈

❁ 기도의 대헌장(9–15)

본문은 기도의 대헌장이라고 할 만큼 중요한 의미를 가진 말씀으로 그 의미의 올바른 이해가 필요하다.

첫째: 기도는 아버지께 드리는 청원과도 같은 것이다

기도는 미사여구가 동원된 구문이나 사람들을 감동시키는 독백과는 구별된다. 그것은 자식이 아버지께 드리는 청원과도 같으니 세일즈맨이나 외교관 같은 태도를 버리고 사랑받는 자녀로 그분 앞에 서도록 해야 한다. "하늘에 계신 우리 아버지"이신 그분은 우리가 기도해야 할 유일한 대상이며, 기도에 응답해 주시는 분이시다.

둘째: 기도는 아버지의 절대 주권을 인정하는 것이다

'주기도문'으로 통칭되는 본문의 내용은 그분의 절대 주권을 인정하는 것으로 일관되고 있다. "뜻이 하늘에서 이룬 것같이" 즉 우리의 뜻보다 하나님의 뜻이 우선되어야 함을 가르쳐 주신다. 자신의 계획 속에 그분의 뜻을 종속시키려는 태도는 옳지 못하다. 오히려 나를 그분의 의지에 굴복시켜야 한다(26:39).

셋째: 기도의 전제는 사람의 잘못을 용서하는 것이다

우리의 이웃에 대한 선(先) 용서는 하나님의 용서를 불러들인다. 다른 사람의 과실을 용서하는 사람이 하나님께로부터 용서를 받을 수 있다. 미움이나 증오심 등과 같은 악한 감정을 가지고는 거룩하신 그분 앞에 설 수가 없다. 이기심을 비롯한 자기중심적인 모든 것들은 기도의 큰 장애 요인이다.

결론(結論)

기도는 "영혼의 호흡"이다. 하나님의 뜻을 이 땅에 이루기 위하여 기도를 쉬지 말아야 한다.

제7장 예수님의 산상보훈

❋ 삼가야 할 일과 힘써야 할 일(1–12)

예수께서 우리에게 지극히 삼가야 할 일과 부지런히 힘써야 할 일에 대해서 말씀하셨는데, 그것이 비판과 기도이다.

첫째: 비판하지 말라(1–6)

① 허물이 없는 사람이 없기 때문이다. 인생은 누구나 결점 투성이다. 칭찬해 주고 싶어도 칭찬해 줄 사람이 없다. 즉 비판할 것들이 차고 넘친다. ② 남을 비판할 때 얻어지는 쾌감 때문이다. 남의 약점을 들추고 화젯거리로 삼을 때 사람들은 심심하지 않다. 남을 흉보느라 열이 나서 시간가는 줄 모른다. 남을 깎아내릴 때 심리적으로 어떤 쾌감이 온다. ③ 남을 비판할 때 자신의 비행을 정당화시킬 수 있기 때문이다. 남의 비행이 드러나기 시작하면 그것으로 인해 자신의 약점이 가려진다. ④ 사람이 할 수 있는 일 중에 가장 쉬운 일이기 때문이다. 용서에는 아픔과 쓰라림이 있고 사랑에는 희생이 있고 봉사에는 수고가 있으나 비판은 아픈 것도 없고 수고도 없이 얼마든지 할 수 있다.

둘째: 기도에 힘써라(7–12)

기도는 모든 문제를 해결하는 열쇠다. 예수님께서는 우리에게 이 기도의 열쇠를 효과적으로 사용하는 세 가지 방법을 말씀해 주셨다. ① 구하라 ② 찾으라 ③ 문을 두드리라. 이것은 기도 응답의 기본 요건이요 강조점이다. 사람들은 한두 번 기도해서 응답이 없으면 금방 낙심하고 포기한다. 그렇기 때문에 주님께서는 구하라, 찾으라, 두드리라고 말씀하신 것이다. 낙심치 않고 구하는 자가 응답을 받는다. 그래서 "구하는 이마다 얻을 것이요, 찾는 이가 찾을 것이요, 두드리는 이에게 열릴 것이니라"(8)라고 말씀하셨다.

결론(結論)

긍휼을 행하지 아니하는 자에게는 긍휼 없는 심판을 내린다고 성경은 말한다(약 2:13). 값없이 오직 은혜로 허물과 죄로 죽은 우리를 용서해 주신 하나님의 사랑을 알면서 형제의 잘못을 용서해 주지 못하고 오히려 허물을 들추어낸다면 이는 스스로 하나님의 용서를 경험하지 못한 사람임을 드러내는 것이다. 우리는 남의 허물을 발견했을 때 판단하려 하지 말고 오히려 내 자신을 돌아보는 기회로 삼아야 한다.

제8장 병자를 고치신 예수님

❋ 이만한 믿음(백부장의 신앙)(5-13)

백부장은 "이스라엘 중 이런 믿음을 만나보지 못했노라"(10)는 극찬을 받았다. 그 이유는 무엇일까?

첫째: 참 신앙인이었기 때문이다

평상시에 예수님은 유대인들에 대하여 크게 실망을 하고 계셨다. 그 이유는 그들이 가장 신앙적이어야 할 선민이었음에도 실제로는 가장 믿지 않는 사람들이었기 때문이다. 그런데 백부장은 이방인이었음에도 불구하고 당시 어느 유대인보다도 주님의 인격과 권세를 잘 알고 있었다.

둘째: 말씀을 믿는 신앙 때문이다

"다만 말씀으로만 하옵소서. 그러면 내 하인이 낫겠습니다(8)." 이 얼마나 위대한 신앙 고백인가? 특히 이 당시에는 아직 말씀으로 치료하신 사실이 없었음에도 불구하고 그는 말씀으로 모든 것이 해결될 수 있다는 확신이 있었다. 가장 큰 믿음은 보지 않고 말씀만으로도 믿어지는 믿음이다. 실로 백부장은 고차원의 신앙인이었다.

셋째: 행함 있는 믿음 때문이다

보이지 않는 하나님을 향한 사랑은 구체적으로 보이는 이웃을 통하여 표현되어야 한다. 백부장은 자신의 믿음을 하인의 병을 고치려는 사랑을 통하여 구체적으로 고백하고 있다. 그는 산 믿음의 소유자였다. 그는 과연 '이만한 믿음'이라고 극찬을 받기에 조금도 손색이 없는 참 신앙인이었다.

결론(結論)

세상은 사람을 외모로 취급한다. 그러나 여기 백부장은 자신의 상전이 하늘에 계심을 알고 하인을 외모로 취급하지 않고 사랑으로 섬겼다. 우리도 사람을 대할 때 외모로 취하지 말고 중심으로 사랑하는 성도가 되어야 한다.

제9장 예수님이 병을 고치심

❁ 구원하는 믿음(20-22)

12년간이나 혈루병을 앓고 있던 여인이 길에서 주님을 만나 소원을 이루게 된 이야기를 통해 믿음에 대해 알아보자.

첫째: 겸손한 믿음이었다.

이 여인의 병은 여인으로서는 매우 부끄럽고 전통적으로 죄악시했던 병이다(레 15: 19-30). 그러므로 아무리 자신의 문제가 급하다 해도 예수님의 면전에 불쑥 나설 수가 없었다. 두려움과 떨리는 마음으로 예수님의 겉옷 가를 만질 수밖에 없었던 것이다.

둘째: 확신에 넘치는 믿음이었다

겉옷만 만져도 나을 수 있다는 생각을 가질 정도의 믿음은 보통 믿음이 아니다. 우리의 기도와 소망은 자신의 믿음에 의해서 성취된다. "네 믿음이 너를 구원하였다"라는 말씀은 그녀의 공로로서의 믿음을 말씀하신 것이 아니라 믿음이 없이는 역사가 일어날 수 없다는 뜻이다. 그녀는 확신에 가득 찬 믿음을 가졌다.

셋째: 결단력 있는 믿음이었다

오늘날 신앙인들의 문제는 모르기 때문에 어려움을 당하는 것이 아니라 알면서도 행하지 않음에 있다. 이 여인은 소식을 들어서 아는 대로, 또 자신이 확신한 대로, 과감하게 실천에 옮길 만한 결단력 있는 믿음을 가지고 있었기 때문에 도움을 받을 수 있었다. 성도들에게도 이러한 믿음이 있어야 한다.

결론(結論)

성경 말씀을 믿고 그대로 행할 때에 우리는 놀라운 은혜를 체험하게 된다.

제10장 열두 제자의 선택과 파송

❄ 제자들이 당할 고난(24-33)

주님의 제자가 되려면 무엇보다도 고난을 당할 각오를 해야 한다.

첫째: 그리스도를 바라보면서 인내해야 한다

주님은 우리의 주님이시요 또한 스승이시다. 그는 의로우신 분이시요 또한 능력의 주님이시다. 그런 그도 멸시를 받고 사람들의 배척을 당했다. 주님께서 가신 길은 고난의 길이다. 우리의 인생행로도 마찬가지다. 주님을 바라봄으로 새로운 힘과 용기를 얻어야 한다.

둘째: 사람을 두려워할 필요가 없다

우리는 주님의 제자로 자처하지만 이따금씩 사람을 두려워 할 때가 있다. 그러나 주님은 "너희가 세상에서 환난을 당하나 담대하라 내가 세상을 이기었노라"라고 말씀하셨다. 심판 날이 이르면 핍박자들의 허위와 위선, 죄악 등이 드러날 것이고 그리스도인들의 믿음, 거룩함 또한 드러날 것이다.

셋째: 육신을 죽이는 자들을 두려워하지 말아야 한다

주님께서는 말세가 이르면 제자들에게 극한적인 고통이 있으리라고 말씀하셨다. 그러나 주님은 그러한 어려움 속에 처하더라도 "몸은 죽여도 영혼은 능히 죽이지 못하는 자들을 두려워하지 말고 오직 몸과 영혼을 능히 지옥에 멸하시는 자를 두려워하라"(28)고 말씀하셨다. 진정으로 두려워해야 할 대상은 하나님이다.

결론(結論)

우리도 고난을 당할 때 주님께서 어려움을 당하신 것처럼 그 고난에 동참하는 사들이 되이야 한다.

제11장 세례 요한과 예수님

❋ 믿음의 점검(1–9)

세례 요한이 보낸 제자들의 물음과 예수님의 대답을 통하여 우리는 '우리의 믿음을 점검'해 볼 필요가 있다.

첫째: 구경꾼 믿음(7–9)

약대 털옷을 입고 가죽 띠를 띠고 메뚜기와 석청(마 3:4)을 먹는 들사람 요한이 요단강에 나타나 세례를 주니 많은 사람들이 광야로 몰려갔다. 바로 그들을 향해 주님은 "무엇을 보려고 광야에 나갔느냐"라고 물으셨다. 이는 진정한 믿음이 아니라 구경하려고 몰린 군중들, 오늘날의 교인들을 향해 말씀하시는 주님의 음성이다.

둘째: 흔들리는 믿음(7–9)

예수님은 "바람에 흔들리는 갈대냐?"라고 물으셨다. 즉 요한에 대하여 믿음도 목적도 방향도 없는 흔들리는 갈대 같은 사람이냐는 뜻이다. 또 하나는 군중에 대하여 광야로 몰려다님이 흔들리는 갈대 같은 사람이냐는 뜻이다. 우리의 믿음은 흔들리는 갈대와 같이 세상이 좋다느니 돈이 좋다느니 하는 믿음이 아닌지 살펴보자.

셋째: 침노하는 믿음(11–13)

주님은 "지금까지 천국은 침노를 당하나니 침노하는 자는 빼앗느니라"라고 하셨다. '침노'란 싸운다는 뜻이다. 신령한 싸움, 영적 싸움(엡 6:11-13), 선한 싸움으로 승리를 해야 한다. 또한 '침노'란 '힘쓴다', '노력한다'는 뜻이다. 히브리서 4장 11절에서는 "저 안식에 들어가기를 힘쓸지니"라고 했다.

결론(結論)

오늘 우리의 믿음은 침노하는 믿음인지, 구경꾼의 믿음인지 점검해 볼 필요가 있다.

제12장 예수와 안식일 문제

❀ 그리스도의 모습(9–21)

본문은 완악한 바리새인들에게 안식일의 근본정신을 알려 주시는 예수님의 모습이다.

첫째: 생명을 소중히 여기시는 예수님(11–12)

하나님의 형상대로 창조된 사람은 어떤 존재인가? 주님은 사람의 생명을 귀중히 보시는 분이시다. 유대인들은 율법의 규칙에 얽매여 보다 중요한 인간의 가치를 망각하고 있다. 그러나 주님께서는 인간의 가치를 가장 소중히 여기며 이 인간의 가치를 회복시키기 위해 몸소 십자가의 고통을 당하신 것이다.

둘째: 치유하시는 예수님(12-13)

이제 주님께서 "안식일에 선을 행하는 것이 옳으니라"라고 하신 후, "네 손을 내밀라"라고 말씀하시므로 이에 병든 자는 예수님에게 순종하였다. 말씀을 듣고 믿음으로 맡길 때 역사가 일어난다. 주님은 그의 말씀과 행위로써 그리스도임을 나타내사 잃어버린 인간의 소중한 가치를 회복시켜 주셨다.

셋째: 그리스도이신 예수님(17-24)

이사야를 통하여 예언된 그리스도의 모습이 성취되어 나타났다. 그는 심판을 선포하여 알게 하고 다투지도 들레지도 아니하시며, 자비를 베푸사 상한 갈대와 같고 꺼져 가는 심지와 같이 연약한 인간들을 꺾지 않으시고 끄지 않으신다. 그들에게 생명을 주고 용기를 주며 희망을 주어 구원하는 자이시다.

결론(結論)

주님은 부활이요 생명(요 11:25)이시다. 예수님께 나의 삶을 전부 맡기며 살아야 한다.

제13장 예수님의 해변 설교(천국 비유)

❁ 천국의 비밀 세 가지 비유(44-50)

본문은 보화 비유(44), 진주 비유(45-46), 그물 비유(47-48)로 천국은 극히 값진 것임을 보여준다.

첫째: 밭에 감추인 보화 비유(44)

천국은 감추어져 있어서 발견해야 하고 자기의 소유를 다 팔아 사야 하는 성격이 있다. 그러므로 천국은 값진 것, 소중한 것, 기쁨을 주는 것, 그리고 감추어져 있어 발견해야만 하는 것이다. 바울은 주님과 그의 나라를 발견함으로써 자신의 가문, 학벌, 전통, 직위 같은 상대적 가치를 배설물로 여기게 되었다.

둘째: 값진 진주 비유(45-46)

천국은 진주 장사처럼 구해야 하는 성격이 있고, 만나야 하는 성격이 있다. 천국 보화의 비유에서처럼 모든 것을 팔아 그 진주를 사야 한다. 왜냐하면 그것은 극히 값진 것이기 때문이다. 인간은 더 좋은 것을 소유하려는 욕심을 가지고 있다. 선한 욕심으로 값진 보화인 천국을 소유해야 한다.

셋째: 그물 비유(47-48)

이 비유에서 천국은 가치 있는 것과 가치 없는 것을 분리시키는 것으로 묘사하고 있다. 여기서는 의인과 악인의 구분을 설명한다. 구별이 없다면 기준이 없어 무질서하게 될 것이다. 분리하는 작업 때문에 참 가치관이 서게 되고 신중한 선택이 있게 되며 행동에 심사숙고가 있게 된다. 그물 안에 있다고 다 좋은 고기가 아니다.

결론(結論)

세속적인 관심보다 영원을 사모함으로 하늘나라의 상급을 받는 복된 성도가 되어야 한다.

제14장 세례 요한의 죽음과 주님의 기적

❁ 돌보시는 예수님(22-36)

날은 저물었고 제자들의 배는 바다 가운데서 파도로 인해 곤란을 겪고 있었다.

첫째: 고난 중에 제자들을 찾아오시는 예수님

① 밤 사경에 찾아오셨다. 이 밤은 자연계의 밤인 동시에 인생의 밤이기도 하다. 인생의 밤을 맞으면 삶의 행로와 방향을 잃어버리고 방황하게 된다. 인생이 밤을 만나면 삶의 희망을 상실해 버리고 절망과 좌절에 빠지게 된다. ② 풍랑을 만나 신음할 때 찾아오셨다. 이 풍랑은 자연계의 풍랑인 동시에 인생의 풍랑이기도 하다. 풍랑은 우리 심령의 안정에 휘몰아치기도 하고 우리 가정의 행복을 앗아가며 우리 삶의 발전과 번영을 위협하기도 한다. ③ 침몰 위기에 직면했을 때 찾아오셨다. 인간으로서 한계 상황에 이르렀고 인간의 지혜도 기능도 경험도 속수무책이었다. 인간이 죽음 직전에 이를 때에 주님이 찾아오셔서 인생의 문제를 해결해 주신다.

둘째: 주님이 찾아오신 결과

① 바람을 그치게 하셨다. 근본 문제가 해결되었다. ② 모든 사람들이 주님을 경배하고 순종하며 믿음을 갖게 되었다. ③ 주님을 바로 인식하게 되었다. 이로 인하여 흑암의 세계가 광명의 세계로, 공포의 세계가 안식의 세계로, 사망의 지경에서 영생 포구로 안전한 항해를 하게 되었다.

결론(結論)

주님이 찾아오시면 흑암이 광명으로, 공포가 안식으로 변하고 저주가 복이 된다.

제15장 예수님께서 병을 고치시고 떡을 먹이심

❅ 주님의 긍휼(29-39)

긍휼이란 불쌍히 여긴다는 뜻으로 끊임없이 반역하고 불순종하는 인간을 향한 그분의 사랑을 표현한다.

첫째: 병자들을 고침(29-31)

주님께서 병자들을 치유하신 일들은 복음서에 자주 언급되고 있으며, 그것은 주님의 사역 중에서 중요한 한 부분이었다(마 4:23). 그분은 인간이 겪는 모든 고통의 문제들에 대해 관심을 가지고 계시며 그 모든 것을 스스로 짊어지셨다(마 8:17). 그분의 치유 사역은 바로 이러한 관점에서 이해되어야 한다.

둘째: 광야에 모인 무리를 위하여 염려하심(32)

"내가 무리를 불쌍히 여기노라." 말씀을 듣기 위해 광야로 나온 수천 명의 굶주린 군중을 그대로 보내실 수 없는 것이 주님의 마음이었다. 이처럼 그분은 우리의 일용할 양식과 필요에 대해서 깊은 관심을 가지고 계신다. 그분이 가르쳐 주신 기도 가운데서도 우리는 이것을 찾아볼 수 있다(마 6:11).

셋째: 그들의 먹을 것을 공급해 주심

주님은 매우 특별한 방법으로 그들의 필요를 채워 주셨다. 우리가 주의 뜻을 따라서 무슨 일을 할 때 반드시 그분이 보여주신 이 원리를 적용하도록 해야 한다. 그분이 요구하시는 것은 언제나 내게 있는 보잘것없는 것들이다. 그분은 이것으로도 얼마든지 큰일을 하실 수 있다.

결론(結論)

주님의 긍휼은 악과, 죄를 그대로 갚지 않으시고 처지를 따라 용서, 위로, 베풂으로 나타내신다.

제16장 베드로의 신앙고백

❀ 그리스도의 제자직(21-28)

본문은 좋은 제자, 인정받는 제자 등 주님을 따르는 제자도를 가르치고 있다.

첫째: 하나님의 일을 우선순위에 두는 것

그리스도의 제자는 하나님의 일을 세상이 가져다주는 유익이나 다른 무엇보다도 우선순위에 두는 사람이다. 따라서 이 세상이나 세상에 있는 것들을 사랑하는 사람들은 자기 직분을 다하는 제자가 되지 못한다. 그분을 따르려면 땅의 것들을 끊어버리는 아픔을 경험하는 것이 반드시 선행되어야 한다.

둘째: 그리스도께 헌신하며 그분의 뜻을 따르는 것

철저한 자기 부인과 헌신이 없이는 그분의 제자가 되지 못한다. 바울처럼 이전에 귀히 여기던 모든 것들을 배설물로 여기고 오직 하나님의 뜻을 분별하여 좇을 때 그분의 제자가 될 수 있다(갈 2:20; 롬 12:1-2; 빌 3:7-10). 참 헌신은 먹든지 마시든지 무엇을 하든지 주님을 위해서 하는 마음 자세다.

셋째: 그리스도의 고난에 동참하는 것

하나님의 자녀인 그리스도인들은 주와 함께 영광을 받기 위해 그분의 고난에도 동참해야 한다. 십자가를 피하려 하는 사람들은 그리스도의 제자가 아니며 하나님의 뜻을 행할 수가 없다. 주와 함께 당하는 고난은 제자들만의 복이다(롬 8:17; 벧전 4:13).

결론(結論)

하나님의 일에 깊은 관심을 갖고 전심전력하면서 자기를 부인하고, 자기 십자가를 지고 주님을 따르는 일꾼, 주님이 필요로 하는 일꾼, 교회가 요구하는 일꾼, 이 시대가 필요로 하는 참된 일꾼이 되어야 한다.

제17장 예수님의 산상변화

❁ 변형되신 그리스도(1-8)

그리스도의 변형은 그분의 가장 측근인 세 제자에게도 충격적인 사건이었다.

첫째: 장래에 있을 그리스도의 영광

그리스도께서는 갈릴리의 가난한 목수 요셉의 가문을 통해 비천한 신분으로 오셨다. 그렇기 때문에 그분의 영광에 대해 아는 사람도, 주목하는 사람도 거의 없었다. 제자들도 마찬가지였다. 그분이 행하시는 놀라운 역사들을 직접 보면서도 그 실체를 제대로 알지 못했다. 그러나 그리스도께서 모든 피조물 위에 뛰어나신 분임을 보이신 자리였다.

둘째: 그리스도께서 받으실 고난에 관한 증거

율법의 대표자 모세와 예언의 대표자 엘리야가 함께 등장한 것은 그분이 율법의 마침이요 구약 예언의 성취이심을 보여줌과 동시에 그것이 십자가를 통하여 완성되는 것임을 증거한다(눅 9:30-31). 따라서 십자가는 계획된 필연으로써 고난을 통한 구속사역이다.

셋째: 하나님의 뜻에 순종하는 사역

그분은 절대순종의 표본이었다. 하나님이 기뻐하시는 사람, 귀하게 쓰시는 사람은 순종하는 사람이다(삼상 15:22-23). 아들이시라도 몸소 받으신 고난으로 자기에게 순종하는 자들에게 구속의 인을 치셨다(히 5:9).

결론(結論)

그리스도의 영광은 십자가 고난을 통하여 빛나는 것이다. 우리도 고난을 통해 영광을 얻는다는 사실을 잊지 말자.

제18장 범죄와 용서에 대한 교훈

❁ 주님이 세우심(15-20)

교회와 그리스도인들은 결코 흔들리지 않는, 하나님께서 세우신 권위 앞에 순복해야 한다.

첫째: 범죄한 형제에 대한 권고(15-17)

주님은 범죄한 형제를 권고할 때 먼저는 개인적으로 권고하고, 만일 듣지 않으면 증인들을 데리고 가서 권고하며, 그래도 듣지 않으면 교회에 말하고 교회의 말도 듣지 않으면 이방인과 세리와 같이 여기라고 하신다. 교회는 하나님께서 지상에 두신 최종 의결기관이기에 그리스도인들은 교회의 결정에 따라야 한다.

둘째: 유일무이한 교회의 권위(18)

이 말씀은 주님께서 교회에 복음 전파의 권한과 치리권을 주셨음을 증거한다. 따라서 교회는 전도 사역에 힘써야 하고, 교회의 순수성과 참된 성숙, 질서와 조화를 유지하기 위해서 그리스도의 복음에 기초한 치리권을 행사해야 한다. 교회가 이런 일에 힘쓸 때 하나님께서 역사하신다.

셋째: 일치의 중요성(19-20)

교회는 거룩한 공동체 곧 그리스도의 몸이다. 일치의 중요성은 이 한 가지 사실만으로도 충분히 설명된다. 몸이 나누일 수 없듯이 교회도 나누일 수 없다. 다만 교회와 그리스도의 권위를 무시한 경우에 한해서 불가불 분리될 수밖에 없으나, 그렇지 않으면 한 몸으로서 일치에 노력해야 한다.

결론(結論)

교회의 권위는 그리스도의 권위이며 하나님의 권위이다. 말씀과 교회의 권위 앞에 복종하자.

제19장 이혼 문제와 영생 문제에 대한 교훈

❀ 천국의 소유권(13-22)

천국 소유권은 이 세상을 차지하는 것보다 값지다.

첫째: 천국은 어린아이와 같은 사람들의 것이다

천국을 소유하고자 하는 자는 누구를 막론하고 어린아이와 같이 되어야만 한다. 이는 주님께 대한 전폭적인 신뢰를 말한다.

둘째: 천국은 계명을 지키는 사람들의 것이다

"네가 생명에 들어가려면 계명들을 지키라"(17). 하나님의 계명은 사랑으로 요약된다. 하나님 사랑과 이웃 사랑이 그것이며 이 둘은 분리될 수 없다. 그분이 명하신 다른 어떤 계명들이 있을지라도 이 둘 속에 모두 들어 있다. 그러므로 바울은 사랑을 가리켜 율법의 완성이라고 하였다(롬 13:10).

셋째: 천국은 주를 좇는 자의 것이다

모든 것을 버리고 주를 좇는 자들이 천국을 차지하게 된다. 그런데 많은 사람들이 세상의 소유 때문에 그분을 온전히 좇지 못하고 있다. 그러므로 보이지 않는 천국을 보는 것처럼 믿는다는 것은 단순한 것이 아니라 특별한 것이며 성령의 도우심이 아니고서는 있을 수 없는 일이다.

결론(結論)

예수님을 찾아왔다가 돌아가 버린 부자 청년의 전철을 밟지 말아야 한다. 근시안적인 눈으로 현실만 바라보지 말고 영안을 열어 영원한 세계를 바라보면서 영원한 기업을 소유하는 복 있는 성도가 되어야 한다.

제20장 포도원 일꾼에 대한 비유

❀ 천국의 일꾼(1–16)

포도원은 천국과 교회요, 주인은 하나님, 나중에 들어온 일꾼은 이방인을 의미한다. 포도원 일꾼들은 오늘날 교회에서 각기 직책을 받아 일하는 천국의 일꾼들이다.

첫째: 하나님의 포도원인 교회는 어떠한 동산인가?

① 교회는 일거리가 많은 동산이다. 아무든지 들어와서 일할 수 있는 동산이다. 주인 되신 하나님의 부름을 받은 사람은 아무나 좋다. 시간적으로 어느 때라도 들어와서 일할 수 있는 동산이다. ② 교회는 일꾼들의 차별이 없는 평등한 동산이다. 약속대로 진실하게, 관대하게 대우한다. 신앙의 연륜이나 인간의 노력과 공로를 따지지 않고 주인의 주권대로 대우한다. ③ 교회는 불평이나 원망을 용납하지 않는 동산이다. 자기가 맡은 일에만 충성하면 되는 곳이다. 일거리를 주신 주인에게 감사할 뿐이다.

둘째: 천국 일꾼의 자세

① 일을 맡겨주신 하나님께 감사한 마음으로 일을 해야 한다. 사양이나 원망이 있어서는 안 된다. ② 보수를 바라지 말고 내 일처럼 해야 한다. ③ 열심을 다해 성실하게 일을 해야 한다(고전 4:2; 계 2:10).

셋째: 주의 일을 바로 할 수 있는 비결

① 기도하며 하나님의 능력을 받아야 한다(슥 4:6). ② 질서와 규례를 지키면서 덕을 세우는 일을 해야 한다. ③ 내 몫의 십자가를 바로 지고 일을 해야 한다.

결론(結論)

오늘도 교회는 참된 일꾼을 필요로 하고 있다. 할 일 많은 시대에 하나님의 큰 능력을 받아 하나님께 영광 돌리고 교회에 덕을 세우며 사람들에게 감동을 주는 일꾼이 되어야 한다.

제21장 예루살렘 입성과 성전을 깨끗이 함

❁ 예루살렘 입성(1–11)

주님의 예루살렘 입성은 구약에 언급된 메시아에 대한 예언의 성취이며 예수 자신께서 메시아임을 공개적으로 보이신 일이다.

첫째: 나귀를 타시고 입성함

그분이 어린 나귀를 타고 입성하실 것에 대해서는 이미 수백 년 전에 선지자 스가랴에 의해 예언되었다. 일반적으로 나귀는 평화의 상징으로 묘사된다. 그리고 이스라엘의 역사적 사건들을 회고해 볼 때 그분의 입성하시는 모습은 당당한 승리의 입성이었으며, 이 승리는 십자가의 죽음과 부활을 통해서 구체화되었다.

둘째: 군중의 환영을 받으며 입성함

주님께서 예루살렘에 들어오실 때 수많은 사람들이 그분을 환영했다. 하지만 그들 중 대부분은 그분이 누구인지를 바로 알지 못했으며, 다만 그분이 행하신 표적과 교훈하신 말씀들 때문에 열렬하게 환영했을 뿐이다. 우리는 얼마 후에 그들이 주님을 십자가에 못 박으라고 외치는 험악한 무리로 돌변한 것을 알고 있다.

셋째: 예수님의 입성에 예루살렘이 소동함

그리스도의 생애와 관련하여 예루살렘에 두 번의 소동이 있었는데, 한번은 그분이 탄생하셨을 때였고, 또 한번은 그분이 어린 나귀를 타고 예루살렘에 입성하실 때였다. 그분은 참으로 놀라운 분이시다. 예루살렘의 소동 가운데서도 당신의 일을 묵묵히 수행하셨다. 세상의 소동이 그를 막지 못했다.

결론(結論)

승리와 평강을 주시고 우리를 구원하시기 위해 주님은 예루살렘에 입성하셨다.

제22장 혼인잔치 비유

❄ 혼인잔치 비유(1–14)

하나님의 구원 역사가 이방인에게로 넘어가는 과정을 불의한 농부의 비유보다 좀 더 구체화하였다.

첫째: 유대인의 반응(2–7)

이스라엘은 메시아의 혼인잔치를 거절했다. 메시아를 믿음으로 말미암는 구원의 대연회에 초대를 받았으나 그들은 싫어했고(3), 무관심했으며(5), 선지자들을 능욕했다(6). 하나님은 오랫동안 이스라엘을 인도하셨으나 그들은 스스로 진노를 쌓았다. 하나님의 초대에 대한 거듭된 거절은 마침내 이스라엘의 패망을 가져왔다. 임금이 노하여 군대를 보내어(7), 마침내 로마의 티토 장군에 의해 예루살렘은 파괴되었다. 그리스도를 믿지 않는 것에 대한 심판을 받은 것이다.

둘째: 이방인의 반응(8–10)

유대인은 이방인을 경멸했다. 하나님의 선택에 있어 이방인은 하나님도 없고 언약에 있어서도 제외된 자들이었다(엡 2:11-12). 그러나 유대인이 실족함으로 구원이 이방인에게 넘어왔다. 참감람나무의 가지가 꺾여 돌감람나무인 이방인이 접붙임을 받았다(롬 11:11-12). 유대인은 거절하였으나 이방인은 그리스도를 믿어 혼인잔치에 초대받았다. 하나님의 구원의 경륜은 이방인의 수가 차게 되면 다시 유대인을 회복하실 것이다(롬 11:25).

결론(結論)

유대인이 완악하게 되어 혼인잔치의 초대를 거절한 것은 하나님의 경륜이었다.

제23장 바리새인에 대한 주의

❀ 타락한 지도자(1-14)

본문에서 바리새인의 죄악을 볼 수 있다. 저들의 죄는 한마디로 외식이다. 그 실상을 고찰해 보자.

첫째: 말만 하고 실행이 없었다(3)

지식과 말에 능하여 설교도 잘 하고 교수도 잘 하고 권면도 잘 하되 자기의 실행이 없으므로 결국 회칠한 무덤과 같은 모습이었다(27). "입술로는 나를 존경하되 마음은 내게서 멀도다"(사 29:13).

둘째: 사랑의 덕이 없었다(4)

자기는 한 손가락도 움직이지 아니하면서 다른 사람에게는 무겁고 지기 어려운 짐을 지라고 하니 이는 곧 사랑의 덕이 없음을 증명하는 것이다. 성도는 사랑의 덕을 행하는 신자가 되어야 한다. 솔선수범하여 선을 행하고 소금처럼 스스로를 녹이면서 남에게 은혜와 유익을 끼치는 값진 신자가 되어야 한다.

셋째: 명예를 좋아했다(5)

"저희 모든 행위는 사람에게 보이고자 하나니 곧 그 차는 경문을 넓게 하며 옷술을 크게 한다"라고 했다. 이는 저들이 명예를 좋아한 까닭이다. 예수님은 저들을 향하여 "누구든지 자기를 높이는 자는 낮아지리라"(12) 하시면서 저들의 명예심을 꾸짖고 경고하셨다. 신자의 미덕은 겸손에 있다.

넷째: 세상 영광을 원했다(6-7)

저들은 어디서든 높은 자리를 기뻐하고 누구에게든지 존경받기를 기뻐했으니 이는 저들이 세상 영광을 취하려고 했던 까닭이다.

세상 영광을 취하고자 하는 자는 세상이 망할 때 같이 망한다. 진정한 신자는 세상 영광을 분토와 같이 여기고, 오직 하늘나라의 영광만을 사모하며 이를 기뻐한다.

결론(結論)

말보다 행함이 앞서기 바란다. 모든 일에 솔선수범하여 교회에 덕을 세우고 많은 사람들에게 은혜를 끼치기 바란다. 세상 명예와 영광을 분토와 같이 여기고 겸손한 신앙으로 하늘나라의 영광을 추구하는 성도가 되기를 바란다.

제24장 말세와 예수 재림에 대한 예언

❃ 복된 종과 악한 종(42–51)

인생의 성패가 바로 여기서 결정된다. 선택을 잘하는 사람은 성공이라는 목표에 도달하게 된다.

첫째: 자기 직부에 신실한 종(45–47)

이 사람은 자기에게 주어진 선택의 기회를 잘 활용하여 인생의 성공을 거둔 케이스다. 기회란 자주 찾아오지 않으며 잃어버린 기회를 다시 찾기란 쉽지 않다. 우리는 하나님께서 주신 기회를 놓치는 일이 없도록 주의해야 한다. 그분이 주신 직무에 충실한 사람이라야 그 기회를 잘 활용할 수 있다.

둘째: 자기 직분에 신실하지 못한 종(48–51)

이 사람은 자기에게 주어진 선택의 기회를 한번 상실함으로써 인생을 실패한 케이스다. 누구라도 자기 직무를 소홀히 하면 이 사람처럼 될 수밖에 없다. 주께서 무슨 일을 맡겨 주셨든지 뒤로 미루지 않도록 힘써야 한다. 뒤로 미루면 나태해지고 그릇된 길로 빠질 위험이 다분하다.

셋째: 알지 못하는 시간에 오시는 주님(50)

주님이 오시는 시간은 모든 사람에게 비밀이다. 아무도 알지 못한다. 그리스도께서 재림하실 것은 분명한 사실이나 그 시간은 하늘에 있는 천사도 모르고 아들도 모르며 오직 하나님만 아시는 일이다(막 13:32). 그러므로 우리는 항상 준비하고 늘 깨어 맡겨진 모든 직분에 충성해야 한다.

결론(結論)

세상의 모든 징조를 볼 때 말세이며, 예수님의 재림이 임박했음을 알 수가 있다. 주님은 뜻하지 않는 날에 오신다고 하였다. 아무쪼록 진리로 무장하고 믿음과 기도로 준비하며 충성을 다하다가 내일이라도 예수님이 오신다면 부끄럽지 않게 영접할 수 있기를 바란다.

제25장 말세 심판에 관한 예수님의 3대 비유

❀ 기회를 상실한 사람(1–13)

예수님이 오시기 전에는 기회가 있지만 예수님이 오신 다음에는 기회가 없다. 예수님이 오시기 전에는 나중 된 자가 먼저 될 수도 있지만 예수님이 오신 다음에는 소용이 없다. 천국 문이 열려 있는 동안에는 아무나 와도 좋지만 한번 닫힌 다음에는 누구라도 입장 불가이기에 지각생이 되어서는 안 된다.

첫째: 출발이 늦은 사람은 기회를 상실한 사람이다

남들이 김을 맬 때 씨를 뿌리는 농부는 추수도 그만큼 늦어질 수밖에 없다. 남들이 신랑을 맞으러 나가는 시간에야 기름을 사려고 허둥대면 지각을 면할 길이 없다.

둘째: 깨달음이 늦은 사람은 기회를 상실한 사람이다

낮이 지나면 밤이 오고, 등이 있으면 기름도 있어야 한다는 이 평범한 진리를 깨닫는 데 그렇게 긴 시간이 필요했단 말인가? 신랑의 소리가 들려오는 밤중에야 등에 기름이 필요하다는 사실을 알게 된 것은 뒤늦은 깨달음이다. 좀더 일찍 깨달았더라면 그 수고의 백 분의 일만으로도 족했을 것이다. 이제는 수천만 배를 수고해도 소용없게 되었으니 비탄이 끝없이 이어진다. 깨닫는 자가 복이 있다.

셋째: 문이 닫힌 다음에 오는 자도 기회를 상실한 사람이다

문이 닫히기 전이라면 십자가의 강도에게라도 낙원이 허락될 수 있다. 그러나 한번 닫히고 난 다음에는 지금까지 기다렸던 처녀라도 특전이 주어지지 않는다. 그러기에 눈물도 때를 맞춰 흘려야 한다. 때늦은 눈물은 아무 가치가 없다. 그러므로 인생 지각생은 눈물과 땀까지도 뒤늦게 흘릴 채비를 한다. 오늘의 한 방울 눈물이 음부에서 천 날의 눈물보다 낫다는 것을 명심해야 한다.

결론(結論)

"보라 지금은 은혜 받을 때요, 보라 지금은 구원의 날이로다"(고 6:2). 지금이 은혜 받을 때다. 나중으로 미루지 말고 구원의 은총을 누리기를 바란다.

제26장 최후의 만찬

❋ 베드로의 실패와 회복(70-75)

예수님이 가야바 법정에서 재판을 받으실 때 베드로는 뜰에까지 들어가서 추이를 지켜보았으나 끝내 예수님을 부인하였다.

첫째: 베드로의 실패 원인

(1) 주님의 경고를 착념치 않으므로 실패했다. 주님은 누가복음 22장 31-33절에서 사탄이 베드로를 밀 까부르듯 할 것과 닭 울기 전에 세 번 부인할 것을 경고하셨다. 베드로는 주님의 경고에도 근신

하지 않고 오히려 자신의 신앙을 과시하려 했다(33).

(2) 기도하지 않으므로 실패했다(41). 기도 없이 하는 일은 어떤 일이든 실패하기 마련인 것이다. 기도가 없는 곳에는 하나님의 협력도 없기 때문이다.

(3) 원수들과 함께 있었기 때문에 실패했다. 원수와 자리를 같이 하면 원수를 따라가기 마련이다. 베드로는 여기서 예수님을 세 번씩이나 부인했다. 우리는 불신자와 멍에를 같이 하지 말고 신자와 함께해야 한다(시 1:1-2).

둘째: 베드로의 회복

(1) 주께서 돌아보심으로 회복했다(눅 22:32). 신앙의 회복은 자신의 힘으로는 안 된다. 주님의 긍휼을 힘입음으로 가능하다.

(2) 주의 말씀을 기억함으로 회복했다(75). 닭 우는 소리에 주님의 말씀이 기억났다. 주님의 말씀을 잊을 때는 실패요, 주님의 말씀을 기억할 때는 승리요, 성공이다.

(3) 자기 죄를 자복함으로 회복했다(75).

(4) 성령을 받음으로써 회복했다(행 2:1).

결론(結論)

예수님의 수제자인 베드로도 넘어졌다가 일어났다. 의인은 일곱 번 넘어질지라도 다시 일어난다. 주님의 권고하심과 말씀의 능력과 성령의 역사로 칠전팔기의 신앙으로 무장하기 바란다.

제27장 예수, 십자가에 못 박히심

❁ 예수님의 처절한 아픔(45–56)

본문에서 우리는 주님의 고통스러운 신음 소리를 듣게 된다.

첫째: 죄의 처절함에 대해 교훈한다

우리 중 아무도 하나님 앞에서 인간의 죄를 인식하거나 그 죄로 인한 고통의 무게를 느끼지 못하던 때에 하나님의 아들은 온 세상보다도 더 무거운 죄악을 자기 몸으로 감당하셔야 했다. "엘리 엘리 라마 사박다니"(46)는 죄의 무게와 죄의 아픔이 얼마나 처절한 것인지를 단적으로 입증해 보여준다.

둘째: 찢어진 휘장에 대해 교훈한다

단절되었던 하나님께 나아가는 길이 예수 그리스도의 육체 가운데로 새롭게 열렸다. 그분의 죽음이 성소 휘장을 찢어 생명의 새 길을 여셨다. 주의 은혜를 잊지 말고 감사하자. 그분이 아니시면 우리는 여전히 죄의 종노릇 하며 사망을 위한 열매를 내고 있었을 것이다.

셋째: 진실한 증인에 대해 교훈한다

메시아의 약속에 대해 무지했던 로마 백부장도 그리스도의 죽음을 목도하고 그분이 하나님의 아들이심을 증거했다. 백부장은 능욕을 받으며 죽어 간 자로부터 아무런 뇌물이나 은전을 받은 적이 없다. 또 그가 그런 진실된 증거를 한대도 누구도 인정해 주지 않는다. 그러나 진실한 증거는 진실로서 남겨지게 된다.

결론(結論)

하나님의 역사는 누군가에 의해서나 어떤 제한에도 미미한 영향조차 받지 않는다.

제28장 예수님의 부활과 나타나심

❋ 그리스도의 부활(1–10)

장사한 지 삼 일 만에 무덤을 열고 예수님은 살아나셨다. 로마 법률의 사형도, 빌라도의 인봉도, 로마 군인들의 삼엄한 수비도 다 허사로 돌아가고 말았다. 인간의 방법으로는 생명의 주가 되시는 그리스도를 무덤 속에 영원히 가둘 수 없었다. 그리스도의 부활은 절망에 빠진 인류에게 무엇을 주었을까?

첫째: 환희와 소망을 주었다

낙망과 슬픔에 깊이 빠졌던 제자들은 부활의 주님을 직접 만난 후 가슴에 차고 넘치는 환희로 인해 뛰었다. 사망의 그늘에서 죄악 속을 헤매는 인생들이 예수님의 부활로 말미암아 새로운 소망을 가지게 되었다.

둘째: 새 생명과 새로운 변화를 주었다

부활의 주님이 나에게 오시면 내가 살고, 가정에 오시면 가정이 살고, 국가에 오시면 국가가 산다. 부활의 예수님이 바울에게 임했을 때 로마에 복음이 전파되었고, 마틴 루터에게 임했을 때 종교개혁이 단행됐고, 리빙스턴에게 임했을 때 아프리카에 복음이 전해졌다.

결론(結論)

부활의 주님을 영접하여 예수 혁명이 일어나고 그리스도의 계절이 오게 하자. 주님의 부활은 새 역사의 창조다. 나쁜 것을 좋은 것으로 만들고, 없는 것을 있게 하고, 인생과 환경을 새로운 것으로 변화시킨다.

❋ 세상 끝날까지(11–20)

본문은 주께서 주신 위대한 약속과 분부에 관해 언급하고 있다.

첫째: 그리스도의 권세

그분은 하늘과 땅에 있는 모든 권세를 가지신 분이시다. 이는 즉 하늘에 있는 천사들을 포함하여 땅에 있는 자들과 땅 아래 있는 모든 자들의 주가 되심을 의미한다(빌 2:9-11). 하나님께서는 모든 이름 위에 뛰어난 이름을 주사 모든 무릎으로 그분 앞에 꿇게 하셨고, 그분을 주라 시인하게 하셨다.

둘째: 그리스도의 분부

"너희는 가서 모든 족속으로 제자를 삼아…내가 너희에게 분부한 모든 것을 지키게 하라." 그분은 우리에게 "가라"라고 하신다. 주를 알지 못하는 모든 사람들에게로 가서 제자를 삼아 성삼위의 이름으로 세례를 주고, 주의 분부하신 모든 것을 가르쳐 지키게 하는 것이다. 제자화 사역은 교회의 본래적인 중요한 임무이다.

셋째: 그리스도의 약속

바울이 우리 그리스도인들에게 항상 있어야 할 것이 믿음, 사랑과 함께 '소망'이라고 한 것은 우리에게 주님의 위대한 약속이 있기 때문이다. 이 약속을 갖지 못한 사람들은 자주 절망하고 좌절하게 되지만, 이 약속을 가진 사람들은 최악의 여건 속에서도 참고 견딘다.

결론(結論)

우리를 일꾼으로 부르신 분이 누구인가를 바로 알고 본분을 다하도록 힘쓰자.

마
가
복
음

서론

<table>
<tr><td>주제</td><td colspan="2">종으로 오신
하나님의 아들 예수 그리스도</td><td>저 자</td><td colspan="2">요한 마가</td><td>기록장소</td><td>로마로 추정</td></tr>
<tr><td>기록연대</td><td colspan="2">A.D. 55-66년 사이</td><td>대 상</td><td colspan="4">로마의 그리스도인</td></tr>
<tr><td>대지</td><td colspan="4">말씀과 표적</td><td colspan="3">고난</td></tr>
<tr><td rowspan="2">구분
구분</td><td>1:1</td><td>2:13</td><td colspan="2">8:27</td><td colspan="2">11:1</td><td>16:1 16:20</td></tr>
<tr><td>종의 출현</td><td>종을 대적함</td><td colspan="2">종의 교훈</td><td colspan="2">종의 배척</td><td>종의 승리</td></tr>
<tr><td>배 경
(장소,시대)</td><td colspan="4">갈릴리와 베레아 / A.D. 27-30년경</td><td colspan="3">유대와 예루살렘</td></tr>
<tr><td>요절</td><td colspan="7">“인자의 온 것은 섬김을 받으려 함이 아니라 도리어 섬기려 하고 자기
목숨을 많은 사람의 대속물로 주려 함이니라”(10:45)</td></tr>
</table>

마가복음 이해

마가복음은 A.D. 60-70년경에 마가 요한이 로마에서 기록하였다. 마가는 최초의 복음서를 기록할 만한 인물이었다. 그는 베드로의 비서이자 통역자였으며(행 12:12 참조), 틀림없이 예수의 생애를 목격한 몇몇 다른 사람들의 친구이기도 했을 것이다. 또한 마가복음 14장 51-52절에 나오는 청년이 바로 마가였을 것이란 추측이 대체로 인정되고 있다.

이 책이 기록될 당시 네로 황제의 끔찍스러운 박해로 많은 성도들이 죽느냐 사느냐의 기로에서 시련을 겪고 있었다. 이런 상황에서 마가는 고난당하는 성도들을 격려(激勵)하고 예수 그리스도의 복음을 만방에 증거하기 위해 본서를 기록하였다. 로마의 그리스도인들이 직면한 상황은 예수께서 팔레스타인에서 직면했던 상황과 매우 흡사했는데 마가는 자기 목숨을 많은 사람들의 대속물로 주려고 오신 종 되신 예수의 모습을 뚜렷이 부각시키되 주님의 가르침을 강조한 마태복음과 달리 해설은 가급적 생략하고 기사 자체에서 교훈을 얻도록 하였다.

요컨대 마가복음 전체에 흐르고 있는 주제는 예수 그리스도와 하나님 나라를 긴급하게 믿어야 한다는 것이다. 따라서 이 책에는 '곧'이란 말이 빈번하게 언급되고 있는데(1:10, 18, 28, 42), 이는 유대 백성과 이방 민족들을 긴급하게 복음화하려는 목적으로 이 같은 단어를 사용하여 독자들을 속히 확신시키고자 하였다. 이 때문에 마가복음은 매우 힘차고 박진감 넘치는 인상을 준다.

기록 목적

마가는 이방인인 그리스도인이나 로마인을 위해 이 복음서를 썼을 것으로 추정된다. 알렉산드리아의 클레멘트는 베드로의 설교를 들은 로마 사람들이 마가복음을 기록한 문서를 요청했다고 전하고 있다. 당시 네로는 그리스도인들을 무자비하게 박해하였고(아마도 이 무렵 바울과 베드로도 순교, A.D. 67년 쯤), 이 상황에서 마가는 예수님의 제자가 되는 것이 무엇이며 참된 기독교 신앙이 무엇인가를 증거해야 할 필요를 강하게 느꼈을 것이다. 무엇보다도 그는 고난당하는 이들에게 감당할 수 있는 믿음과 용기를 북돋아 주기 위해 예수님의 고난을 강조하며 예수님을 부인한 베드로(14:66-22)를 소개함으로써 예수님을 부인한 자들도 구원받을 수 있다는 소망을 주고 있다. 특히, 예수님의 부활 기사는 절망 가운데 있는 그리스도인들에게 영원한 소망을 안겨주었을 것이다.

기록 배경

사복음서(마태복음, 마가복음, 누가복음, 요한복음) 가운데 마가복음은 "하나님의 아들 예수 그리스도의 복음"(1:1)에 대한 가장 짧은(그러나 동시에 매우 완전한) 이야기이다. 이 책 안에는 기자가 분명하게 제시되지 않는다(이것은 사복음서 모두 마찬가지이다). 그럼에도 불구하고 교회 역사 전체를 통해 대부분의 학자들은 마가 요한이 이 책을 썼다는 데 대체로 동의한다.

마가는 예루살렘에서 성장했다. 그의 어머니의 집은 초창기 신자들이 모이는 장소로 사용되었으며, 그 역시 초창기 그리스도인들 가운데 한 사람이었다(행 12:12). 그는 신약의 세 사도들(즉 초대교회의 지도자들)과 동역하는 독특한 기회를 가졌다. 그들은 바울(행 13:10-13; 골 4:10; 몬 1:24)과 바나바(행 15:39)와 베드로(벧전 5:13; 행 14:4)이다. 2세기의 다른 역사가들에 의하면, 마가는 그의 복음서를 위한 정보를 대부분 베드로와의 교제로부터 얻었다. 그는 자신의 복음서를 특별히 로마의 그리스도인들을 위해 로마에서 썼다. 마가복음의 정확한 저작 연대는 불확실하지만, 대부분의 학자들은 대략 A.D. 55-65년경으로 본다. 이 책은 사복음서 가운데 제일 먼저 기록된 복음서일 수 있다.

내용 분해

서문 1:1-13

A. 요약 진술 1:1

B. 구약의 예언의 성취 1:2,3

C. 세례 요한의 사역 1:4-8

D. 예수께서 세례를 받으심 1:9-11

E. 예수께서 유혹을 받으심 1:12-13

Ⅰ. 갈릴리에서 예수님의 사역 1:14-9:50

A. 시작: 초기의 성공과 갈등 1:14-3:6

B. 후기 단계: 인기와 반대가 동시에 올라감 3:7-6:13

C. 갈릴리 외곽 지역에서 예수님의 사역 6:14-8:26

D. 유대로 올라가는 길에서 예수님의 사역 8:27-9:50

Ⅱ. 갈릴리에서 예수님의 사역 1:14-9:50

A. 요단강을 건너가면서 행하신 사역 10:1-52

B. 예루살렘에서의 예수님의 사역 11:1-13:37

C. 예수님의 수난 14:1-15:47

D. 예수님의 부활 16:1-20

| 장별 핵심 메시지 |

제1장 예수님의 전도 준비

❀ 예수님과 세례 요한(1-11)

예수님의 복음 전파는 택한 백성을 구원하시기 위함이고, 세례 요한은 예수님의 사역을 준비하고 소개하는 일을 하였다.

첫째: 예수님의 일을 준비한 세례 요한(3)

요한의 생활은 검소했다(6). 그는 세상적인 윤리와 도덕을 전한 것이 아니었다. 메시아적 관념에 의하여 예수님께서 오실 것을 선포하고, 죄 사함을 받으라고 외치며 세례를 베풀 때 수많은 사람이 그의 외침에 따랐다. 그로 인해 대단한 선지자로 추앙받던 요한이 예수님이 공생애를 시작하시자 예수님만 높였다(7-8). 그는 자신을 예수님의 길을 예비하는 자일뿐이며 예수님이야말로 성령으로 세례를 주시는 분이라고 강조하였다.

둘째: 세례를 받으신 예수님(9-11)

예수님은 죄가 없으시나 죄인과 같은 일을 당하시며 아름다운 전통을 그대로 지속시켜 하나님의 의를 이루셨다(마 3:15). 주님은 공생애를 시작하시기 전 그의 길을 예비한 세례 요한에게 친히 세례를 받으심으로써 성령의 역사를 통하여 자신이 죄인을 구속하실 분이심을 증거하셨다.

결론(結論)

세례 요한이 주의 길을 예비하고 평탄케 한 것처럼 우리도 주와 동행하며 증거하는 자가 되자.

제2장 예수님의 병 고치심과 교훈

❄ 중풍병자의 친구들(1-12)

한 사람의 중풍병자를 네 명의 친구가 예수께로 데려와서 병 고침과 더불어 죄 사함까지 받았다.

첫째: 현대인은 모두 선교의 대상이다

영육의 조화 없이 사는 현대인들은 지위고하와 남녀노소를 불문하고 그리스도께로 들려와야 할 중환자들로서 우리의 전도대상이다.

둘째: 관심을 통해서 선교는 시작된다

복음을 전하여 한 영혼을 구원시키려면 제일 먼저 영혼에 대한 뜨거운 관심이 있어야 한다. 중풍병자가 된 친구에 대한 깊은 연민으로 그를 그리스도께로 데리고 온 네 친구처럼 관심과 열정이 필요하다.

셋째: 관심은 행동으로 구체화되어야 한다

네 사람의 친구들은 환자를 위해 해야 할 행동이 무엇인지를 분명히 알고 실천하였다. 그리스도께서 인류의 구원을 위해 인간의 몸을 입고 제물이 되기 위해서 이 땅에 오셨다.

결론(結論)

그리스도의 고난에 동참하는 길은 생각뿐만 아니라 십자가를 지고 따르는 행동이 뒷받침되어야 한다.

제3장 열두 제자를 부르심

❋ 제자들을 부르심(13-30)

주님은 이 땅에 계실 때 효과적이고 조직적인 복음사역을 맡기기 위하여 열두 제자를 부르셨다.

첫째: 주님의 뜻에 합당한 제자(13)

주님은 제자를 세우실 때에 당신의 뜻에 합당한 자를 부르셨다. "원하는 자들을 부르시니 나아온지라"(13)라고 성경은 증거하고 있다. 주님의 부르심에 부응해야 주님과 동역할 수 있다. 그리스도인들은 그분의 뜻을 위하여 사는 사람이다.

둘째: 주님과 늘 함께하는 제자(14)

그리스도인들은 늘 주님과 함께하기에 주님이 머무시는 곳에 나도 머물러야 한다. 비록 고난의 자리일지라도 복음을 위해서라면 거할 줄도 알아야 한다. 주님은 갈릴리 어부에게 가셔서 그들과 동행하셨다.

셋째: 복음을 위하여 쓰임 받는 제자(14)

"자기와 함께 있게 하시고 또 보내사 전도도 하며 귀신을 내어 쫓는 권세도 있게 하려 하심이라"(14). 제자는 복음을 위하여 부르심과 보내심을 입은 자들이다. 복음을 위하여 능력을 받아야 한다. 유다를 제외한 모든 제자들은 복음을 위해 순교했다.

결론(結論)

제자들은 복음을 위해 순교했는데 우리는 복음을 위해 어떤 각오를 가지고 있는지 살펴보자.

제4장 천국에 대한 각종 비유

❁ 하나님의 나라(23–34)

본문은 씨앗의 발아, 성장, 결실의 과정을 통해 하나님 나라의 확장 과정을 계시하고 있다.

첫째: 사람이 씨를 땅에 뿌림과 같다(26)

씨 뿌림은 말씀 전파를 통한 들음을 의미한다(롬 10:14). 주님은 비유가 아니면 말씀하지 않으셨으나(33-34) 제자들에겐 밝히 해석해 주셨다. 듣고 또 듣는 중에 신앙의 싹이 트고 자란다(27).

둘째: 싹이 자람과 같다

이 말씀은 생명의 신비를 의미한다. 현대 과학으로도 씨는 만들 수 없다. 생명에 관한 것은 하나님의 분야이다. "땅이 스스로 열매를 맺되"(28). 바울은 심고 아볼로는 물 주되 오직 자라나게 하시는 이는 하나님이시다(고전 3:6). 성장은 하나님 손에 있으니 우리는 오직 그에게 맡기고 기다릴 수밖에 없다.

셋째: 결실함과 같다

이 말씀은 생명의 성장과정을 의미한다. 씨에서 바로 열매를 거둘 수 없듯이 신앙 성장이나 교회 성장 그리고 하나님 나라 발전도 마찬가지이다. 조급함은 금물이다. 복음은 위대한 생명의 씨앗이다. 죽은 고래는 떠내려가도 살아있는 피라미 새끼는 물결을 거슬러 올라간다(벧후 3:18).

결론(結論)

하나님 나라는 씨앗이 자람과 같이 능력이 있다. 세상을 변화시킨다.

제5장 귀신을 추방하시고 병자를 고치심

❁ 귀신의 권세(1-15)

본문에서 군대 귀신 들린 자는 주님을 만나 새로운 삶을 되찾기까지 매우 심한 고통을 받아야만 했다.

첫째: 사로잡힌 자를 황폐케 한다

본문의 귀신들린 사람은 무덤 사이에서 살고 있었다. 그는 살아있는 사람이었음에도 죽은 사람의 거처인 무덤 사이에서 살아야 했다. 그는 정상적인 생활을 전혀 할 수 없었다. 밤낮 무덤 사이나 산에서 소리를 지르며 제 몸을 상하게 함으로써 사람들에게 혐오감과 공포심을 가지게 했다.

둘째: 사람이 제어할 수 없다

사람들은 그를 제어하기 위해서 여러 번 고랑과 쇠사슬에 매었다고 했다. 그러나 그는 쇠사슬을 끊고 고랑을 깨뜨리고서 다시 무덤 사이로 돌아갔다. 그는 범인이 발휘할 수 없는 놀라운 힘을 발휘했다. 또한 이제는 아무도 그를 잡아 맬 수도 없게 되었다. 이같이 귀신은 사람이 제어할 수 없을 만큼 강하다.

셋째: 돼지 떼를 몰살시켰다

군대 귀신은 예수님의 나오라는 명령에 그냥 나오지 않고 돼지 떼에게 들어가게 해 줄 것을 요청했다. 그 귀신들은 천지의 주인이시요 전능하신 하나님이신 예수님의 신적 명령에도 대항하려고 버티는 존재이다. 결국 그것들은 그냥 물러나지 아니하고 이천 마리나 되는 돼지 떼에게 들어가 돼지를 몰살시키고야 말았다.

결론(結論)

마귀는 영적인 존재이기 때문에 예수 그리스도의 능력 안에 있을 때라야 우리의 안전이 보장된다.

제6장 사도들 파송과 세례 요한의 순교

❁ 부지런하신 예수님(45-56)

예수님은 그 누구보다도 부지런하셨다. 여러 가지 면에서 제자들의 본이 되셨다.

첫째: 기도와 가르치는 일에

주님은 종일토록 말씀을 전하시고 어두울 때 오병이어의 기적을 행하신 후 즉시 제자들을 재촉하여 무리를 흩어 보내셨다(45). 이유는 기도하기 위해서였다. 예수님은 안식일에는 회당에 가는 습관, 가르치고 전하는 습관을 가지고 계셨으며 특히 습관을 좇아 기도하셨다.

둘째: 제자들을 돕는 일에

기도하시던 중 제자들이 풍랑으로 고난당하는 것을 보셨다. 48절의 '보시고'는 아셨다는 의미이다. 그리고 도우러 가셨다. 급하시니 물 위로 걸어서 가셨다. 제자들을 돕는 일에 얼마나 부지런하셨는지를 말해준다. 주님은 성도가 당하는 고난의 현장으로 달려오시는 분이다.

셋째: 병을 고치고 봉사하는 일에

어제 종일 강론하시고 또 밤새 철야 기도하신 후 바다를 항해하셨다. 도착하는 순간부터 소문을 듣고 모여드는 환자들을 고쳐주셨다. 예수님은 피곤한 중에서도 "아무데나…마을이나 도시나 촌에서"(56) 병든 자를 고쳐주셨다. 짜증 한번 내지 않고 사랑으로 봉사하셨다.

결론(結論)

피곤을 핑계치 말고 예수님처럼 부지런히 기도하고 가르치며 봉사해야 한다.

제7장 손 씻는 문제와 기적

❋ 에바다(31–35)

에바다는 아람어로 '열려라'는 뜻이다. 현대인들의 상태는 갈릴리 지방의 귀먹고 어눌한 사람처럼 말씀을 듣지 못하는 귀머거리다. 그래서 오늘도 현대인들에게 필요한 것은 주님의 말씀, '에바다'이다.

첫째: 귀가 있어도 듣지 못하는 자는 귓문이 열려야 한다

어느 지체인들 귀하지 않은 것이 있겠는가? 그러나 말과 소리를 들을 수 있는 귀야말로 지체 중에서도 매우 귀하다. 귀를 가진 자의 비정상적인 모습은 들어야 할 말씀은 귀담아 듣지 않고 들을 필요 없는 말, 오히려 들으면 손해되는 말을 귀담아 듣는 것이다. 과연 들을 줄 아는 귀를 가진 자가 얼마나 될까?

주님은 소아시아의 일곱 교회를 향하여 "귀 있는 자는 들을지어다"라고 하셨다. 예레미야 6장 10절에서 예레미야는 강퍅한 이스라엘 백성을 향하여 귀가 할례를 받지 못하였으므로 듣지 못한다고 탄식하였다.

"목이 곧고 마음과 귀에 할례를 받지 못한 사람들아"(행 7:51).

"나의 귀를 깨우치사 학자같이 알아듣게 하옵소서"(사 50:4).

역대 신앙의 인물인 아브라함, 모세, 사무엘 등은 신령한 귀로 하나님의 음성을 듣고 큰 역사를 이룬 이들이다.

둘째: 눈이 있어도 보지 못하는 자에겐 눈이 열려야 한다

눈은 육안(肉眼)이 있고, 지안(智眼)이 있고, 영안(靈眼)이 있다. 우리 성도들은 무엇보다 신령한 눈을 가져야 한다. 정상적으로 보지 못하게 우리의 눈을 타락시키는 요인들이 있다. 안목의 정욕, 사리사욕, 오만, 독선, 시기, 질투와 같은 것들이다. 골로새서 5장 1절은 "그리스도와 함께 다시 살리심을 받았으면 위의 것을 찾으라"라고 하였다.

셋째: 입이 있어도 말을 못하는 자는 입이 열려야 한다

사람은 저마다 입을 가졌으니 말을 한다. 그러나 말에는 참말이 있고 거짓말이 있어 화와 복을 자청한다. 잠언 15장 2절은 “지혜 있는 자의 혀는 지식을 선히 베풀고 미련한 자의 입은 미련한 것을 쏟느니라”라고 하였다. 세상에서 제일 선한 것이 입이요, 제일 악한 것도 입이다. 세 치밖에 안 되는 혀가 사람을 죽이기도 하고 살리기도 한다. 우리는 예수님과 같이 진실을 말해야 한다. 그리고 진실한 입은 진리를 말하는 데 용감해야 한다. 옳은 것은 옳다, 그른 것은 그르다고 해야 한다. 마태복음 5장 37절은 “너희 말은 옳다 옳다, 아니라 아니라 하라”라고 했다.

바로 왕 앞에 선 모세의 입은 용감했다. 헤롯 왕 앞에 선 세례 요한의 입은 용감한 입이었다. 다윗 왕 앞에 선 나단 선지자의 입 역시 용감한 입이었다. 우리는 진리를 말하고 의를 말하고 죄를 책망하고 복음을 증거하는 데 용감해야 한다. 동시에 따뜻해야 한다. “유순한 대답은 분노를 쉬게 하여도 과격한 말은 노를 격동하느니라”(잠 15:1)고 하였다. 입을 가졌다고 해서 하고 싶은 말을 다 해서는 안 된다.

사람들은 금, 은, 보석은 잘 지킬 줄 알면서도 입과 혀는 지킬 줄 모른다. 입을 지키는 것이 금, 은, 보석을 지키는 것보다 더 중요하다. 잠언 21장 23절은 “입과 혀를 지키는 자는 그 영혼을 환난에서 보존하느니라”라고 하였다.

결론(結論)

성도 여러분! 에바다의 아침이 되시기를 바란다. 주님의 말씀, 능력의 말씀을 통하여 귓문이 열리고, 영안이 열리고, 모세의 입이 열리고 세례 요한의 입이 열리고 나단 선지자의 입이 열리듯이, 입이 열리는 은총이 함께하시기를 바란다.

제8장 기적과 여러 가지 교훈

❁ 예수님의 동정(1-10)

본문은 예수님의 가르치심을 듣고자 광야에 나온 무리들의 배고픔을 측은히 여기신 주께서 칠병이어로 사천 명의 무리를 먹이신 내용이다.

첫째: 지친 군중들

이 사건은 갈릴리 바다 건너편 데가볼리에서 일어났다. 예수님은 며칠 전에 귀머거리이며 말더듬이를 고쳐 주셨다. 이 소문이 이방인들에게 전파되자 약 4,000명이란 군중이 예수님께로 모여 들었다. 군중들은 사흘 동안이나 예수님과 같이 머물면서 말씀을 들었다.

둘째: 예수님의 축복

예수님의 보살핌에 의해 보리떡 일곱 개와 생선 두 마리로 약 4,000명이 배불리 먹는 기적이 일어났다. 군중들이 배불리 먹을 수 있었던 것은 하나님의 축복이었다. 하나님은 영적 배고픔뿐 아니라 육체적으로 굶주린 사람들도 모른 체하지 않으시고 배불리 먹여 주신다. 또 작은 양이라도 믿음을 가지고 감사의 마음으로 예수님에게 드리면 놀라운 축복을 받게 된다.

결론(結論)

하나님은 유대인과 이방인의 굶주림을 똑같이 채워주신다. 하나님은 그리스도 안에서 모든 생명의 필요를 채워주신다.

제9장 변화산상의 교훈

❋ 변화산의 그리스도(1-8)

세상의 수많은 문제는 예수 그리스도를 알지 못함으로 일어나는 문제이다. 본문에서 베드로는 행복의 절정에 취해 있었다.

첫째: 그리스도의 진정한 모습을 목격하였다

그리스도의 본래 모습은 심히 영광스럽다. 인간의 형체를 입으시고 비천한 가운데 거하신 것은 잠시의 모습이다. 베드로가 하나님이신 그리스도의 영광을 목격했을 때 무의식중에 "여기 있는 것이 좋사오니"라고 표현한 것은 그가 행복의 절정에 있었음을 보여준다.

둘째: 그리스도께서 자신의 영광을 드러내 주셨다

베드로와 동료 제자들이 주님의 영광을 목격한 신비적 체험은 결코 그들이 고행이나 수련을 쌓고 있는 동안에 일어난 것이 아니었다. 오히려 그들은 피곤으로 인해 졸고 있었는데, 졸다가 영광의 순간을 목격한 것이다. 성도는 하늘의 시민권을 가진 자들이다. 그럼에도 불구하고 땅의 것에 사로잡혀 기진맥진하는 것은 변화산의 놀라운 은혜를 체험하지 못했기 때문이다.

결론(結論)

변화산의 체험은 예수님의 승리와 장차 다가올 천국의 영광을 보여주신 것으로써 성도로 하여금 어떠한 수난 가운데서도 흔들리지 않게 한다.

제10장 부자 청년

❁ 참된 부요(17-31)

우리 주변에는 실속 없는 지식으로 세상의 온갖 것들을 통달한 것처럼 사는 사람이나 변변찮은 재물을 갖고도 다 가진 사람처럼 착각하고 사는 사람들이 많다.

첫째: 부족함이 없는 사람

본문의 부자 청년은 주님을 만나기 위하여 달려왔다(17). 그는 지극한 존경심과 겸손한 태도로 꿇어 엎드렸다(17). 또한 그에게는 진실성이 있었다. 이 청년은 어려서부터 모든 계명을 다 지켰다고 주님 앞에서 자신 있게 말할 정도였다(19,20). 그는 자기 신앙에 충실했다. 남부럽지 않을 만큼의 재산도 있어(22) 모든 면에서 부족함이 없었다.

둘째: 그러나 부족한 사람

주님은 결정적으로 이 청년의 부족을 지적하셨다. "네게 오히려 한 가지 부족한 것이 있으니 가서 네게 있는 것을 다 팔아 가난한 자들을 주라"(21). 이 권면의 말씀 앞에서 부자 청년은 슬픈 기색을 띠고 근심하며 돌아섰다(22). 그는 하나님보다 재물(세상)을 더 사랑하여 영원히 부족한 사람이 되고 말았다. 이와 같이 육의 소욕을 따라 영의 소욕을 외면함으로 영생 대신 멸망의 길을 선택하는 사람들이 많다.

결론(結論)

참된 부요는 세상의 명예나 재물이 아니라 하나님의 뜻을 찾고 그분의 일을 우선적으로 선택하는 데 있다.

제11장 예수께서 나귀를 타고 예루살렘에 입성하심

❃ 예루살렘 입성(1-10)

본문에는 예수께서 예루살렘에 입성하시는 모습을 묘사하고 있다.

첫째: 주님의 말씀에 순종한 제자들

예루살렘에 들어가기 바로 전에 예수께서는 매여 있는 나귀를 풀어 오도록 제자들에게 명하셨다. 제자들은 나귀 주인의 항의를 받을 것을 생각하지 못한 바가 아니었으나 주님께서 온 세상의 주인이심을 믿었기 때문에 상식에 벗어난 것 같은 명령에도 순종하였다(막 8:23).

둘째: 나귀를 내어 준 나귀 주인

제자들이 나귀를 풀어 끌고 가려 할 때에 나귀 주인은 주님이 쓰시겠다는 말을 듣고 두말없이 나귀를 내어주었다. 우리도 주님께서 필요하시다면 우리의 가진 것을 서슴없이 내드릴 수 있어야 한다.

셋째: 영광스럽게 사용된 나귀

주님께로 이끌려온 나귀는 성경에 기록된 나귀가 되었다. 만약 그 나귀가 주님을 태우는 일을 하지 않았더라면 한낱 짐을 운송하는 나귀로서만 살았을 것이다. 나귀 자체는 큰 가치가 없지만 주님을 위해 사용될 때 가치 있게 되는 것이다.

결론(結論)

그리스도인에게 요청되는 것은 주의 말씀에 순종하는 일과 그리스도를 위해 영광스럽게 쓰임 받는 일이다.

제12장 많은 질문에 대한 답변

❀ 사랑의 대상(28-37)

본문은 우리가 마땅히 사랑해야 할 대상이 있음을 나타내는 내용이다.

첫째: 하나님(30)

하나님은 유일하신 우리의 주(主)이시다. 하나님께서 먼저 인간을 사랑하시고 그 사랑을 나타내 보이셨다. 인간은 이러한 하나님의 사랑을 깨달을 때 모두를 사랑할 수 있다. 진정 하나님을 사랑한다고 하면 마음과 목숨과 뜻과 힘을 다하여 사랑해야 한다(마 10:37).

둘째: 자기(31)

이기적인 사랑이 아니라 자기 존중의 사랑 즉 자애(自愛)를 가르친다. 자학하거나 열등감에 사로잡혀서는 안 된다. 하나님께서는 '나'라는 존재를 천하보다 더 소중한 존재로 여기신다. 그런 자신의 존재 가치를 인정할 때에 남을 사랑할 수 있다.

셋째: 이웃(31)

하나님을 사랑한다면 이웃을 사랑한다(요일 4:20). 하나님의 섭리에 의해 동정과 도움을 베풀어야 할 이웃이 우리의 옆에 서 있다. 내 몸을 사랑하듯 이웃을 사랑해야 한다. 이것이 율법의 완성이다(10-12).

결론(結論)

우리가 서로 사랑하는 것이 지극히 마땅하다(요일 4:10-12).

제13장 세상의 종말과 예수의 재림

❋ 말세의 신앙(1–8)

말세라고 일컫는 오늘날 우리에게 요구되는 신앙은 어떠한 것인가?

첫째: 마지막을 내다보는 신앙(1–2)

제자들은 웅장한 성전의 현재 모습만 보았지만, 예수께서는 돌 위에 돌 하나 남지 않고 무너질 날을 보셨다. 역사는 반드시 종말이 온다. 그러므로 이 시대를 바로 보며 마지막을 대비하는 자가 슬기롭다.

둘째: 미혹당하지 않는 신앙(5–6)

말세에는 미혹하는 사람이나 사건이 많다. 그런 사람들에게 미혹당해서도 안 되고 세상의 부조리한 일들을 보면서 하나님에 대해서 회의를 품거나 하나님 나라에 대한 소망을 버려서도 안 된다. 혼탁한 세상일수록 더욱 굳건히 믿음을 지켜야 한다(골 2:8; 요일 3:7).

셋째: 두려워하지 않는 신앙(7–8)

말세에는 두려워할 수밖에 없는 재난이 많다. 이런 일은 시작에 불과하다. 지레 두려워한다면 어찌 마지막까지 견디겠는가?(13) 하나님께서 주시는 마음은 두려워하는 마음이 아니다(딤후 1:7). 두려움은 믿음이 부족한 연고이다(마 8:26).

결론(結論)

혼탁한 시대일수록 성도는 더 견고한 믿음을 가져야 한다(고전 15:58).

제14장 예수, 잡히심과 심문 당하심

❀ 흩어진 제자들(27–31)

선지자의 예언을 인용하며 제자들의 흩어짐을 말씀하셨다.

첫째: 장담할 수 없는 인생

제자들은 자신들이 주님을 버리게 될 것이라고 생각하지 않았기에 모두들 호언장담하였다(31). 그러나 그들은 끝내 다 주님을 버렸다. 우리도 결코 장담할 수 없는 인생이다. 자기를 크게 생각하는 것은 교만이며 위험한 생각이다(고전 10:12). 우리는 주의 은혜와 성령 안에서만 강해질 수 있다(딤후 2:1).

둘째: 인생의 연약함을 아시는 주님

예수께서는 자신의 앞일과 제자들의 앞일을 다 아셨다. 예수께서는 그들의 연약함까지 다 알고 계셨다. 주님은 우리의 연약함을 말씀해 주심으로써 예비하도록 하시며 연약함을 친히 도우신다(히 2:18, 4:15-16).

셋째: 연약한 자라도 버리지 않는 예수님

예수님은 제자들의 배신과 연약함을 아셨으나, 부활 후 갈릴리에서 다시 만날 것을 약속하셨다. 주님은 연약한 자라도 용납하시며 일꾼으로 쓰신다(고전 1:27-29; 히 5:2). 이런 은혜와 긍휼로 우리도 여기까지 왔다.

결론(結論)

주님은 위대한 예언자이시며 우리의 구주이시다. 우리의 연약함을 겸손히 시인하고 주님의 도우심을 받자.

제15장 예수, 십자가에 못 박히심

❃ 용기 있는 행동(42–47)

용기 있는 행동이란 옳은 일, 반드시 해야만 할 일을 위해서는 어떠한 희생이라도 감내하는 것이다.

첫째: 분명한 의사표시

아리마대 요셉이 빌라도를 찾아가서 예수의 시체를 내어달라고 한 것은 예수께 대한 자신의 입장을 확실하게 보여 준 행동이었다. 즉 그는 자기가 예수의 제자인 것을 공개적으로 나타낸 것이다.

둘째: 희생에 대한 각오

그는 유대 최고 의결기관이었던 산헤드린의 저명한 회원이었다. 만약 그가 예수의 제자라는 사실이 알려지면 명예에 상당한 손상을 입을 염려가 있었음에도 이를 감수했다. 주님의 시신을 안장하는 일을 공개적으로 맡아 믿음을 가진 성도의 희생적 헌신을 보여주었다.

셋째: 최선을 다한 행동

주께서 우리에게 요구하시는 것은 불가능한 일이 아니라 충분히 할 수 있는 일이다. 요셉처럼 이것을 찾아서 최선을 다하도록 해야 한다(요 1:50).

결론(結論)

아리마대 요셉의 믿음을 소유하기 바란다. 환난을 당할 때 예수님의 제자임을 담대하게 고백할 수 있는 믿음, 남이 못하는 봉사에 솔선수범하는 믿음, 주님을 위해서 가장 소중한 것을 드릴 수 있는 위대한 믿음의 소유자가 되기 바란다.

제16장 예수님의 부활과 승천

❀ 믿는 자가 되라(1–11)

합리적으로 설명될 수 없는 불가사의한 일을 믿기란 쉽지 않다.

첫째: 헌신적인 여인들

그들은 평소에도 주님과 제자들을 위해 자기의 소유로 섬긴 사람들이며, 주를 위해 온전히 헌신하였다. 그 헌신의 기초는 사랑이다. 그분께 대한 사랑이 없는 사람들에게서는 헌신적인 삶을 기대할 수 없다.

둘째: 다시 사심을 전하는 천사

향품을 가지고 무덤에 간 여인들은 그리스도께서 살아나셨다는 천사의 전언을 듣게 되었다. 그것은 충격적인 뉴스였으며, 상식적으로는 말이 안 되는 일이었다. 하나님의 역사는 인간의 상식을 초월한다. 그리스도의 부활은 기독교 신앙의 독특성과 유일성의 근거가 된다.

셋째: 믿기에 더딘 제자들

주의 제자들은 그분으로부터 부활과 관련된 말씀을 여러 번 들었음에도 막상 그것이 사실로 나타났을 때 쉽게 받아들이지 못했다. 성경에 제시된 하나님의 모든 약속을 믿는 사람이 복이 있다(히 11:6).

결론(結論)

보지 못하고 믿는 자들은 성령의 능력으로 믿게 된 자들이기 때문에 더 복되다.

서론

<table>
<tr><td>주제</td><td>예수 그리스도는 하나님이시며 완전한 인자로서 세상에 오신 온 인류의 구세주이시다</td><td>저 자</td><td>누가</td><td>기록장소</td><td colspan="2">가이샤라로 추정</td></tr>
<tr><td>기록연대</td><td>A.D. 58-63년경</td><td>대 상</td><td colspan="4">죄인들을 구속하심(죽으심과 부활)</td></tr>
<tr><td>대지</td><td colspan="3">말씀과 표적</td><td colspan="3">고난</td></tr>
<tr><td rowspan="2">구분</td><td colspan="6">1:1 4:14 9:51 19:28 24:53</td></tr>
<tr><td>인자에 대한 소개</td><td>인자의 사역</td><td colspan="2">인자의 배척당하심</td><td colspan="2">인자의 죽음과 부활</td></tr>
<tr><td>배 경
(장소,시대)</td><td colspan="6">갈릴리- 유대- 베레아- 예루살렘/B.C. 7-A.D. 30년경</td></tr>
<tr><td>요절</td><td colspan="6">"인자의 온 것은 잃어버린 자를 찾아 구원하려 함이니라"(19:10)</td></tr>
</table>

누가복음 이해

누가복음은 의사 출신으로 사도 바울의 동역자였던 헬라인 누가에 의해 기록되었으며, 서두에 밝힌 대로 데오빌로로 대표된 이방인 독자들을 염두에 둔 책이다. 누가의 역사가로서의 면모와 신학자다운 통찰력, 그리고 탁월한 문학적 구성력과 폭넓은 어휘력을 유감없이 보여 주는 누가복음은 원래 사도행전과 하나였다.

4복음서 중에서 예수의 행적을 역사적 사실에 근거하여 연대기적으로 기록한 대표적인 책인 누가복음은 내용상 다음과 같이 네 부분으로 나눌 수 있다.

(1) 인자에 대한 소개(1:-4:13): 누가는 인자 예수의 족보, 탄생, 어린

시절 및 세례 요한의 출현에 대한 이야기에 강조점을 두고 있다. 특히 예수의 수태고지(受胎告知) 및 어린 시절 성전에 올라간 일이 비교적 상세히 소개되고 있다.

(2) 인자의 사역(4:14-9:50): 4:14-6:49에는 사탄, 질병, 자연, 죄의 영향력, 유전 등과 같은 인간의 모든 영역을 지배하는 그리스도의 영적 권위가 나타나 있는 반면, 7:1-9:50에는 그리스도의 본격적인 사역, 즉 전도하며 가르치고 제자들을 양육하는 일들이 잘 나타나 있다.

(3) 인자의 배척당하심(9:51-19:27): 본문부터는 인자의 사역에 대한 배척과 갈등이 심해진다. 심지어 유대 종교 지도자들은 예수를 '귀신들린 자'라고까지 비난했고, 이때 예수는 그들에게 하나님의 화가 임할 것이라고 선포했다(11장).

(4) 인자의 죽음과 부활(19:28-24:53): 예루살렘의 멸망을 예언한 예수께서는 겟세마네 동산으로 올라가 제자들에게 마지막 교훈을 하시고, 기도하시는 중 체포되어 종교적인 심문과 정치적인 심문을 여섯 차례나 받으셨다. 인자의 고난은 십자가에 달려 죽으심으로 절정에 이른다. 그러나 예수는 약속하신 대로 사흘 만에 부활하셔서 제자들에게 보이심으로 승리의 과업을 이루셨다.

기록 목적

수신자는 매우 존귀하신 데오빌로(1:3)로 되어 있는데, 아마도 그는 후에 그리스도인이 된 로마의 고관이었던 것 같다. 사도행전의 수신자(1:1-2)로 되어 있는 것을 보면 이 두 책은 같은 저자에 의해 짝을 이루기 위해 기록되었음을 알 수 있다. 기록 목적은 "귀하께서 이미 배우신 것들이 틀림없는 진실이라는 것을 알게 해드리기" 위함이었다(1:4). 그러나 본서는 한 개인보다는 민족이나 신분의 구분 없이 하나님의 구원의 역사가 예수 그리스도에 의해 완성되었고, 또한 예수 그리스도는 모든 인류의 구세주가 되신다는 사실을 보여줌으로써 모든 믿는 자들의 신앙을 강하게 하고 믿지 않는 자들의 공격에 대처하도록 하기 위해 기록되었다.

기록 배경

누가복음(예수 그리스도의 '좋은 소식'과 참된 이야기에 대한 누가의 설명)은 데오빌로라고 불리는 사람에게 전달된 두 권의 책(누가복음과 사도행전) 가운데 첫 번째 책이다(1:3; 행 1:1). '각하'라는 호칭이 사용된 것을 볼 때, 데오빌로는 로마의 관리였거나 혹은 최소한 높은 신분의 사람이었던 것으로 보인다. 어쩌면 그는 누가의 재정적인 후원자였거나 혹은 누가가 쓴 책을 필사하여 여러 곳에 배포하는 등의 일을 맡은 사람이었는지도 모른다. 어쨌든 이 책은 데오빌로에게 예수 그리스도와 관련한 사실을 가르치기 위한 목적으로 의도된 것이었다. 누가복음과 사도행전 모두에 기자의 이름이 구체적으로 언급되지 않지만, 그럼에도 불구하고 초창기 기독교의 공통적인 증언과 두 책의 문체와 구조가 근본적으로 동일한 사실은 두 책 모두가 누가의 저작임을 의미한다.

본서가 기록되던 주후 1세기 후반(60-70년)은 로마 제국이 세계를 주도하던 시기였다. 로마의 속국 백성들은 로마 황제를 신이라고 칭하며 황제와 로마에 충성할 것을 강요당하였으며 노예의 신분으로서 박해와 고통 속에 있었다. 사람들은 모두 그 권력 앞에서 참 평화와 구원에 대한 희망을 가질 수 없었다. 이러한 상황 아래 누가는 본서를 통해 이 세상이 영원한 것이 아니며, 예수 그리스도를 믿음으로 그 안에서 참 인간의 모습을 회복하고 천국 구원을 누릴 수 있음을 제시하였다.

내용 분해

Ⅰ. 프롤로그 1:1-4

Ⅱ. 출생 예고 1:5-2:52

A. 세례 요한 출생 예고 1:5-25

B. 예수 출생 예고 1:26-38

C. 두 여인의 방문 1:39-56

D. 세례 요한 출생 1:57-80

E. 예수 출생 2:1-40

F. 소년 예수의 성전 방문 2:41-52

Ⅲ. 공생애 준비 3:1-4:13

A. 세례 요한의 사역 3:1-20

B. 예수의 세례 3:21,22

C. 예수의 족보 3:23-38

D. 유혹 4:1-13

Ⅳ. 갈릴리 사역 4:14-9:50

A. 나사렛과 가버나움 4:14-44

B. 베드로와 제자들을 부르심 5:1-6:16

C. 평지에서의 설교 6:17-49

D. 이야기와 대화 7:1-9:50

Ⅴ. 예루살렘까지의 여행 9:51-19:28

Ⅵ. 예루살렘 사역 19:29-21:38

A. 예루살렘 입성 19:29-48

B. 논쟁 20:1-21:4

C. 종말론에 대한 설교 21:5-38

Ⅶ. 예수의 고난과 부활 22:1-24:53

A. 유월절 식사 22:1-38

B. 예수의 고난, 죽음, 매장 22:39-23:56

C. 부활과 승천 24:1-53

| 장별 핵심 메시지 |

제1장 세례 요한과 예수님의 출생 예고

❄ 세례 요한의 출생(57-66)

노년의 엘리사벳이 아기를 배어 제사장 사가랴가 9개월 동안이나 말하지도 못하다가 아기가 태어났다.

첫째: 교제와 큰 기쁨이 넘쳤다(58)

팔레스타인 지역에서 아들이 출생한다는 것은 대단히 큰 기쁨이었다. 요한의 출생은 부모와 이웃에게 이중의 기쁨을 준 것이었다. 하나는 노년에 자식을 얻었다는 것이었으며, 또 하나는 아들을 얻었다는 것이었다. 이웃과 친족들은 이 모든 일이 하나님의 은혜로 이루어진 것임을 깨닫고, 모두 모여 함께 즐거워했다.

둘째: 믿음의 순종이 있었다(63, 64)

사가랴는 친족들이 요구하는 '사가랴'라는 이름 대신에, 천사 가브리엘이 일러준 대로 '요한'(여호와의 선물)이라는 이름을 지어준다. 그는 9개월 동안 말 못하는 고난의 기간을 보내면서 믿음으로 순종하는 귀한 교훈을 배웠다. 순종의 결과로 사가랴는 요한의 출생이라는 큰 기쁨을 누리게 되었다.

셋째: 능력 있는 전도가 있었다(65, 66)

이웃 사람들은 요한의 출생으로 인해 큰 감명을 받았으며, 각자의 마음속에 이 사건이 지닌 큰 의미를 간직하게 되었다. 그들은 아이의 장래에 대해 깊은 소망을 가졌고, 이 사실을 '온 유대 산중'에 두루 퍼뜨렸다. 주의 손이 함께하는 곳에는 이처럼 능력 있는 전도가 뒤따르게 되는 것이다.

결론(結論)

한 생명의 탄생은 하나님께 속한 신비의 사건이다. 새 생명을 갖게 하는 일은 영광스럽고 신비한 일이다.

제2장 예수의 탄생

❄ 그리스도의 탄생(1-14)

창세 이후로 그리스도의 탄생만큼 놀라운 출생은 없었다. 그것은 '하나님께서 사람이 되신'(성육신) 일이다.

첫째: 낮고 천한 인간의 모습으로 오셨다(7)

창조주요 무한하신 하나님께서 인간의 모습을 입으셨다. 하나님께서 인간의 몸을 입었다는 사실 자체가 기적이다. 그것도 우리를 위해 가장 천하고 낮은 말구유에 오셨다. 하나님께서 우리를 사랑하신다는 증거는 그가 친히 육신을 입으시고 오셔서 죽으신 사실에서 확증된다(롬 5:8).

둘째: 기쁨과 평화를 주시러 오셨다(10, 14)

천사들은 주님의 탄생을 '큰 기쁨의 좋은 소식'이라고 표현했다. 또한 "땅에서는 기뻐하심을 입은 사람들 중에 평화로다"라고 찬송하였다. 그리스도 탄생의 순간은 온 세상을 뒤덮고 있던 흑암의 먹구름이 사라지는 순간이다. 이 순간은 구원이 실현되는 기쁨의 순간이요, 사단과의 싸움에서 승리하는 순간이다.

셋째: 하나님께 영광 돌리러 오셨다(14)

그리스도께서 이 세상에 강림하심으로써 하나님의 영광은 극치에 달한다. 주님의 탄생과 그의 죽으심을 통해서 하나님의 속성들, 즉 공의와 거룩함과 자비, 그리고 지혜의 속성들이 영화롭게 드러나게 되었다. 그리스도의 구속 사역을 통하지 않고서는 하나님께 영광을 돌릴 수가 없다.

결론(結論)

하나님이신 그리스도께서 인간의 몸을 입고 오셔서 우리에게 구원을 베푸신 것은 놀라운 사랑이다.

제3장 세례 요한의 출현과 예수의 세례

❁ 세례 요한의 증거(15-17)

'외치는 자'로서의 요한의 직책은 하나님 나라와 그 나라의 왕에 대해서 바르게 소개하는 것이었다.

첫째: 인간보다 능력이 많으신 분(16)

인간을 구원하러 오시는 분이 인간과 동등한 능력을 가졌다면 인간을 구원할 수 없다. 죄인이 죄인을 구원할 수는 없기 때문이다. 기껏 물세례만으로는 영혼의 온전한 깨끗함을 이룰 수가 없다. 그리스도는 인간을 창조하신 하나님이시요 구세주다.

둘째: 성령과 불로 세례를 주시는 분(16)

요한은 '물로 세례를 주는 일' 이상은 할 수 없었다. 그러나 그리스도는 '성령과 불로 세례를 주시는 분'이시다. 성령의 세례는 불과 같은 것이다. 불은 금속을 녹여서 완전히 새로운 형상을 만든다. 그리스도만이 성령과 불세례로써 죄인을 완전한 의인으로 만드신다.

셋째: 알곡과 쭉정이를 가르시는 분(17)

사람이 사람을 판단할 수는 없다. 오직 하나님만이 인간을 판단

할 수 있다(롬 2:1-3). 그리스도는 말씀의 키를 손에 잡으시고 세상이라는 타작마당에서 참 믿음과 거짓 믿음을 가를 수 있는 자격을 가진 유일한 분이시다. 요한은 그리스도를 세상을 심판할 심판 주로 증거한다.

결론(結論)

그리스도는 분명히 하나님이시다. 그리스도를 바르게 알고, 바르게 믿고, 바르게 전파하자.

제4장 복음 전파 시작

❋ 귀신을 쫓아내신 일의 교훈(33-44)

이적을 통해서 주님은 무엇을 교훈하고자 하실까?

첫째: 주님만이 귀신을 쫓아내신다(35)

예수는 하나님이시다. 귀신 들리거나, 귀신에 의해 생긴 모든 질병은 마귀를 다스리시고 능히 이기시는 주님에 의해서만 치유될 수 있다. 그러나 비록 연약한 인간임에도 주님의 능력을 힘입어 '나사렛 예수 그리스도의 이름으로 명할 때' 귀신이 물러가고, 병이 낫게 되는 이적이 일어나기도 한다(행 3:6, 9:12).

둘째: 주님은 기도를 통하여 능력을 받으셨다(42)

주님은 마귀를 쫓아내시고 질병을 고치시는 이적을 행하신 뒤 한적한 곳을 찾아가셨다. 주님께서 한적한 곳을 찾아가신 것은 하늘에 계신 아버지와의 교제, 즉 기도하는 시간을 갖기 위함이었다. 성도의 능력은 오로지 기도를 통하여 생긴다. 항상 깨어 기도하고 힘을 얻어서 능력 있는 성도로 살자.

셋째: 주님의 궁극적인 사명은 복음 전파였다(43-44)

주님은 자기들에게서 떠나지 못하게 만류하는 사람들을 향하여

"내가 다른 동네에서도 하나님의 나라 복음을 전하여야 하리니 나는 이 일로 보내심을 입었노라"(43) 하시면서 자신의 사명을 강하게 선포하셨다. 이 복음 전파가 주님의 가장 중요한 사역이었다.

결론(結論)

주님의 사명은 이적 자체가 아니라 복음 전파였다.

제5장 베드로를 부르시고 병든 자를 고치심

❁ 베드로를 부르심(1–11)

성경의 주인공은 그리스도이시다. 성경의 모든 사건들은 '예수의 구속'에 초점을 맞추고 있다.

첫째: 언제, 어디서나 복음을 전파하셨다(1–3)

주님이 지금 증거하고 계신 곳은 예배당이 아니라 게네사렛 호숫가였다. 갈급한 영혼으로 주님을 기다리는 무리가 있었다. 주님은 그들을 외면하지 않으시고 말씀을 전하셨다. 더욱이 좌절하여 낙심한 베드로를 보시고는 한 명의 영혼을 위해 복음 전파를 즉시 시작하신 것이다.

둘째: 절망의 인생에게 큰 용기를 주셨다(4–6)

밤새도록 수고한 베드로에게 남은 것은 절망과 좌절뿐이었다. 인간의 노력은 절망과 좌절을 가져올 뿐이다. 그러나 주님은 이런 순간에 다가오신다. 그리고 '그물이 찢어지도록 많은 고기'를 잡게 하신다. 주님만이 인생의 빈곤함을 풍요로움으로 채워 주실 수 있는 분이시다.

셋째: 믿고 순종하는 사람에게 소망을 주셨다(10–11)

말씀에 의지하여 믿고 순종한 베드로에게 완전히 다른 삶이 주어졌다. "이제 후로는 네가 사람을 취하리라"는 주님의 말씀 속에는 인생관과 가치관을 변화시키는 강한 능력이 담겨져 있었다. 인간의 능력만 믿고 아등바등 살다가 절망에 빠져버린 현대인에게 소망의 주님을 소리 높여 전파하자.

결론(結論)

복음전파는 때와 장소를 가리지 않는다. 복음 자체가 능력이기 때문이다.

제6장 제자 선택과 산상보훈

❀ 제자를 부르심(12-19)

본문은 열두 제자의 임명 장면이다. 주님은 아주 진지하게 제자들을 임명하셨다.

첫째: 오랫동안 기도하신 후에 부르셨다

주님은 모든 일을 행함에 있어 기도보다 앞서가는 경우가 결코 없으셨다. 기도는 인간의 무능함을 하나님의 능력으로 바꾸어 준다. 기도는 인간의 무지함을 하나님의 충만한 지혜로 바꾸어 준다. 기도하고 행한 일에는 결코 실패함이 없다. 그것은 기도를 통해 발견한 하나님의 뜻에 따라 행하게 되기 때문이다. 주님께서도 기도 후에 제자들을 선택하신 것처럼 오늘날 우리도 기도를 앞세워야 한다.

둘째: 초라한 사람을 부르셨다(14-16)

예수님의 열두 제자 중 네 명은 어부 출신이고, 한 사람은 세리이며, 그리고 나머지 대부분의 사람들도 갈릴리 출신의 미천한 사람들이었다. 명문 가문 출신은 한 사람도 없었다. 대부분 무식하고 가난했다. 그러나 예수께서는 세상의 기준에 따라서 제자를 부르지 않으셨다. 오히려 보잘것없고 초라한 사람을 부르셔서 능력을 부여하시고 강하고 능력 있는 제자로 만드셨다. 이것이 하나님의 방법이다.

결론(結論)

오늘날 제자인 우리는 '주님의 부르심'에 부응하자.

제7장 병자를 고치고 죽은 자를 살리시며 교훈하심

❁ 죽은 자를 살리심(11-17)

'죽음'은 인간에게 최대의 슬픔이다. 슬픈 자에게 예수께서는 어떻게 다가가셨는가?

첫째: 예수님은 슬픔을 위로해 주시는 분이시다(13)

한 젊은이의 시신을 메고 가는 슬픈 장례 행렬을 보셨을 때 예수의 마음은 이미 동정심으로 가득 찼다. 그래서 예수께서는 도움의 요청이 오기도 전에 먼저 다가가셔서 과부를 보시고 불쌍히 여기시면서 "울지 말라"라고 위로하셨다. 이 세상에는 예수와 비교할 만한 위로자는 결코 없다. 예수께서는 수고하고 무거운 짐진 자들을 다 영접해 주시고(마 11:28), 상한 심령을 위로해 주시며(시 34:18), 우리들의 눈에서 친히 눈물을 씻겨 주시는 분이시다(계 7:17).

둘째: 예수님은 죽음을 이기신 분이시다(14, 15)

예수께서는 지상 사역을 행하시면서 세 번에 걸쳐서 죽은 자를 살리셨다. 나인성 과부의 아들과 나사로, 그리고 회당장 야이로의 딸이다. 예수께서 관에 손을 대시고 "일어나라" 하시니 죽었던 자가 일어나서 앉고 말도 하게 되었다. 사망의 권세를 다스릴 수 있는 분은 오직 그리스도뿐이다(롬 8:2). 주님께서도 죽음을 이기시고 삼 일 만에 다시 살아나셨다. 그러므로 성도는 그리스도를 믿을 때 죽어도 다시 살게 되는 능력을 덧입는다.

결론(結論)

예수님께서 죽은 자를 살리신 것은 부활의 예표였다.

제8장 병 고치는 이적

❀ 거라사 광인의 치유(26-39)

마귀는 성도보다 강한 능력을 갖고 있다. 본문을 통하여 강하신 주님, 승리의 주님을 만나보자.

첫째: 마귀에게 정복당한 자의 심령은 비참한 것이다.

본문에 나타나는 거라사 광인의 모습을 생각해 볼 때 참으로 끔찍하다. 그는 "옷을 입지 아니하며 집에 거하지도 아니하고 무덤 사이에 거하는 자"였다. 그리고 가끔 사람을 붙잡으므로 쇠사슬과 고랑에 매어 지켰으나 그 맨 것을 끊고 귀신에게 몰려 광야로 나간 자였다.

둘째: 주님만이 마귀를 제압할 수 있는 분이시다

마귀는 예수 그리스도를 가장 두려워한다. 그래서 거라사 광인이 예수의 오심을 보자 하나님의 아들임을 알고 먼저 와서 예수께 "자신을 괴롭게 말아 달라"라고 간청하였다. 성도가 주와 동행할 때 감히 마귀는 접근하지 못한다. 늘 마귀의 유혹과 접근이 있을 때마다 성도는 예수 이름으로 물리쳐야 한다.

셋째: 고침 받은 뒤에는 삶의 놀라운 변화가 있다

거라사 광인에게서 마귀가 떠나자 그는 옷을 입고 정신이 온전하여 예수님의 발아래 앉게 되었다. 발 앞에 나왔다는 것은 최고로 자신을 낮춘 표시요, 회개하였다는 증거이다. 또한 자기에게 일어난 일을 온 성내에 전파하는 전도도 하게 되었다. 이웃에게 공포와 두려움만 주던 그가 이렇게 변화된 것이다.

결론(結論)

우리도 귀신의 능력 위에 계신 예수 그리스도를 통하여 비참했던 모습에서 고침 받고 지도자로 변화하자.

제9장 제자의 파송

❁ 제자의 삶(1–6)

예수님은 열두 명을 직접 택하시고 부르셔서 제자 삼고 훈련시키셨다.

첫째: 제자는 마귀를 대적하는 자이다

주님은 제자들에게 모든 귀신을 제어하며 병을 고치는 능력과 권세를 주셨다. 이는 한마디로 마귀의 권세와 능력에 대항하는 직분을 의미한다. 제자는 근본적으로 이 세상 곳곳에서 일어나고 있는 마귀의 세력에 온몸으로 대적하는 자이다. 제자는 마귀를 대적하는 하늘나라 군대의 최전방 군사이다.

둘째: 제자는 모범적으로 사는 자이다

제자는 스승과 동고동락하며 배운 대로 살아 다른 사람들이 보기에 모범이 되어야 한다. 주님은 "여행을 위하여 아무 것도 가지지 말고 지팡이나 주머니나 양식이나 돈이나 두 벌 옷을 가지지 말며 어느 집에 들어가든지 거기서 유하다가 거기서 떠나라"라고 하신다.

셋째: 제자는 복음을 전파하는 자이다

2000년이 지난 뒤 복음이 이렇게 놀랍게 전파된 것은 제자들의 헌신 덕분이었다. 제자의 가장 큰 사명은 하나님 나라 전파이다. 참된 가치관이 상실되고 쾌락주의와 물질주의로 말미암아 소망 없이 표류하는 현대사회에서 하나님 나라를 전해주는 것만큼 시급한 것은 없다.

결론(結論)

제자는 마귀를 대적하며 스승의 삶을 본받아 모범적으로 복음을 전파하는 자다.

제10장 70인 파송

❀ 제자를 파송하심(1-16)

주님은 70명의 제자를 둘씩 짝지어 전도하러 보내기에 앞서 당부하셨다.

첫째: 기도할 것(2)

주님은 제자들에게 사역을 시작하기 전에 먼저 기도할 것을 당부하셨다. "추수할 일꾼들을 보내어 주소서." 기도는 주님의 사역을 진척시킬 수 있는 가장 강력한 수단이다. 기도보다 앞서가는 모든 일은 실패할 수밖에 없다. 영혼을 변화시키는 제자의 사역에 있어서 하나님의 능력을 구하는 기도는 가장 필요한 작업이다.

둘째: 어려움을 견딜 것(3)

주님은 제자들을 보내시면서 "어린 양을 이리 가운데로 보냄과 같다"라고 하셨다. 교회가 이 죄악된 세상에 존재하는 한 신자들은 이리 가운데 있는 어린 양과 같은 존재이다. 핍박을 각오해야 한다는 말씀이다. 세상과 타협하지 않는 성도에게는 당연히 핍박이 오며, 의를 위하여 핍박을 받은 성도에게는 천국이 주어진다.

셋째: 철저히 헌신할 것(4)

제자는 복음 전파를 위해서는 전대나 주머니나 신을 가지지 말아야 하며, 공허한 인사치레나 관습적인 예의치레로 사역의 집중도를 분산시켜서는 안 된다. 오직 복음전파에 철저히 헌신해야 한다.

결론(結論)

주의 사역을 위해서는 주어진 모든 여건에 감사와 만족의 마음이 필요하다.

제11장 기도와 제반 교훈

❀ 주기도문(1–4)

중언부언하는 기도 등을 보면서 우리는 모범적인 기도의 필요성을 깨닫는다.

첫째: 하나님에 대하여(2)

기도의 대상은 창조주 하나님이시다. 그래서 먼저 "아버지여"라는 서두를 통해 기도의 대상을 분명히 한다. 그리고 "이름이 거룩히 여김을 받으시오며"라고 하나님께 대한 찬양과 영광의 기도를 드린다. 또 "나라이 임하옵시며"라고 하나님을 합법적인 왕으로 인정한다. 이처럼 기도의 첫 요소는 하나님께 대한 경배이다.

둘째: 생활문제에 대하여(3, 4)

육적인 것과 영적인 것, 두 가지를 위해 기도드려야 한다. 즉 날마다의 양식과 날마다의 범죄에 대한 사죄의 기도이다. 죽을 수밖에 없는 인간에게 가장 필요한 것은 다름 아닌 '일용할 양식'과 매일 매일 받아야만 하는 '용서함'이다. 이것들을 소유한 사람이 진정한 부자이다. 바로 기도해서 풍성한 삶을 누리도록 하자.

셋째: 날마다 겪게 될 어려움에 대하여(4)

성도의 삶은 진리의 삶이다. 진리의 삶은 거짓으로 가득 찬 세상에서 반드시 어려움을 겪게 마련이다. 따라서 성도는 "우리를 시험에 들게 하지 마옵소서"라고 날마다 기도해야만 한다. 그렇지 않으면 정도를 걸어도 사악한 자에 의해 넘어질 수 있기 때문이다.

결론(結論)

주기도문은 우리 기도의 모범이다. 성도는 주님처럼 기도하라.

제12장 재림 준비

❀ 시대를 아는 자(54-56)

마가복음 1장 14-15절에서 예수께서는 처음 전도를 시작하시면서 첫 말씀으로 "때가 찼고 하나님 나라가 가까웠다"라고 하셨다. 때를 분간하라는 이 말씀처럼 우리는 이때가 어떤 때인지를 정확하게 분간하자.

첫째: 이때는 악마가 들끓는 시대이다

거짓 선지자와 거짓 그리스도가 들끓고 사이비 신자가 우글거리는 시대이다. 베드로전서 5장 8절에서 "너희 대적 악마가 우는 사자와 같이 삼킬 자를 두루 찾는다"라고 했다. 요한일서 5장 19절에는 "온 세상은 악한 자의 지배를 받고 있다"라고 했다. 찬송가에도 "이 땅에 마귀 꽉 차서 성도를 삼키려 한다"라고 했다. 이는 촛불이 마지막 꺼질 때 기승을 부리듯이 그들의 최후가 임박했음을 오히려 증거하는 것이다. 악마는 자기 때가 다 된 줄 알고 최후의 발악을 한다.

둘째: 이때는 양심이 마비된 시대이다

디모데전서 4장 2절에 "양심이 화인을 맞은 거짓말쟁이들"이라는 말이 있다. 양심에 화인을 맞았으니 양심이 없는 것이다. 이 시대는 양심을 잃어버린 시대다. 남의 돈을 수없이 사기, 횡령, 강도 하고서도 아무 가책이 없고 심지어는 사람을 수없이 죽이고도 눈 하나 깜짝하지 않는 시대다. 돈과 권력에 눈이 어두운 시대다. 황금만능주의와 권력지상주의가 팽창한 시대다. 욕심에 찬 시대다. 욕심으로 죄악을 낳고 죄악으로 사망을 낳을 수밖에 없는 시대다.

셋째: 이때는 자다가 깰 때이다

로마서 13장 11-12절에 "너희가 이 시기를 알거니와 자다가 깰 때가 벌써 되었으니…밤이 깊고 낮이 가까웠으니"라고 했다. 지금은 이미 밤이 깊었기 때문에, 벌써 여명의 빛이 비치기 때문에, 밝은 아침이 문 앞에 이르렀기 때문에 잠에서 깰 때가 된 것이다. 육신의 잠이 아니라 영혼의 잠을 깨야 한다. 불신의 잠, 회의의 잠, 죄악의 잠에서 깨야 한다.

결론(結論)

지금은 악마가 들끓는 시대요, 양심을 잃어버린 시대요, 자다가 깰 때이다. 시대를 바로 판단하고 나의 위치를 바로 깨달아 악에게 지지 말고 선으로 악을 이기자.

제13장 회개하지 않음에 대한 경고

❋ 복된 회개(1–9)

예수님은 재앙이란 누구에게나 일어날 수 있으나 회개하면 살고 회개하지 않으면 멸망함을 가르쳤다.

첫째: 회개하지 아니하면 멸망한다

예수님께서는 성전 제사 진행 중 그곳으로 피신한 갈릴리 사람들이 죽임을 당한 사건과 실로암 탑이 무너져 옆에 있던 사람이 열여덟 명이나 깔려 급사한 사건에 대해 죽은 사람들이 살아남은 사람들보다 죄가 더 많기 때문이 아니라고 설명하셨다. 다만 회개하지 않는 자는 멸망한다고 하셨다.

둘째: 자신을 돌아보아야 한다

이 땅에서 당하는 모든 불행은 죄의 결과인 것만은 틀림없다. 그러나 환난은 죄의 결과인 것보다 연단을 위한 것이기에 더욱 의미가 있는 것이다. 따라서 다른 사람이 환난을 당할 때 의인의 자리에 서서 타인을 정죄할 것이 아니라, 자신을 돌아보아 회개하는 것이 바람직한 취할 태도인 것이다.

셋째: 열매 맺지 못하면 멸망한다

무화과나무 비유는 열매를 기다리는 주인에게 열매가 없으므로 실망을 안겨 주었다는 내용이다. 무화과나무를 심으신 분은 과수원지기가 아니라 주님이심을 의미하고 있다. 하나님 나라가 예수 그리스도를 통하여 3년간이나 선포되었다. 그러나 이스라엘은 회개의 열매를 맺지 못했다.

결론(結論)

주님을 믿는 자는 그의 생활에서 변화가 있어야 한다. 복음의 열매가 없으면 주님은 촛대를 옮기신다.

제14장 안식문제와 교훈

❁ 복된 안식일(10-17)

예배를 드리고 믿음의 도리를 가르치고 배우며, 병자를 고치고 치료받는 일을 주님은 안식일에도 행하셨다.

첫째: 안식일에 병자가 고침을 받는 복을 받았다

예수께서 안식일에 회당에서 가르치시는 일을 하셨다. 그는 18년을 앓고 있는 한 여인을 보셨다. 그녀는 귀신이 들려서 꼬부라져 펴지 못하는 자였다. 물론 모든 병이 다 귀신에 의한 것은 아니다. 그러나 이 여인은 귀신에 사로잡혀 있었다(11). 예수님의 동정심은 곧장 행동하게 했다. 예수께서 안수하시자 그 여인은 즉시 몸을 펴고 하나님을 찬양했다. 그동안 소망 없이 구부러진 여인을 정상적으로 회복시키셨다.

둘째: 복된 사건에 대한 거부반응이 있었다(14-17)

18년 동안 귀신들려 꼬부라진 불행한 여인의 회복은 주님의 복된 사역 중 하나였다. 주님은 영혼을 구원하는 일과 육체를 구원하는 일, 즉 병 고치는 일을 동시에 감당하셨다. 그런데 회당장은 예수님이 안식일에 병을 고쳤다고 화를 내었다. 안식일은 사사로운 일을 중지하는 날이지 은혜 받는 일, 복 받는 일을 쉬는 날은 아니다. 회당장은 위선적인 신앙이 몸에 배어 있었다. 안식일에도 소나 나귀를 마구에서 풀어 물을 먹였다. 그러면서도 사람을 풀어준 것을 비난했으니 이 얼마나 엄청난 위선이었는가?

결론(結論)

주님은 안식일의 주인이시다. 그러므로 우리는 주 안에서 누릴 수 있다.

제15장 탕자의 비유

❀ 천하보다 귀한 생명(11–24)

본문은 우리와 매우 친숙한 탕자의 비유이다.

첫째: 작은 아들의 체험

흔히 탕자로 불리는 작은 아들은 아버지 집에서의 생활에 회의를 느끼고 새로운 세계에 도전하기를 원하여 아버지 집을 떠났다. 물론 그는 자기 몫의 재산을 분배받았으므로 넉넉한 재물을 가지고 떠났다. 그러나 그가 거기서 얻게 된 것은 사치와 향락으로 인해 철저하게 망가져버린 초라한 자신이었다.

둘째: 가장 평화로운 집

탕자는 아버지의 집이 가장 좋은 곳이라는 것을 알게 되었다. 이 세계에서 가장 평화롭고 살기 좋은 집, 행복의 안식처는 주님의 품이다. 이는 세상 영화와 비교할 수 없다. 그리스도인들은 하나님 나라의 백성다운 삶을 누리고, 이 세상의 호화로운 집에 만족하기보다 저 천국 본향을 바라보며 살아야 한다.

셋째: 죄인들을 향하신 하나님의 마음

돌아온 작은 아들을 따뜻하게 영접하고 기뻐하는 아버지를 통해 우리는 죄인들을 오래 참으시고 기다리시는 하나님의 마음을 읽게 된다. 교회는 이것을 알고 생명을 구하는 일에 모든 힘과 노력을 집중하도록 해야 한다. 성도들은 죄인들을 향한 따뜻한 하나님의 손길이 있음을 알아야 한다.

결론(結論)

그리스도인들은 주 안에서 얻은 귀한 영적 생명을 소중히 여기고 그릇 행함이 없도록 조심해야 한다.

제16장 청지기와 나사로에 대한 교훈

❁ 청지기 인생(1–13)

본문을 보면 불성실로 파면 당했음에도 장래를 도모하는 지혜에 대하여 칭찬하는 것을 볼 수 있다.

첫째: 우리가 가진 모든 소유는 잠시 맡아 관리하는 것일 뿐 우리의 소유가 아니다

우리의 몸과 마음, 재산과 생명도 결코 우리의 것이 아니다. 그러므로 우리 마음대로 사용할 수 없고 주님의 뜻대로 사용해야 한다. 우리는 모든 사물에 대하여 '가진 자'로 행사할 것이 아니고 '맡은 자'로서 충성해야 한다.

둘째: 본문의 청지기는 불의한 사람이었다

그는 주인의 소유를 자기 마음대로 허비했다. 이것은 배임 행위이다. 마침내 주인에게 발각되어 면직을 당했다. 자신의 임의대로 관리한 결과였다. 우리도 하나님께 받은 것을 내 마음대로 사용하면 하나님께 배임 행위를 하는 것이다.

셋째: 불의한 청지기의 지혜

직분을 빼앗긴 청지기는 앞날의 생계가 막막했다. 육체노동은 체력 때문에 자신이 없고, 걸식하자니 부끄러웠다. 그리하여 그는 주인의 채무자들을 불러 파격적인 감면을 해주었다. 이것은 명백한 사기요 문서위조죄에 해당한다. 그러나 성경은 '영원한 장래를 도모하는 지혜'의 측면에서 칭찬한다.

결론(結論)

철저한 청지기 의식과 신실한 봉사와 영원한 장래를 도모하는 지혜를 배우자.

❀ 죽음이 오기 전에(19-30)

우리는 누구를 막론하고 다 죽는 존재이기에 사후를 준비해야 한다.

첫째: 믿음을 준비하자

부자가 음부에서 고통 받는 것은 부자였다는 이유 때문이 아니고, 하나님을 믿지 않았기 때문이다. 나사로 역시 가난했기 때문에 낙원에 간 것이 아니고 하나님을 믿었기 때문이다. 믿음은 우리를 죄인에서 의인으로 바꾸어 준다. 하나님의 나라는 믿음으로만 들어갈 수 있다.

둘째: 선행을 준비하자

주자십회(열 가지 후회) 가운데, "부요할 때에 베풀지 아니하면 없어진 후에 뉘우친다"는 말이 있다. 부자는 자기 집 대문 앞에서 죽어가는 나사로에게 아무것도 베풀지 않았을 뿐 아니라 관심조차 없었다. 우리의 선행은 구원의 조건은 아니지만 상벌의 기준이 된다.

셋째: 가족에게 복음을 전하자

부자는 음부에서 고통을 받는 중 형제를 생각했다. 죄를 짓고 감옥에 갇힌 자도 자기 자식만은 감옥에 오지 않기를 바라는 것이 부모의 마음일 것이다. 그러나 일단 죽어서 음부에 들어간 후에는 생존세계의 형제들에게 아무런 의사를 전달할 방법이 없다. 그래서 죽음이 오기 전에 가족들에게 복음을 전해야 한다.

결론(結論)

우리도 언젠가는 죽는다(히 9:27). 믿음으로 준비하고 선행으로 준비하며 가족에게 복음을 전하자.

제17장 여러 가지 교훈과 재림의 교훈

❋ 그리스도 재림의 징조(22-39)

본문은 장차 임할 재림에 대한 교훈으로 그 징조에 대하여 말하고 있다.

첫째: 미혹하는 자가 일어난다

그리스도 재림의 징조 중 하나는 그리스도가 여기 있다 저기 있다 하는 미혹과 자기를 그리스도라고 하는 거짓 그리스도의 출현이다. 기독교 역사가 시작된 이후 오늘까지 그리스도라 자칭하는 수많은 적그리스도가 출몰했고, 우리나라만 하더라도 자신을 재림주라고 하는 사람을 위시해서 많은 이단 단체가 나타났고 지금도 존재한다.

둘째: 노아의 때와 같다

노아의 때는 사람의 죄악이 극도에 달했을 때였다. 노아의 때처럼 그리스도의 재림을 앞두고도 사람들이 먹고 마시고 장가들고 시집가는 세상살이에 정신이 없어서 주님의 재림에 대해서는 관심조차 없는 시대가 될 것이다.

셋째: 롯의 때와 같다

롯의 때는 극도로 부패하고 음란한 시대였는데 사람들이 먹고 마시고 사고팔고 집을 짓는 일에만 몰두하였으며, 유황불이 내려와 자신들을 멸할 때까지 알지 못했다. 주님께서는 세상 애착을 버리지 못하는 사람들을 향하여 '뒤를 돌아보다가 소금 기둥이 된 롯의 처'를 생각하라고 경계하셨다.

결론(結論)

재림의 징조는 성도를 미혹하고 죄악이 극에 달하여 하나님을 잊고 세상에 애착을 두며 사는 모습이다.

제18장 기도에 대한 교훈

❁ 기도의 원리(1–8)

본문에서 주님께서는 비유를 들어 기도의 원리를 교훈하셨다.

첫째: 항상 기도해야 한다

1절에 이 비유의 동기를 "항상 기도하고 낙망치 말아야 할 것을 가르치기 위하여"라고 했다. 기도는 영혼의 호흡이므로 기도의 교훈에는 언제나 다음과 같은 부사가 따른다. 항상 기도하고(눅 18:1), 무시로 기도하라(엡 6:18), 쉬지 말고 기도하라(살전 5:17), 또 사무엘상 12장 23절에서는 기도하기를 쉬는 것은 죄라고 하셨다.

둘째: 간절히 기도해야 한다

이 비유에서는 기도의 간절함을 과부의 원한으로 비유하고 있다. 이 원한은 악한 의미에서의 원한이 아니고 마음에 맺힌 한(恨)과 같은 간절한 소원을 말한다. 사무엘상 1장 15-16절에 한나의 기도에 대하여 원통한 심정을 하나님께 토했다고 했다. 기도는 쉬지 말고 항상 할 뿐 아니라 간절히 하는 것이다.

셋째: 깨어 기도해야 한다

이 교훈을 하시고 주님은 탄식하시기를 "그러나 인자가 올 때에 세상에서 믿음을 보겠느냐"라고 하셨다. 이 말씀은 말세에 신자들의 믿음이 떨어질 것을 말씀하신 것인 동시에 가장 기도가 요구되는 말세인 재림 직전에 깨어 기도하는 사람을 찾아보기 어려운 것을 미리 아시고 탄식하신 말씀이다.

결론(結論)

마귀는 우는 사자와 같이 사납고 우리는 약하다. 해결책은 기도밖에 없다.

제19장 삭개오의 회개

❁ 삭개오의 신앙(1–10)

본문의 내용은 여리고의 세리장이요 부자인 삭개오가 예수님을 영접한 사건이다.

첫째: 예수님을 알고자 하는 열심으로

사람은 나면서부터 보고 배우고 체험함에 따라 아는 것이 많아지고 경험이 쌓이며 사물을 보는 식견이 생긴다. 삭개오는 예수님에 대한 소문을 듣고 예수가 어떤 분인지 직접 보기를 원했다. 마침 예수님이 여리고를 지나실 때 그는 신분도 체면도 다 내어 던지고 뽕나무 위로 올라갔다.

둘째: 예수님을 영접하는 결단으로

예수님은 삭개오의 열심을 보시고 "네 집에 유하여야 하리라"(5)고 제안을 하셨다. 그 많은 사람들 중 왜 삭개오에게 제안을 했을까? 진리를 향한 그의 열심과 자신의 부족과 잘못을 인식하는 겸손한 신앙의 태도가 예수님의 마음을 끌었던 것이다. 그는 '즉시' 말씀에 순종하여 예수님을 영접하였다.

셋째: 회개하는 신앙으로

예수님은 삭개오의 집에 들어가 복된 말씀을 들려 주셨다. 삭개오는 은혜로운 말씀을 듣고 그의 마음이 감동되어 지난날의 잘못을 회개했다. "뉘 것을 토색한 것이 있으면 네 배나 갚겠나이다"(8). 이런 회개가 참 회개요 하나님이 인정하시는 회개다. 참된 신앙은 결단의 결과로 행위가 요구된다.

결론(結論)

예수님은 만족하셔서 크게 기뻐하시며 삭개오의 구원을 선포하셨다.

제20장 농부 비유와 질문에 대한 해답

❁ 불의한 농부(9–18)

본문의 비유를 통해서 주님께서 말씀하시고자 하셨던 것을 알아보자.

첫째: 유대인들에게 주어졌던 특권

하나님께서는 인류 구원을 위해 먼저 유대인을 선택하셔서 하나님의 말씀을 맡겨 주셨고(롬 3:1-2), 그리스도도 그들을 통해서 나게 하셨다(롬 9:4-5). 그러나 불신앙으로 말미암아 그 특권을 잃고 말았다. 그들은 주어진 특권을 간직하지 못하고 잃어버린 불쌍한 사람이 되어 버렸다.

둘째: 유대인들에 대한 심판

하나님께서는 자기 땅의 백성들을 위해 수많은 종들을 파송하였으나 유대 교권자들은 그 종들을 능욕했으며, 심지어 하나님의 아들이신 예수 그리스도까지 죽임으로써 결국 심판을 자처하였다. 이 비유는 실제로 발생한 사건이다. 여기에서 심판은 실제로 A.D. 70년 예루살렘 멸망으로 성취되었다.

셋째: 이방인들이 이어받은 특권

우리가 하나님 앞에서 지은 죄는 회개함으로 그리스도의 피로 말미암아 용서받을 수 있지만, 그 죄책은 면할 수 없다. 예수님은 하나님의 섭리대로 십자가를 지셨으나 그를 죽게 한 자에게는 화가 있다고 말씀하셨다(마 26:24). 이로 인해 구원의 문은 활짝 열렸고 이방인들도 그 안에 들어올 수 있게 되었다.

결론(結論)

주어진 특권도 간수하지 못하면 남의 것이 된다.

제21장 말세와 예수의 재림

❋ 마지막 때의 징조(20-36)

성전이 파괴되고 전쟁과 핍박이 이어져도 이방인의 때가 차기까지는 기다려야 한다.

첫째: 예루살렘의 멸망(20-24)

예루살렘 멸망은 하나님의 엄한 형벌로서 하나님의 진노가 얼마나 무서운가를 보여준다. 본문은 참상에 대해 구체적으로 열거하였는데(21-23), 실제로 주후 70년에 그대로 이루어졌다. 그러나 이것이 마지막 때는 아니고 예표이며 예루살렘은 이방인의 때가 차기까지 밟히게 된다(24, 롬 11:25).

둘째: 그리스도의 재림(25-28)

예수께서는 초림 때와는 전혀 다른 모습으로 재림하실 것이다. 주님께서 오시기 전에 먼저 하늘과 땅에는 사람들이 무서워 기절할 정도의 이변이 일어나게 된다. 재림하실 주님은 모든 사람들이 보는 가운데 큰 능력과 큰 영광으로 오시게 된다. 이날은 불신자에겐 형벌과 심판의 날, 신자에겐 구원의 날이다.

셋째: 마지막 때를 대하는 자세(29-36)

무화과나무가 무성한 것을 볼 때에 여름인 것을 알듯 우리는 이 시대를 보면서 스스로 조심하며 준비해야 한다(34). 그렇지 않으면 그날이 덫과 같이 임하게 되므로 우리는 항상 기도하며 깨어 있어야 한다(36). 오늘 우리는 우리 마음을 유혹하며 둔하게 하는 것들이 무엇인지 살피고 정신을 차려야겠다.

결론(結論)

마지막 때는 예루살렘이 멸망하여 큰 영광으로 주님이 재림하신다.

제22장 최후의 만찬과 잡히심

❋ 최후의 만찬(14-23)

예수께서는 마지막 만찬 자리를 마련하셨다. 이것이 교회성례의 기원이다.

첫째: 마지막 유월절(14-16)

예수께서는 제자들과 지상에서 보내는 마지막 유월절에 중요한 교훈을 남기기 위해 제자들과 함께 떡을 떼시기를 원하셨다. 이것은 예수님의 입장에서는 고난의 준비요, 미래의 구원을 예표하는 중요한 모임이었다. 이 같은 유월절이 하나님 나라에서 다시 이루어질 때 영광 가운데 축하의 떡과 기쁨의 잔을 들게 될 것이다.

둘째: 마지막 성찬(17-20)

떡을 가지고 사례하시고 "이것은 너희를 위하여 주는 내 몸이라" 말씀하시며 "이 잔은 내 피로 세우는 언약인데 이를 행하여 나를 기념하라"라고 하셨다. 예수님의 대속의 죽음은 유대 민족에게 구원을 주었던 유월절의 의미를 넘어선 것이었다. 주님은 자기의 피와 살로 인류구원을 실증하는 성만찬을 친히 구현하였다.

셋째: 성찬의 암초(21-23)

주님과 얼굴을 마주대고 한 상에서 태연히 성찬을 나누기까지 하면서 배반한 유다에게서 우리는 그의 가증함이 얼마나 컸는가를 보게 된다. "인자는 작정된 대로 죽을 수밖에 없으나 배반한 자에게는 화가 있도다" 하신 말씀 속에서 주님의 비탄의 마음을 볼 수 있다. 그는 차라리 나지 않았더라면 자신에게 좋았을 것이다.

결론(結論)

최후의 만찬은 새 언약을 실현하는 계약체결의 식사였다.

제23장 심문과 못 박혀 죽으심과 장사

❋ 예수에 관한 논고(1-5)

우주와 만물의 주인이신 하나님께서 인간의 법정에서 재판을 받으심은 생각할 수 없는 일이다.

첫째: 백성을 미혹하는 자

유대인들은 예수를 "백성을 미혹하는 자"로 고발했다. 착하고 순진한 백성들을 미혹하여 그릇된 길로 인도하는 이단의 괴수라는 것이다. 이것은 당시 유대인들의 영적 상태가 얼마나 부패하고 타락해 있었는지를 잘 보여준다. 그들이 말하는 이단은 하나님의 뜻을 거역하는 자들이 아니라 자기들의 생각을 좇지 않는 자들이었다.

둘째: 가이사에게 세 바치는 것을 금하는 자

주님은 단 한 번도 가이사에게 세금을 내지 말도록 권고하신 적이 없으셨음에도 불구하고 그들은 이같이 고소함으로 예수를 로마 제국에 대한 반역자로 매도하였다.

셋째: 자칭 왕 그리스도

그들이 예수께 붙인 마지막 죄목은 "자칭 왕"이라는 것이었다. 하지만 그분은 온 세상의 주이시며 만왕의 왕이시다.

결론(結論)

주님은 예루살렘 왕국의 진짜 주인이심에도 불구하고 허수아비 주인들에게 송사당하셨다.

제24장 예수님의 부활과 승천

❋ 부활의 증인이 되려면(1-12)

그리스도의 부활은 기독교 역사의 사실 중에 사실이다. 기독교에 부활이 없었다면 이미 사도시대에 기독교는 문을 닫고 말았을 것이다. 2천 년 역사의 기독교가 장족의 발전을 한 것은 부활이라는 사실 때문이다. 이 사건이야말로 인류 역사의 전환점이요, 인류 최대의 희망이요, 다른 종교에서 찾아볼 수 없는 진리요, 복음이요, 축복이다. 이제 우리는 이 놀라운 역사적인 사건을 전하는 산증인이 되어야 할 것이다. 부활의 산증인이 되는 조건을 생각해보자.

첫째: 주님의 무덤이 열린 것처럼 우리의 눈이 열려야 한다(16)

그렇지 않으면 보아도 보지 못하는 자가 되기 쉽다. 엠마오로 가던 두 제자는 예수님과 동행하면서도 부활의 주님이라는 사실을 몰랐다. 그 이유는 저들의 눈이 가리어져 있었기 때문이다(16). 그러므로 부활의 증인이 되려면 눈이 먼저 열려야 한다. 바울도 그의 눈에서 비늘과 같은 것이 벗겨지고 눈이 열린 다음에 자신이 핍박하던 예수가 곧 자신이 기다리던 메시아임을 발견했다.

둘째: 우리의 마음이 열려야 한다(45)

주님의 무덤 속을 걱정스러운 마음으로 들여다보는 여인들에게 천사는 답답하다는 듯이 "갈릴리에 계실 때에 너희에게 하신 말씀을 기억하라 그는 여기 계시지 않고 살아나셨느니라"라고 하였다.

이 여인들은 마음의 문이 굳게 닫혀져 있으므로 지난날 주님이 "죽었다가 다시 살아나리라"라고 하신 말씀을 마음으로 믿지 못하고 있었다. 제자들 역시 부활의 주님을 보면서도 믿지 못했던 것은 주님이 생전에 하시던 말씀을 깨닫지 못했기 때문이다. 마음이 열리기 전에는 말씀 속에 숨겨져 있는 비밀을 깨달을 수 없고 믿을 수 없다.

셋째: 입이 열려야 한다(48)

부활의 산증인이 되려면 입이 열려야 한다. 마가복음 16장 15절에 "온 천하에 다니며 만민에게 복음을 전파하라"라고 분부하셨다. 사도행전 5장 28절 이하에 보면 제자들은 관원들의 함구령에도 불구하고 결코 입을 봉하지 않고 증인의 사명을 다했다. 우리는 자나 깨나 예수 이야기 아니고는 할 말이 없을 정도로 예수의 증인이 되어야 한다.

결론(結論)

주님의 무덤은 분명히 열렸다. 이제 주님의 무덤이 열린 부활절을 맞이해서 열려야 할 것은 우리의 눈이요, 마음이요, 입이다. 부활의 증인이 되어야 하기 때문이다.

❀ 예수의 승천(49-53)

본문은 부활하신 주님께서 승천하신 사실과 남은 제자들의 변화된 삶의 모습을 기록하고 있다.

첫째: 성령 충만을 위해 명하심

주님은 승천하시기 전에 제자들에게 성령의 충만을 받도록 명하셨다. 그들이 성공적으로 전도 사역을 감당하려면 위로부터 입는 능력이 필수불가결한 요소임을 아셨기 때문이다. 성도가 충만한 능력을 소유하고, 효과적으로 복음을 전하며, 합당한 열매를 내기 위해서는 반드시 성령의 충만이 있어야만 한다.

둘째: 손을 들어 축복하시고 승천하심

주님은 부활하신 후 사십 일간 제자들과 함께 계셨으며, 승천하사 아버지 보좌 우편에 앉아 계시며, 오늘도 우리를 위해 중보하신다(요일 2:1). 스데반은 순교하기 전에 주께서 아버지 보좌 우편에 서신 것을 본다고 증거했다. 우리도 육신의 장막이 무너지는 날 거기서 주님을 뵙게 된다.

셋째: 제자들이 늘 성전에 있어 하나님을 찬송함

주께서 승천하신 후에 제자들은 놀랍게 변화되었다. 그들은 소망과 담대함, 확신을 가지고 주를 섬겼으며, 우리는 그들로 말미암아 세계의 역사가 놀랍게 변화되었음을 알고 있다. 제자들은 주께서 원하시는 복음증거의 사역자로서 죽기까지 충성하였다.

결론(結論)

우리도 성령 충만함의 은혜를 입어 확신을 갖고 주의 이름을 증거하며 살자.

서론

<table>
<tr><td>주 제</td><td colspan="2">하나님 아들로서의 예수</td><td>저 자</td><td>사도 요한</td><td>기록장소</td><td>에베소로 추정</td></tr>
<tr><td>기록연대</td><td colspan="2">A.D. 85-90년경</td><td>대 상</td><td colspan="3">더 깊은 신앙이 요구되는 그리스도인들과 비그리스도인</td></tr>
<tr><td>대 지</td><td colspan="3">일곱 가지 이적</td><td colspan="2">교 훈</td><td>죽으심과 부활</td></tr>
<tr><td rowspan="2">구 분</td><td colspan="6">1:1 1:9 5:11 3:1 18:1 21:25</td></tr>
<tr><td>하나님 아들의 성육신</td><td>하나님 아들의 출현</td><td colspan="2">하나님 아들의 배척당하심</td><td>하나님 아들의 교훈</td><td>하나님 아들의 고난과 부활</td></tr>
<tr><td>배 경 (장소,시대)</td><td colspan="6">이스라엘/A.D. 27-30년경</td></tr>
<tr><td>요 절</td><td colspan="6">“오직 이것을 기록함은 너희로 예수께서 하나님의 아들 그리스도이심을 믿게 하려 함이요 또 너희로 믿고 그 이름을 힘입어 생명을 얻게 하려 함이니라”(20:31)</td></tr>
</table>

요한복음 이해

마태복음, 마가복음 그리고 누가복음이 완성된 지 약 20년의 세월이 지난 후 예수의 사랑하시는 제자(13:23)라 일컬음 받았던 사도 요한은 앞의 세 복음서에서 누락된 내용들을 보충함과 아울러 성령의 풍성한 계시를 더욱 밝히 드러내고자 붓을 들었다. 그리고 이 책을 기록하게 된 또 한 가지 중요한 배경이 있으니, 당시 교회에 위협적인 존재로 대두되었던 영지주의자들에 대한 변론이 바로 그것이다.

영지주의자들은 예수께서 하나님인 동시에 인간이라는 사실을 거짓이라 단정하는 이단 사상을 널리 유포시키고 다녔다. 요한은 이러한 사실을 날카롭게 직시하고 있었던지라 본서에서 하나님의 아들이신 예수의 신성을 크게 강조함은 물론 배고픔이나 목마름 혹은 피곤함 등 예수의 인성을 입증할 만한 사실 또한 부각하고 있다.

요한은 갈릴리 어부 출신답게 단순하고 소박한 문체로 내용을 전개해 간다. 하지만 상식적이며 평이하게 보이는 생명, 빛, 영광, 사랑 등의 어휘들 속에는 그 어떤 신학자라 해도 결코 다 이해할 수 없을 정도로 심오하고도 방대한 영적 메시지가 담겨 있다.

요한의 주요한 관심은 하나님의 영원한 생명에 있으며, 그 생명에 이르기 위한 유일한 방도로써 그는 예수 그리스도의 신분과 사역에 대한 믿음을 강조하였다. 특별히 사랑이라는 주제가 요한복음에서 두드러지게 강조되며, 헬라 사상의 그릇된 영향력을 의식한 요한은 참 진리가 과연 무엇인지를 밝히는 일에도 심혈을 쏟고 있다.

기록 목적

요한은 20장 31절에서 자신이 이 책을 기록한 목적을 언급한다. "오직 이것을 기록함은 너희로 예수께서 하나님의 아들 그리스도이심을 믿게 하려 함이요 또 너희로 믿고 그 이름을 힘입어 생명을 얻게 하려 함이니라." 요한복음의 고대 헬라어 사본들은 여기의 '믿게'로 번역된 단어에 두 가지 시제, 즉 부정 과거 가정법("너희로…계속해서 믿게") 중 하나를 취하고 있다. 만일 요한이 마음속으로 전자의 시제를 생각하고 있었다면, 그가 이 책을 기록한 목적은 불신자들로 하여금 주 예수 그리스도를 영접하고 영적으로 구원받도록 설득하기 위함이었을 것이다.

반면 후자의 시제를 생각하고 있었다면, 그가 이 책을 기록한 목적은 이미 그리스도를 따르고 있는 자들로 하여금 그들의 믿음을 강화시키고 거짓 교훈을 대적하며 하나님 아버지와 그 아들 예수 그리스도와의 관계를 심화시키도록 격려하기 위함이었을 것이다

(17:3). 물론 이 책은 그와 같은 두 가지 목적 모두를 뒷받침한다. 그렇지만 그의 전체적인 메시지를 감안할 때, 후자의 목적이 그가 이 책을 기록한 주된 목적과 좀 더 잘 부합되는 것으로 여겨진다.

기록 배경

요한복음은 사복음서 가운데 가장 독특하다. 사복음서 중 예수께서 유대와 예루살렘에서 하신 사역에 대해 가장 많이 기록할 뿐만 아니라 예수의 양성의 비밀(하나님이면서 동시에 사람으로서의 예수의 비밀)에 대해서도 가장 깊은 통찰력을 제공한다. 이 책 속에서 기자는 '예수께서 사랑하신 제자'와 동일시된다(13:23, 19:26, 20:2, 21:7, 20). 그는 목격자의 관점으로 사건들을 묘사하며, 유대인들의 삶의 방식에 대해 잘 알며, 초창기 교회에서 큰 영향력을 가진 지도자였다. 이레니우스와 터툴리안 같은 역사가들의 저작물, 고대 기독교의 증언, 복음서 자체의 내적 증거는 일제히 이 책의 기자로 세베대의 아들 요한을 가리킨다. 요한은 최초의 열두 제자 가운데 한 사람이면서 동시에 예수의 최측근으로 불릴 수 있는 세 사람(베드로, 야고보, 요한) 가운데 한 사람이었다.

고대 전승에 따르면, 요한은 만년에 에베소에서 살고 있었다. 그때 예수 그리스도의 본성과 인격과 관련하여 신자들 사이에 퍼지기 시작한 위험한 이단(즉, 거짓 교훈)을 막기 위해, 아시아의 교회 지도자들이 그에게 '영적인 복음서'를 기록할 것을 요청했다. 왜냐하면 당시 세린투스(Cerinthus)가 가르친 거짓 교훈에 따라 많은 사람들이 예수의 신성(예수가 하나님이라는 사실)을 부인했기 때문이다. 그때부터 지금까지 요한복음은 예수 그리스도의 생애 안에서 나타나고 알려진 '진리'에 대한 매우 중요하며 권위 있는 선언으로서의 위치를 교회 가운데 계속해서 견지하고 있다.

내용 분해

서론 1:1-18

I. 예수님의 공적인 사역 1:19-12:50

A. 예비하심 1:19-51

B. 가나의 혼인 잔치 2:1-12

C. 예루살렘에서의 사역 2:13-3:36

D. 예수님과 사마리아 여인 4:1-42

E. 왕의 신하의 아들의 병을 고쳐 주심 4:34-54

F. 안식일에 베데스다 못에서 병을 고쳐 주심 5:1-15

G. 하나님과 예수님을 찬미함 5:16-29

H. 예수님에 대한 증거들 5:30-47

I. 갈릴리에서의 사역 6:1-71

J. 예루살렘에서의 논쟁 7:1-9:41

K. 선한 목자 되신 예수님 10:1-42

L. 베다니에서의 사역 11:1-12:11

M. 영광스러운 예루살렘 입성 12:12-19

O. 마지막 거절: 불신앙 12:20-50

II. 제자들을 향한 예수님의 사역 13:1-17:26

A. 종의 섬김을 몸소 보이심 13:1-20

B. 배반과 부인을 선포하심 13:21-38

C. 예수님의 떠나심을 준비함 14:1-31

D. 붙어 있음으로 인한 열매 맺음 15:1-17

E. 거절에 대처하는 자세 15:18-16:4

F. 예수님의 떠나심을 이해함 16:5-33

G. 제자들을 위한 예수님의 기도 17:1-26

Ⅲ. 예수님의 수난과 부활 18:1-21:23

A. 예수님이 붙잡히심 18:1-14

B. 대제사장 앞에서 심판받으심 18:15-27

C. 빌라도 앞에서 심판받으심 18:28-19:16

D. 십자가에 못 박히심과 무덤에서 장사되심 19:17-42

E. 부활과 나타나심 20:1-21:23

맺음말 21:24-25

| 장별 핵심 메시지 |

제1장 하나님의 독생자 출현

❃ 세상에 오신 예수(14–29)

본문은 세상에 빛으로 오신 예수에 대한 내용을 언급하고 있다.

첫째: 예수께서는 영원한 분이시다(15)

예수께서 이 세상에 오심으로써 세상에 하나님의 긍휼과 자비의 빛을 비춰 구원에 이르는 길을 여셨다. 요한이 "나보다 먼저…계심이니라" 한 것은 그 기원의 독특성을 말함이지 역사적 기원과 기간을 말하는 것이 아니었다. 이것은 예수를 하나님이라고 선언한 것과 똑같은 말이다.

둘째: 은혜와 진리가 충만한 분이셨다(16–17)

인간이 하나님의 말씀인 진리를 따라 심판받는다면 살 자가 아무도 없다. 이 문제를 해결하기 위해 예수께서 이 땅에 오셨다. 예수께서는 십자가의 죽음과 부활을 통해 율법의 요구(진리의 요구)를 충족시켰다. 그렇기에 요한은 하나님의 이 큰 사람을 "은혜 위에 은혜러라"(16)고 흥분된 어조로 선언하였다.

셋째: 하나님 자신을 드러내 보여 주셨다(14, 18)

예수께서는 아버지의 품 속에 영원히 계시며 그를 완전히 아셨던 독특한(독생하신) 하나님이시다. 예수께서는 하나님을 우리에게 나타내 주셨고 설명해 주셨다. 예수께서 하나님으로서 인간의 육신을 입고 오셨다는 사실이야말로 죄 아래 있는 인간에게 있어서 가장 큰 복음이다.

결론(結論)

하나님은 예수의 이름을 믿는 모든 자들에게 충만한 은혜를 값없이 주신다.

❀ 예수를 만나라(46-51)

사람은 누구를 만나느냐에 따라서 운명이 결정된다. 예수를 만난 나다나엘을 통하여 귀한 교훈을 배우자.

첫째: 사람을 외모로 취해서는 안 된다

유대 경건주의자들이 예수를 만났음에도 실패하게 된 결정적인 요인은 사람을 외모로 취했기 때문이다. 그들은 예수를 근본 하나님의 본체이신 그리스도로 보지 않고 갈릴리 나사렛에 사는 가난한 목수의 아들로만 보았기에 결국 그를 배척하고 말았다. 사람을 외모로 취하면 이러한 비극을 불러들이게 된다.

둘째: 예수를 만나야 하나님을 알게 된다

하나님에 관한 구체적인 지식을 갖고자 하는 사람들은 반드시 예수를 만나야만 한다. 자신의 인생 속에서 예수를 소외시킨 사람들은 올바른 신 인식이 불가능하며, 그들이 설사 하나님에 관한 구체적인 이론들을 제시할지라도 불완전하고 피상적인 것들이 될 수밖에 없다. 그리스도만이 유일한 통로이다.

셋째: 인간의 지혜는 제한되어 있다

이성을 절대시하고 영웅시 하는 사람들은 인간의 위상을 신격화하려는 오류를 범하게 되는데, 인간의 지혜란 제한되어 있음을 이해해야 한다.

결론(結論)

오직 중심을 보시는 예수 그리스도를 만남으로 인생을 아름답게 꽃피우자.

제2장 처음 베푸는 기적과 성전 청결

❀ 가나의 혼인 잔치(1–11)

예수께서 이 잔칫집의 문제를 어떻게 해결하셨는지 살펴보자.

첫째: 예수께서는 자신의 방법과 때에 일하신다

유대인들에게는 "포도주가 없으면 기쁨도 없다"는 속담이 있다. 혼인 잔칫집에 바로 이 포도주가 떨어져서 흥이 깨어질 상황이었다. 이것을 안 마리아가 믿음으로 예수께 사실을 있는 그대로 알렸다. 그러나 예수는 "여자여" 하면서 자신의 메시아 사역의 때가 아님을 말했다.

둘째: 예수께서는 사람과 함께 일하신다

하인들은 예수의 명령을 받을 준비가 되어 있었다. '무엇이든지'라는 말은 모든 것에 순종할 준비가 되었다는 뜻이다. 예수의 명령은 돌 항아리 아귀까지 물을 가득 채우라는 것이었다. 하인들은 그대로 순종했고 물이 포도주가 되는 기적을 보았다.

셋째: 예수께서는 믿는 자를 항상 만족케 하신다

하인들이 믿음으로 물을 떠 가져다 줄 때 기적이 일어났다. 이 기적은 모든 사람에게 기쁨을 주었다. 예수께서는 자기의 사람을 사랑하시되 끝까지 사랑하신다(13:1). 반면 세상은 처음에는 좋은 것을 주는 것 같으나 시간이 가면 가장 나쁜 것을 주어 우리로 멸망케 한다.

결론(結論)

가나의 혼인 잔치는 예수의 첫 번째 기적을 일으킨 장소요 제자들이 예수를 믿게 된 계기도 되었다.

제3장 중생과 하나님의 사랑

❀ 하나님의 선물(1-21)

니고데모는 하나님의 실존과 인생의 참된 의미에 대해서 한 평생 풀리지 않는 문제를 가지고 있었다.

첫째: 인간은 거듭나야 한다(1)

인간은 거듭나기 전에는 자신과 하나님을 향해서 바로 살 수가 없으며 하나님 나라를 볼 수도 없다. 이미 죄와 허물로 죽어 있는 존재이다. 그리스도 안에서 거듭나 새로운 피조물이 되지 않으면 영원토록 저주 아래 있게 될 뿐이다. 인간은 하나님의 생명을 얻어야 하는데 이 생명은 거듭날 때에만 주어지는 것이다.

둘째: 물과 성령으로 거듭나야 한다(5)

여기서 물은 하나님의 말씀을 상징한다. 이것은 하나님께서 인간을 거듭나게 하실 때 언제나 사용하는 도구였다(약 1:18; 벧전 1:23). 다윗은 "주의 말씀이 나를 살리셨음이니이다"(시 119:50)라고 하였다. 이렇게 볼 때 본문의 '물'은 신구약의 모든 세대에 구원을 주시는 하나님의 말씀으로 해석할 수 있다.

셋째: 인자의 들림을 의지해야 한다(14)

성경은 만물보다 거짓되고 부패한 것은 사람의 마음이라고 규정한다. 이러한 인간이 거듭나게 되는 것은 하나님의 본질, 곧 성령을 받아 하나님의 약속대로 신의 성품에 참여함을 통해 가능하다(8, 벧후 1:4). 그런데 이것은 인자의 들림을 전제한다. 인자의 들림은 수치의 십자가와 영광의 부활로 나타났다.

결론(結論)

예수께서는 니고데모에게 인생의 번민에 대하여 새로운 삶의 방법을 제시해 주셨다.

제4장 예수님의 사마리아 전도

❀ 예수는 메시아(27-42)

본문에는 구원받은 한 여인이 예수가 세상의 구주라고 동네 사람들에게 소개하고 있는 모습이 나타난다.

첫째: 여인은 구원에 감격하여 물동이를 버려두었다

영혼 구원은 위대한 능력자만 하는 것이 아니다. 죄 많던 여인도 메시아를 만나자 '물동이를 버려두고' 동네에 뛰어 들어가서 자기가 만난 예수를 소개하였다. 이것은 그리스도인에게 주시는 하나님의 일이요 기쁨이다. 예수님을 발견한 사람들은 이처럼 자기가 가진 모든 것을 버려두고 구령사업에 최선을 다하게 된다.

둘째: 여인은 예수가 그리스도라고 증거하였다

여인은 '희어져 추수하게 된 사람들'(35)에게 복음을 증거했다. 여인은 "나의 모든 것을 아는 사람이 있다. 와 보라! 그분은 우리 모두를 구원할 자이다"라고 말하였다. 이에 동네 사람들도 여인이 물동이를 버려둔 것처럼 모든 것을 버려두고 예수께로 왔다. 예수께서는 이 모습을 보시고 기뻐하셨다.

셋째: 여인은 성숙한 신앙을 가지게 되었다

여인의 회개와 구원은 한 동네에 천국의 기쁨을 가져다주었다. 사람들은 예수님을 청하여 하나님의 말씀을 들었고 아름다운 교제를 나누었다. 이에 믿는 자의 수가 더욱 많아졌다(41). 이제 사람들은 더 이상 여인의 말을 통해서가 아니라 자신들이 직접 체험으로써 메시아를 믿을 수 있게 되었다.

결론(結論)

전도는 예수님의 구주 되심을 인정하고 그분을 향한 뜨거운 열정이 있을 때 가능하다.

제5장 예수님의 기적

❁ 치료자 예수(5-9)

본문에서는 예수께서 베데스다 연못가의 38년 된 병자를 치료하신 사건을 기록하고 있다.

첫째: 38년 된 병자가 예수를 만남

예루살렘 양문 곁 베데스다 연못가에는 질병의 고통으로부터 자유하기를 원하는 많은 사람들이 모여서 연못의 물이 요동할 때를 기다리고 있었는데, 그중 38년 된 병자가 예수를 만나게 되었다. 하나님은 인간의 곤경 저편에 서서 구경만 하시는 분이 아니라 우리의 곤경 가운데로 찾아오시는 위로의 아버지시다.

둘째: 예수께서 그의 병이 오랜 줄을 아심

주님은 그가 안고 있는 문제의 심각성을 알고 계셨다. 우리의 심장을 감찰하시는 하나님은 우리가 안고 있는 모든 문제들, 고통, 괴로움, 번민 등에 대해 밝히 알고 계신다. 그러므로 아무도 그분이 나의 괴로움을 어떻게 알 수 있겠느냐고 말해서는 안 된다. 우리가 파악하지 못하는 문제의 근원까지도 그분은 모두 알고 계신다.

셋째: 예수께서 그의 병을 치료하심

주님은 아무도 기대할 수 없는 방법, 곧 말씀으로 그를 치료하사 38년 동안이나 그를 속박했던 질병으로부터 풀어주셨다. 38년 동안 모든 사람들에게 버림받고 잊혀졌던 존재를 주께서 해결해 주셨다. 예수께 나아오면 모든 문제가 해결된다. 그분은 우리가 안고 있는 모든 문제들을 근원적으로 치료하신다.

결론(結論)

우리도 가난하고 신체적인 고통에 시달리는 이웃들을 관심 있게 보면서 주의 사랑으로 도와주자.

제6장 생명양식에 대한 설교와 베드로의 고백

❋ 뉘게로 가오리까?(66-69)

사람은 사회적 동물이다. 세상에 와서 서로 만나고 또 헤어져야 한다. 남으로 만나서 자녀를 낳고 사는 관계가 부부이다. 그러나 경우에 따라서 이혼을 하기도 하고 사별을 하기도 한다.

첫째: 영원한 배필 되시는 주님과의 이별은 없다

세상의 부부 관계나 부모와 자녀 관계, 친우관계, 사제관계에는 모두 이별이 있다. 그러나 우리 주님과 성도 사이에는 이별이 없다. 성경은 이스라엘 민족과 하나님 사이를 남편과 아내로, 예수님과 성도 사이를 신랑과 신부로 표현하고 있다.

둘째: 주님의 사랑은 변하지 않는다

먼저 주님과 우리의 관계는 우리가 주님을 배반하지 않는 한 주님이 우리를 떠나시지 않는다. 내게 오는 자는 결단코 버리지 않겠다고 약속하셨다. 주님을 향한 우리의 사랑은 늘 변해도 우리를 향한 주님의 사랑은 영원불변하시다.

셋째: 주님을 떠나지 말자

예수님께서 열두 제자에게 "너희도 가려느냐?"라고 질문하였을 때 베드로가 대답하기를 "주여, 영생의 말씀이 계시매 우리가 뉘게로 가오리까?"라고 대답하였다. 이 대답은 위대한 대답이다. 어떤 역경과 어려움이 닥쳐도 주님을 떠나갈 수가 없다.

결론(結論)

영원히 변치 않는 주님, 나와 함께하시는 주님을 어떤 경우에도 떠나지 말자.

제7장 예수님의 장막절 교훈

❁ 전신을 온전케 하시는 예수(22-24)

예수님은 안식일에도 병자를 고쳐 주셨다. 유대인들은 이를 크게 오해하고 있었다. 예수님은 유대인들에게 자신이 사람의 전신을 온전케 하려고 오신 분임을 설명하셨다.

첫째: 사람의 건강을 원하시는 하나님

예수님의 말씀을 보면 구약시대에 유대인들이 받았던 할례는 종교적 의미뿐 아니라 건강의 이유도 있음을 말씀하셨다. 구약시대에 안식일에도 할례를 베풀었던 것을 예수님이 안식일에 사람의 병을 고치는 일과 상관있는 일로 말씀하신 것을 보아 알 수 있다(22-23). 우리는 이로써 하나님이 우리 몸이 건강하기를 원하셔서 할례도 베풀게 하셨고, 안식일도 허락하셨고, 이를 위해 예수께서 오셨다. 실로 하나님은 우리의 건강을 원하신다. 건강에 유의하는 것도 하나님을 기쁘시게 할 수 있다.

둘째: 전신을 온전하게 하시는 예수(23)

예수의 복음은 사람의 전신(영육)을 온전케 해 준다. 특히 십자가와 부활의 복음을 통하여 우리의 죄를 사해주심으로써 먼저 마음이 온전해지고 전신의 병도 고침 받는다. 이것이 신유의 은혜이다.

결론(結論)

복음은 사람의 전신을 근본부터 온전케 하는 능력의 원천이다. 뿐만 아니라 24절에 보면 정신력(판단력)까지도 공의롭게 고쳐 주신다.

제8장 예수님의 제반교훈

❃ 자유케 하시는 예수(33-36)

이제 우리는 본문에서 유대인들이 왜 자유를 주시는 예수를 거부했는지 살펴보자.

첫째: 진리이신 예수를 몰랐기 때문이다(11, 12)

유대인들은 영적으로 무지해 자유케 하는 예수를 핍박하였다. 무지한 자들에게 필요한 것은 자신의 무지를 깨닫는 것이다. 그들은 이것을 알고 배워야 했다. 그러나 그들은 배우려 하지 않았다. 예수께서는 유대인들이 무지로부터 자유케 될 때 죄 문제, 구원의 문제가 해결될 수 있음을 아셨다.

둘째: 죄의 종임을 몰랐기 때문이다(34)

예수께서는 죄로부터 벗어나는 것이 참 자유라고 말씀하셨다. 이것은 예수께서만 하실 수 있다. 그러나 그들은 자신들이 죄에 매여 있는 줄도 몰랐으며 예수를 인정하지도 않았다. 그들은 예수를 통해 구원받으려 하지도 않았다. 예수께서는 그들이 죄의 종의 상태에 있음을 알려 주었다.

셋째: 하나님을 오해하였기 때문이다(35)

유대인은 아들이면서도 종처럼 살았다. 이것은 그들이 하나님을 바로 이해하지 못했기 때문이다. 그들은 하나님이 주시는 자유와 은혜를 버렸다. 또한 율법으로 자신을 묶었다. 하나님은 자유케 하는 분이심에도 불구하고 그들은 종처럼 살았다. 하나님을 올바로 바라볼 수 있는 분별력이 없으므로 오해한 까닭이다.

결론(結論)

참 자유는 죄악과 무지로부터 벗어나는 것이며 예수 그리스도로 인해 주어진다.

제9장 소경을 고치시고 바리새인의 죄를 책망하심

❀ 구원 얻는 믿음(35-38)

예수께서 오셔서 소경에게 참 자유와 구원의 기쁨을 주셨다. 육체적 치료를 받은 소경이 영적으로 구원받는 과정을 살펴보자.

첫째: 구원은 인간적 노력으로 얻는 것이 아니다

소경은 예수를 만난 후 많은 경험과 변화를 겪었다. 그가 겪은 체험은 놀라운 것이었다. 그러나 그 체험마저도 예수를 믿게 하지는 못했다. 그는 자신이 눈뜬 사실을 증거했다. 더 나아가서 그는 이 증거 때문에 고난과 핍박을 받았다. 그럼에도 불구하고 그는 그 사실로 인해 구원에 이르지 못했다. 구원은 인간 속에 있는 것이 아니라 하나님으로부터 온 것이다. 이것을 믿음으로 받아들여야 한다. 그 대상은 예수 그리스도인 것이다.

둘째: 오직 구원은 예수를 믿는 것이다(14:6)

소경은 많은 것들을 다 행했다. 그러나 그는 여전히 절망 가운데 처해 있었다. 이때 예수께서 오셨다. 그리고 예수께서는 인자를 믿느냐고 물으셨다. 인간은 황홀한 체험과 고난, 그리고 아무리 철저한 순종을 했더라도 예수의 이 물음에 답해야 한다. 소경은 예수가 누구인지를 알았으나 참 하나님인 줄 몰랐다. 이때 예수께서는 자신이 소경을 고치신 분임을 확인시켜 주셨다. 그리하여 소경은 자신이 확인한 예수를 주로 고백하였다(38).

결론(結論)

성도는 자신의 외적인 것에 매여 예수를 잃어버려서는 안 된다. 구원은 소경처럼 주님 앞에 서서 자신의 믿음을 고백할 때 얻게 된다.

제10장 선한 목자 되신 예수

❋ 양의 목자(1–6)

예수께서는 자신과 성도들의 관계를 목자와 양떼로 비유하여 서술하고 있다.

첫째: 문으로 들어온다

목자는 양의 우리에 들어올 때 문으로 들어온다. 그러나 도둑이나 강도들은 문으로 들어올 수가 없으므로 다른 데로 넘어간다. 예수 그리스도를 통하지 않고 들어오는 사람들, 불법적인 방법으로 접근하는 사람들은 성도들이 언제나 경계해야 할 인물들이다. 이들은 자기의 이익만을 추구하는 거짓 목자의 전형이다.

둘째: 양의 이름을 각각 불러 인도해냈다

목자는 어느 누구보다도 자기 양에 대해 잘 알고 있다. 이와 같이 우리의 목자이신 주님께서도 우리의 사정과 형편을 소상하게 알고 계신다. 우리에게 있어야 할 것이 무엇인지 알고 계시며, 우리의 소원도 알고 계신다. 그러므로 우리는 그분이 인도하시는 대로 따라가기만 하면 된다.

셋째: 양무리 앞에 나아간다

목자는 양무리의 앞에 서는 사람이며 길을 인도하고 모본을 보이는 사람으로 주님께서도 우리에게 이와 같이 하셨다. 목회자들은 주님을 본받아 성도들을 바른 길로 인도하며, 거룩한 생활로 모본을 보여야 한다. 목자가 바로 인도하지 못하면 소경이 소경을 인도하는 커다란 잘못을 저지르기 때문이다.

결론(結論)

주님만이 우리의 참 목자이기에 우리는 그분만 바라보고 따라가는 성도가 되자.

제11장 나사로의 부활

❀ 부활과 생명(17–30)

예수께서 베다니에 도착하셨을 때는 나사로의 장례식이 다 끝난 후였다(17).

첫째: 마르다의 신앙

21절에서 마르다는 "오시라고 청하였을 때는 왜 오시지 않으셨습니까?"라고 했다. 이는 분명히 죽지 않을 병이라 하시기에 안심했는데, 왜 죽었느냐는 원망이다. 그러나 예수께서는 일찍 오시지 않아 나사로가 죽은 것을 기뻐한다고 하셨다. 벵겔은 주님이 계신 곳에는 언제나 질병도 죽음도 없다고 했다. 여기서 마르다의 신앙은 첫째로 주님이 계셨더라면 오라비가 죽지 않았을 것이라는 믿음이다. 즉 주님이 원하시기만 하면 죽지 않는다는 믿음이다. 둘째로 제때 오셨으면 죽지 않았을 것이고, 셋째로 아직도 막연하게 기다리고 있는 신앙이다(22).

둘째: 주님의 생명의 역사

이때 "예수께서 이르시되 네 오라비가 다시 살리라"(23)고 말씀하셨다. 마르다가 이르되 "마지막 날 부활에는 다시 살 줄을 내가 아나이다"(24)라고 그녀는 불확실한 부활의 신앙을 보여 주었다. 공관복음에 야이로의 딸을 살리신 일(눅 8:40-56)과 나인성 과부의 외아들을 살리신 일(눅 7:11-17)을 비교하면 시간적으로 너무 늦었다. 이때 주님은 중요한 말씀(25-26)을 하시면서 자신이 죽음이 없는 생명이요 부활의 첫 열매가 되신다고 하셨다.

결론(結論)

부활과 생명은 하나님의 주권에 달렸으며 또한 주님의 역사이기도 하다.

제12장 수난절에 된 일

❋ 왕이신 그리스도(9–19)

주님은 만 주의 주요 만 왕의 왕이시다. 본문은 왕 되신 그리스도를 언급하고 있다.

첫째: 나사로의 부활 사건

나사로의 부활 사건은 예수님이 행하신 이적 중 클라이맥스가 된다. 이 사건은 갈릴리가 아닌 예루살렘에서 5리 떨어진 베다니에서 일어난 사건이기에 종교 지도자들이 부인할 수 없었으며 나사로가 생존한 인물이기에 의심할 수 없었다. 즉 큰 사건이면서도 증거가 너무나 분명했다. 더욱이 큰 절기인 유월절 때 생긴 일로써 널리 퍼졌고 이 표적으로 인하여 온 세상이 예수를 믿었다(19)고 했다. 또한 나사로의 부활 사건은 부활을 믿었던 바리새인들에게는 자신들의 교리가 확증됨으로, 사두개인들에게는 불리함으로 작용했다.

둘째: 예수님의 예루살렘 입성

예수께서는 이렇게까지 자기를 죽이려고 하는 사실을 아시면서도 당당하게 나귀 새끼를 타시고 베다니에서 예루살렘으로 올라가셨다. "종려나무 가지를 가지고 맞으러 나가 외치되 호산나 찬송하리로다 주의 이름으로 오시는 이 곧 이스라엘 왕이시여 하더라"(13). 예수께서 어린 나귀를 타신 것(14)은 왕의 입성으로 대단한 용기였다. 한 번도 타지 않은 깨끗한 나귀 새끼에 왕을 태우고 옷을 벗어서 길게 까는 것은 충성을 맹세하는 것이며, 종려나무 가지는 승리를 상징한다.

결론(結論)

왕 되신 그리스도께서는 죽은 나사로를 살리시고 하나님의 뜻을 이루기 위해 예루살렘에 입성하셨다.

제13장 제자들의 발을 씻기심

❀ 제자의 발을 씻기심(1–11)

예수님의 최후의 성만찬(마 26:14-29)을 기록하고 있다.

첫째: 주님의 제자도

주님은 제자들의 발을 씻어 주심으로 섬기는 자가 큰 자라는 교훈을 보여 주셨다. 1절의 중요한 단어는 '아시고'라는 말과 '사랑하시니라'는 두 단어이다. 신약에서 '안다'는 단어는 크게 두 가지인데, 하나는 '오이다' 즉, 체험적으로 안다는 의미이고, 다른 하나는 '기노스코' 즉, 지적으로 안다는 의미이다.

둘째: 주님이 아셨다는 것

여기서 주님이 아셨다는 것에는 네 가지가 나온다. ① '때'를 아셨다는 점이다(1) : 주님의 때란 세상을 떠나 아버지께로 돌아가실 때를 의미한다. ② 아버지께서 모든 것을 자기 손에 맡기신 것을 아셨다(3). ③ 자기가 하나님께로부터 오셨다가 하나님께로 돌아가실 것(3)을 아셨다. ④ 사람들을 끝까지 사랑하실 것을 아셨다(1).

셋째: 사랑의 완성

여기서 끝까지라 함은 '에이스텔로스'인데 이는 완성을 뜻하는 말이다. 사랑이란 시작한 것을 완성시킬 때까지 계속하는 것이다. 예수님은 허리에 수건을 두르시고 제자들의 발부터 씻겨 주시는 사랑의 수고를 하심으로써 사랑의 본을 보여 주셨다. 이는 사랑을 완성하시는 표본이기도 하다.

결론(結論)

예수님께서 제자의 발을 씻기심으로 자신의 사랑을 나타내셨다.

제14장 제자들을 위로하심

❁ 생명의 위로(1–6)

본문은 예수님께서 제자들에게 주신 생명의 위로에 대한 교훈을 언급하고 있다.

첫째: 제자들의 근심

십자가에 달려 돌아가신다는 말에 근심하는 제자들을 향해 주님은 근심하지 말라고 위로하신다(1). 제자들의 근심은 여러 가지이다. 예수님을 이해하지 못하는 무지요, 세속적인 욕망이 꺾이는 근심이다. 또 십자가에 대한 걱정에서 나오는 근심이요, 자기들을 버리고 어디로 가신다는 외로움에서 나오는 근심이다.

둘째: 주님의 위로

그러므로 주님은 "내가 너희를 고아와 같이 버려두지 아니하고"(요 14:18)라고 저들의 심정을 위로하셨다. 근심에 대한 해결책은 믿음이다. 하나님을 믿는 그 믿음으로 예수님을 믿으라는 것이다. 또한 예수님을 통하여 하나님을 믿으라는 것이다. 예수님과 하나님은 하나이기에 예수님을 통하여 하나님을 믿어야 한다.

셋째: 주님이 가시는 길

"도마가 이르되 주여! 어디로 가시는지 우리가 알지 못하거늘 그 길을 어찌 알겠사옵나이까"(5). 도마는 원래 의심이 많은 제자였다. 이때 주님은 자신이 하나밖에 없는 길이요, 진리요, 생명임을 말씀하신다(6). 예수님만이 인간이 하나님께 가는 길이요, 창조주와 우주에 관한 진리일 뿐만이 아니라 진리 그 자체이시다.

결론(結論)

주님은 제자들의 근심을 아시고 그들에게 필요한 위로의 말씀을 주셨다.

제15장 포도나무의 비유

❋ 주님의 친구(12-19)

제자들을 친구라 하셨듯이 성도들도 주님의 친구들이다. 주님께서 어떻게 우리를 친구로 삼으셨는지 살펴보자.

첫째: 친구로 먼저 선택하셨다

우리가 먼저 선택한 것이 아니고 주님께서 우리를 먼저 친구로 선택하셨다. 당시에도 잘난 사람, 권력 있는 사람, 돈 있는 사람들이 많이 있었지만 주님께서는 가난하고 병들고 멸시받는 죄인들과 세리와 같은 사람들을 친구로 선택하셨다. 우리는 나 같은 죄인을 친구로 선택해 주신 주님의 은혜에 죽도록 감사해야 한다.

둘째: 비밀을 다 알려주셨다

주님은 그의 친구들에게 비밀이 없었다. 천국에 관한 비밀을 모두 다 털어 놓았다. 진정한 친구 사이에 비밀이 없는 것처럼 주님께서도 비밀이 없었다. 세상에 대해서는 항상 비밀이 있었지만 친구들에게는 비밀이 없었다. 주님은 시편 78편 2절에 예언한 그대로 창세로부터 감추인 것들을 친구들에게 다 드러내셨다.

셋째: 친구를 위해 죽기까지 하셨다

"사람이 친구를 위하여 자기 목숨을 버리면 이에서 더 큰 사랑이 없나니"라고 하셨다. 주님은 자신의 목숨을 친구를 위하여 아낌없이 버리셨다. 세상에는 의인을 위하여 죽은 자는 더러 있지만 죄인인 친구를 위하여 죽는 자는 극히 드물다. 그러나 주님은 살인자와 같은 우리를 위하여 목숨을 버리셨으니 얼마나 귀한 일인가?

결론(結論)

우리가 참포도 열매를 많이 맺었을 때 포도원의 주인 되시는 하나님께서 기뻐하신다.

제16장 성령을 보내시기로 약속하심

❁ 보혜사가 오시면(8-24)

본문은 보혜사가 오셔서 하실 사역들에 대하여 언급하고 있다.

첫째: 세상을 책망하실 것이다(8-11)

성령이 세상을 어떻게 책망하실 것인가? ① 죄에 대하여 책망하신다: 곧 세상의 불신을 책망하실 것이다. ② 의에 대하여 책망하신다: 보혜사가 오셔서 율법의 의와 자기의 의를 자랑하는 사람들을 책망하실 것이다. ③ 사람에 대해 책망하신다: 사람들은 죄를 짓고도 회개하지 않는다. 이에 심판을 받을 것이다.

둘째: 진리 가운데로 인도하실 것이다(12-15)

성령은 진리를 깨닫게 하고 깨달은 진리를 따라 살도록 인도하시는 역할을 하신다. 우리 인간은 성령의 도움이 아니면 진리를 깨닫지 못한다. 니고데모는 예수께서 사람이 거듭나야 한다고 하셨을 때 "사람이 어떻게 두 번째 모태에 들어갔다가 날 수 있사옵나이까"(요3:4)라고 반문하였다. 이처럼 성령을 받지 못하면 진리를 깨닫지 못한다.

셋째: 슬픔을 기쁨으로 바꾸신다(16-24)

20절에 "너희는 근심하겠으나 너희 근심이 도리어 기쁨이 되리라"라고 하셨다. 16절 이하에 '조금 있으면'이란 말이 많이 나온다. 현재는 이별이요 슬픔이요 불안이요 공포요 폭풍 전야 같은 분위기이지만 오래지 않아서 보혜사가 오심으로써, 광명의 아침, 기쁨의 시간이 찾아온다는 말씀이다.

결론(結論)

성령의 은혜로 말미암아 우리의 양심은 하나님의 뜻대로 살아갈 수 있다.

제17장 예수님의 최후의 기도

❃ 예수님의 기도(1–12)

17장은 일반적으로 그리스도의 '대제사장의 기도'라고 불린다.

첫째: 자신의 죽음을 위한 기도

하나님은 예수님을 이미 영화롭게 하셨다(12:28). 예수님으로 하여금 물이 변하여 포도주가 되게 하셨으며, 죽은 나사로를 살리게 하셨다. 그러나 하나님을 영화롭게 할 최대의 과제가 남아 있었다(12:28). 그것은 곧 예수님의 때 즉 십자가에 죽으시고 부활하심을 경험하는 일이다.

둘째: 사역을 보고하신 기도

"세상 중에서 내게 주신 사람들에게 내가 아버지의 이름을 나타내었나이다"(6). 기도는 무엇을 달라고 간구만 하는 것이 아니다. 자신이 한 일을 보고하는 것도 있어야 한다. 예수께서는 자신이 지금까지 하나님의 이름을 제자들에게 나타내었고, 제자들은 자신이 하나님께로부터 온 분임을 알게 되었다는 사실을 보고드렸다.

셋째: 제자들을 위한 기도

"내가 저희를 위하여 비옵나니"(9). 예수께서 하나님의 이름을 제자들에게 나타내신 것처럼, 제자들은 예수님의 이름을 세상에 나타내야 한다. 제자들은 전도를 통하여 예수님의 이름을 이미 영화롭게 했고(10), 또 앞으로 영화롭게 할 것이다(11). 그러므로 제자들이 이 땅에서 보전되고 하나가 되도록 기도했던 것이다.

결론(結論)

우리도 예수님처럼 거룩한 제사장이 되어 자신과 교회와 인류를 위해 기도하자.

제18장 예수님의 잡히심과 심문

❋ 예수의 붙잡힘(1–11)

요한복음에 나오는 예수께서 붙잡히신 기사는 공관복음서에 나오는 기사와 다르다.

첫째: 예수의 붙잡힘은 용감한 행위였다(4–5)

원수들은 유월절 밤, 보름달이 있는 밤인데도 예수께서 혹시 나무 밑이나 언덕 아래 숨어 있지나 않을까 하여 횃불을 들고 왔다. 그러나 예수께서는 모든 것을 아시면서도 용감히 나아가 묻기를 "너희가 누구를 찾느냐?"(4)라고 하셨다.

둘째: 예수의 붙잡힘은 권위 있는 행위였다(6)

악당들과 예수, 온갖 무기들을 지니고 둘러선 수많은 원수의 무리와 몸에 무기 하나 지니지 않고 외롭게 서 있는 예수, 이는 수에 있어서나 힘에 있어서 비교도 안 되는 대결이다. 그러나 저들은 물러가 땅에 엎드러졌고, 예수께서는 고고히 승리자의 모습을 나타냈다. 이것은 예수의 본질이다.

셋째: 예수의 붙잡힘은 자발적인 행위였다(8)

그것은 마지못해 당한 사건이 아니었다. 예수님 스스로 몸을 내어 준 것이며, 십자가의 쓴 잔을 마신 것이었다. "이를 내게서 빼앗는 자가 있는 것이 아니라 내가 스스로 버리노라"(10:18). 그는 운명의 희생자가 아니라 운명을 지배하는 자였다. 또한 아버지의 뜻을 이룬 자였다.

결론(結論)

우리도 예수님처럼 어떤 일이 주님의 뜻임을 확신할 때 용감히 그리고 자발적으로 그 일을 맞도록 하자.

제19장 예수, 못 박혀 죽으심과 매장

❋ 십자가와 세상(17–22)

그리스도의 십자가 사건은 실제적인 사건이며 세상의 운명과 밀접한 관계를 맺고 있는 하나님의 역사이다.

첫째: 세상의 운명과 십자가

예수께서 십자가에 달리셨을 때 그의 좌우편에 있던 강도들 중에 한편은 예수를 의지했고 다른 한편은 거절했다. 선택의 결과로 예수를 의지한 자는 영생을 얻었고, 그렇지 아니한 자는 멸망을 당했다. 죄로 인하여 죽을 운명에 놓여 있는 강도의 운명과 그들이 선택한 결과는 세상과 예수와의 관계를 단적으로 보여준다.

둘째: 십자가의 명패

예수님의 십자가 위에 붙은 명패에는 히브리어, 라틴(로마)어, 헬라어로 "유대인의 왕"이라고 기록되었다. 명패를 붙인 자는 죄수의 이름과 죄명을 썼다고 생각했지만 히브리어, 라틴어, 헬라어로 기록된 것을 보는 자마다 그가 인류의 왕 되심과 그의 십자가는 인류를 위한 것임을 생각하게 되었다.

셋째: 세상의 법보다 큰 권위

제사장들은 예수가 자칭 유대인의 왕이었다고 기록하기를 청했으나 빌라도는 한번 선언된 선고를 반복하지 못하는 로마법에 근거하여 거절하였다. 유대인은 예수의 왕 되심을 거절했으나 하나님께서는 빌라도의 신앙이 아닌 세상(로마)의 법으로 예수께서 인류의 왕이심을 증거하셨다.

결론(結論)

세상이 예수님을 배척하여 일으킨 십자가 사건은 세상의 운명을 결정하는 하나님의 구원의 능력이 되었다.

제20장 예수님의 부활과 나타나심

❀ 부활의 목격자들에게(19-23)

예수께서는 그의 부활을 목격한 자에게 부활의 증인으로 살아가도록 하셨다.

첫째: 평강을 주셨다

제자들은 예수께서 나타나셨을 때 영이나 유령으로 생각하고 두려워했다(눅 24:37). 예수께서 손과 옆구리를 보이신 후 기뻐하는 제자들에게 예수는 하늘의 평강을 주셨다. 죄의 문제가 해결된 후 제일 먼저 받는 평강의 축복, 이 축복으로 많은 신앙의 열매를 맺게 될 것이다. 평강으로 세상을 이기게 될 것이다.

둘째: 파송하셨다

예수께서 부활하신 소식과 축복은 온 세상에 전해져야 한다. 이 소식은 그의 부활을 목격한 자들에게 위임되었다. 하나님과 인간의 중보자로서 보내심을 받은 예수님이 그가 보내심 받는 것과 동일한 권위를 제자들에게 주셨다. 이제 그들의 말을 믿는 사람들은 그들이 예수께로부터 받은 것과 동일한 축복을 받게 될 것이다.

셋째: 권위를 주셨다

예수께서는 제자들을 보내시면서 그들에게 성령이 함께하시며 성령의 은사를 주시도록 하였다. 성령의 은사와 연결되어 제자들의 사역은 계속될 것이다. 특히 그들은 성령의 영감된 말씀과 조화를 이루면서 죄를 사하든지 그대로 두든지 이를 선언하는 권위를 행하게 될 것이다. 온 세상의 미래를 책임질 권세를 주셨다.

결론(結論)

하나님의 사역을 위해 파송을 받을 때는 반드시 성령의 능력을 덧입어야 한다.

제21장 부활 후 제자들에게 교훈하심

❁ 믿음을 견고케 하심(1–14)

부활의 기적을 체험한 제자들은 부활 위에 믿음을 세우게 된다.

첫째: 과거로 돌아가는 제자들

제자들은 부활을 목격했지만 자신들이 무엇을 어떻게 해야 할지 몰랐다. 그들에게는 생계의 문제가 압박해왔다. 목표를 잃은 그들은 이전 직업으로 돌아갔다. 믿음의 여정에서 쉽게 다가오는 시련의 모습이다. 신자들은 고난을 만나거나 갈 바를 알지 못할 때 과거의 생활로 돌아가려고 하며 이는 주위 사람들에게 영향을 준다.

둘째: 풍성한 열매를 약속하셨다

자기들의 경험으로 내린 그물에선 아무런 소득이 없었다. 그런데 부활하신 예수님의 말씀을 따라 그물을 내렸더니 지금까지 경험하지 못했던 최고의 수확을 거두었다. 이것은 말씀을 따라 행할 복음사역에서 엄청난 열매를 거두게 될 것을 말씀하여 주고 있다. 주님의 말씀에 순종할 때 무슨 일을 하는 엄청난 결과를 얻을 수 있을 것이다.

셋째: 다시금 사명을 일깨워주셨다.

밤새도록 허탕을 친 제자들은 몸과 마음 모두 탈진한 상태였다. 예수님을 다시 만났을 때 그들은 수치심과 송구함에 몸 둘 바를 몰랐을 것이다. 그러나 예수님은 그들을 꾸짖지 않으시고 자상하게 대하셨다. 오히려 잡은 생선 일부를 가지고 아침식사를 준비해 먹이셨다. 이것은 마치 탈진한 엘리야에게 까마귀를 통해서 먹이고 또 먹이고 충분히 재워 완전히 충전을 시킨 후에 다시금 사명을 일깨우신 것과 같다.

결론(結論)

제자들은 예수님의 부활을 목격한 후 약하고 죄 된 모습에서 변화되어 능력 있게 하나님의 복음을 전파했다.

사도행전

서론

주 제	성령의 주도로 성장하는 교회		저 자	누가	기록장소	?
기록연대	A.D. 61-63년경		대 상	데오빌로		
대 지	교회의 설립	흩어지는 교회		복음의 확산		
구 분	1:1	8:1		13:1		28:31
	예루살렘에서 증거	유대와 사마리아에서 증거		땅 끝까지 증거		
배 경 (장소,시대)	예루살렘-유대, 사마리아-땅 끝/A.D. 30-62년경					
요 절	"오직 성령이 너희에게 임하시면 너희가 권능을 받고 예루살렘과 온 유대와 사마리아와 땅 끝까지 이르러 내 증인이 되리라 하시니라"(1:8)					

사도행전 이해

복음서와 서신서의 다리인 사도행전은 원래 누가복음과 함께 엮인 한 책이었으나 A.D. 2세기 이후 그 내용의 독자성으로 인해 분리된 듯하다. 따라서 본서는 누가복음과 연결하여 이해하는 것이 좋다.

신약성경 중 유일한 역사서로서 교회의 시작과 헬라·로마 세계 전역에 기독교가 전파되는 과정을 담은 본서는 누가복음 마지막 부분에 약속된 대로 오순절에 성령께서 강림하신 내용으로부터 시작하고 있다. 십자가에 못 박히고 다시 살아나사 하늘에 오르신 예수께서는 이제 성령을 보내심으로써 당신의 제자들과 함께 거하시며 친히 복음 확장 사업을 이끌어 가셨다.

예루살렘과 사마리아, 나아가 땅 끝까지 복음을 증거하였던 제자들의 행적을 생생하게 보여 주며, 복음 증거 과정에서 부딪히게 된 수많은 역경들과 비신앙적 이론들로부터 어떻게 복음을 수호했는지를 보여 주는 이 책에는 베드로와 바울의 활동이 단연 두드러지는데 베드로는 초대교회 당시 예루살렘 교회를 이끌었던 지도자였으며, 바울은 이방 세계를 두루 여행하면서 복음을 증거한 인물이었다. 한때 베드로는 예수를 무려 3회에 걸쳐 부인했던 적이 있으며, 바울은 그리스도인들을 핍박하는 일에 앞장섰던 자였다. 그러나 성령의 강한 권능에 사로잡히자 그들은 예수 그리스도의 위대한 종으로서의 사명을 잘 감당할 수 있게 되었다. 그런 의미에서 사도행전은 사도들의 행전이라기보다는 성령행전이라 할 만하다.

이 책은 크게 세 부분으로 구분되는데 그중 첫 부분인 1-7장은 예루살렘을 무대로, 베드로를 주요 등장인물로 하여 처음 교회가 설립되고 성장하는 과정과 유대교 지도자들이 당한 박해를 묘사한다. 그리고 8-12장은 교회가 예루살렘을 넘어 이방 땅에까지 확장되어 가는 과정을 기록하였으며, 끝으로 13-28장은 사도 바울의 세 차례에 걸친 전도 여행을 소개하고 있다.

필요한 물건들을 아낌없이 서로 나누며 모이기를 힘썼던 초대교회의 신실함이나 때로는 죽음마저 요구하는 험난한 복음 증거의 길을 담대히 헤쳐 나갔던 제자들의 용기가 바로 성령충만(聖靈充滿)으로 말미암았음을 생각하건대, 오늘날 교회가 추구해야 할 가장 중요한 과제가 무엇인지는 자명하다.

기록 목적

누가복음과 사도행전의 수신자는 데오빌로였다(눅 1:1; 행 1:1-2). 아마도 그는 후에 그리스도인이 된 로마의 고관이었던 것 같다. 기록 목적은 "귀하께서 이미 배우신 것들이 틀림없는 진실이라는 것을 알게 해 드리기 위함"이었다(눅 1:4). 말하자면 누가는 그가 이미 기독교에 대해 알고 있던 것보다 더 깊은 지식을 확실히 얻도록 하기 위해 본서를 썼던 것이다. 누가는 초대교회의 역사를 기록하지 않고 단지 예루살렘에서 로마까지 교회가 확장된 것을 단순한 필체로 요약하고 있을 뿐이다. 누가는 누가복음과 사도행전을 통해 이스라엘의 회복에 대한 약속(눅 1:32,33)으로 시작하는 복음이 어떻게 이방인 교회에서 열매를 맺게 되었는지를 데오빌로에게 설명해 주려고 한 것이다.

기록 배경

사도행전은 누가복음의 후속편으로서 두 책이 공히 '데오빌로'라 불리는 동일인에게 전달된 것이다(1:1). 물론 두 책 어디에도 기자의 이름이 명확하게 제시되지 않지만, 대다수 초창기 그리스도인들의 견해와 두 책 내부로부터의 증거는 그것의 기자가 '사랑을 받는 의사 누가'임을 가리킨다(골 4:14).

성령께서는 누가를 성령으로 감동시켜 그로 하여금 (특별히 로마 제국의 중동 지역과 지중해 지역의 초창기 이방인 그리스도인들로 이루어진) 교회의 필요를 채우기 위해 데오빌로에게 글을 쓰게 하셨다.

누가의 두 책(누가복음과 사도행전)은 기독교 시작과 관련한 충분하면서도 정확한 설명을 제공한다. (1) 첫 번째 책(누가복음)은 예수의 생애에 대한 복음이다. (2) 두 번째 책(사도행전)은 예루살렘에 성령이 부어진 것에 대한, 다시 말해서 하나님이 최초의 그리스도인들에게 능력을 입혀 주기 위해서 성령을 보내신 것에 대한 그의 설명이다. 또한 사도행전은 이후 초창기 교회가 어떻게 자라고 발전했는지를 설명해 준다. 누가는 숙련된 작가이고, 주의 깊은 역사가이며, 영감 받은 신학자(하나님, 기독교 신앙, 세상에 대한 하나님의 관계 등을 연구하는 학자)였다.

사도행전은 교회사가(敎會史家)로서, 교회(하나님을 섬기며 세상에 그리스도의 메시지를 전파하는 목적과 사명을 공유하는 그리스도인들의 공동체) 역사의 처음 30년을 다룬다. 누가는 예루살렘으로부터 로마까지 그리스도에 대한 메시지가 전파되는 것을 추적한다. 그 과정에서 그는 32개의 나라들과 54개의 도시들과 9개의 지중해 섬들과 95명의 다양한 사람들의 이름을 언급한다. 현대 고고학은 누가가 기록한 세세한 내용들의 놀라운 정확성을 계속적으로 재확인해 준다. 요컨대 누가는 초창기 교회에서 일어난 다양한 경험들과 사건들의 의미와 중요성을 통찰력 있게 묘사했다.

최초의 그리스도인들에 의해 가장 효과적으로 사용된 신약 성경은 사복음서(마태복음, 마가복음, 누가복음, 요한복음에 따른 예수의 생애와 사역에 대한 설명)와 바울의 서신들이었다. 이러한 두 부분을 연결하는 가장 중요한 연결고리로서, 사도행전은 권위 있는 하나님의 말씀으로 받아들여지는 책들 가운데 놓인다. 13-28장은 바울의 사역과 여러 교회들에게 보내는 편지들을 보다 더 완전하게 이해하기 위해 필요한 역사적 배경을 제공한다. 또 이 책에서 발견되는 '우리'(16:10-17, 20:5-21:18, 27:1-28:16)라는 호칭은 이 책의 기자인 누가가 바울의 여행에 개인적으로 동참했음을 보여준다.

내용 분해

서문 1:1-14

Ⅰ. 서론 1:1-3

Ⅱ. 성령의 약속 1:4-8

Ⅲ. 그리스도의 승천 1:2-11

Ⅳ. 다락방 기도회 1:12-14

1부: 베드로와 예루살렘 유대인 교회의 사역 1:15-12:24

Ⅰ. 맛디아를 열두 사도로 선택 1:15-26

Ⅱ. 오순절 성령 강림 2:1-47

A. 성령의 부으심 2:1-4

B. 청중의 혼란스러운 반응 2:5-13

C. 베드로의 해석적 설교 2:14-39

D. 오순절 후 새로운 교회 2:40-47

Ⅲ. 앉은뱅이의 치유 3:1-4:31

A. 치유의 기적 3:1-10

B. 베드로의 해석적 설교 3:11-26

C. 베드로와 요한의 체포 4:1-4

D. 산헤드린 앞에서 베드로의 변호 4:5-12

E. 산헤드린의 반응 4:13-22

Ⅳ. 초대 교회 사도들의 권위 4:32-5:42

A. 구제를 감독함 4:32-37

B. 죄의 심판: 아나니아와 삽비라 5:1-11

C. 치유와 기적 5:12-16

D. 대적의 무기력 5:17-42

1. 초자연적 출옥 5:17-21

2. 사도들의 대담함 5:22-32

3. 가말리엘의 사도 석방 권고 5:32-42

Ⅴ. 스데반의 사역 6:1-7:60

A. 일곱 집사 중 하나로 선택됨 6:1-7

B. 그의 능력, 사역, 체포 6:8-15

C. 산헤드린 앞에서의 변호 7:1-53

D. 그의 순교 7:54-60

Ⅵ. 비유대인에 대한 첫 사역 8:1-40

A. 사마리아인들 사역(빌립과 베드로) 8:1-25

B. 에디오피아인 사역(빌립) 8:26-40

Ⅶ. 사울의 회심 9:1-31

Ⅷ. 베드로의 사역을 통한 애니아와 도르가의 치유 9:32-43

Ⅸ. 고넬료의 이야기 10:1-11:18

A. 고넬료와 그의 가족이 그리스도께 나아옴 10:1-48

B. 베드로가 이방인들에게 증언함 11:1-18

Ⅹ. 초대 교회의 증인 11:19-12:24

A. 안디옥의 바울과 바나바 11:19-30

B. 베드로의 기적적인 헤롯 가옥 탈옥 12:1-24

2부. 바울과 안디옥 교회의 국제적 활동 12:25-28:31

Ⅰ. 바울의 1차 전도여행 12:25-14:28

A. 바울의 사도적 위임 12:25-13:3

B. 구브로에서 귀신을 쫓아냄 13:4-12

C. 비시디아 안디옥에서의 설교와 부흥 13:13-50

D. 이고니움에서의 이적과 기사 13:51-14:5

E. 루스드라에서의 치유와 돌 맞음 14:6-20

F. 후속 사역과 안디옥으로의 귀환 14:21-28

Ⅱ. 율법과 은혜를 논한 예루살렘 회의 15:1-35

Ⅲ. 바울의 2차 전도여행 15:36-18:22

A. 마가로 인한 바울과 바나바의 분열 15:36-41

B. 디모데와의 후속 사역

C. 헬라 선교의 비전 16:6-10

D. 빌립보에서 루디아의 세례 16:11-15

E. 빌립보에서의 투옥 16:16-40

F. 데살로니가에서의 소동 17:1-9

G. 베뢰아인의 말씀에 대한 개방 17:10-15

H. 아덴에서의 철학적 사색 17:16-34

I. 고린도에서의 일 년 반 18:1-17

J. 안디옥으로의 귀환 18:18-22

Ⅳ. 바울의 3차 전도여행 18:23-21:14

A. 에베소에서의 사역, 기적, 폭동 18:23-19:41

B. 헬라에서의 여행 20:106

C. 드로아에서 바울의 밤샘 설교 20:7-12

D. 드로아에서 밀레도까지, 그리고 에베소 장로들에게 행한 바울의 고별 설교 20:13-38

E. 두로에서 예루살렘에 대해, 그리고 가이샤라에서 아가보에 의해 경고 받는 바울 21:1-14

Ⅴ. 바울의 예루살렘 경유

로마 여행 21:15-28:31

A. 바울의 예루살렘 귀환 21:15-23:35

1. 바울의 귀환과 체포 21: 15-36
2. 예루살렘 폭도 앞에서 바울의 변호 21:37-22:29
3. 산헤드린 앞에서 바울의 변호 22:30-23:10
4. 바울 살해 음모 23:11-35

B. 벨릭스 앞에서 바울의 변호 24:1-27

C. 베스도와 아그립바 앞에서 바울의 변호 25:1-26:32

D. 로마로의 항해 27:1-28:31

| 장별 핵심 메시지 |

제1장 성령강림과 교회의 설립

❋ 내 증인이 되리라(1-8)

사도행전은 성령의 능력을 받은 제자들의 기록이다.

첫째: 예수의 행전

사도행전은 승천하신 예수께서 성령을 대신 보내시고 그 성령을 통하여 계속 구속 사역을 이루어 나가시는 과정의 기록이다. 그는 성령을 부어주시고, 구원받은 자의 수를 더하게 하시며, 앉은뱅이를 걷게 하시고, 순교하는 스데반을 격려하시고, 바울을 부르셨다.

둘째: 성령의 행전

예수께서는 십자가에 죽으시기 전에 성령을 약속하셨다(요 16:7). 한편 본문에서는 승천하기 직전에, 몇 날이 못 되어 성령으로 세례를 받으리라고 약속하신다. 과연 약속하신 대로 성령이 임하셔서 제자들에게 권능을 주시고 땅 끝까지 이르러 예수의 증인이 되게 하셨다.

셋째: 증인들의 행전

사도행전은 주님의 종이 되는 것을 세상의 그 어떤 영광보다 크게 여기는 사람들의 행전이며 예수의 증인으로서 순교의 길까지도 흔쾌히 들어가려는 증인들의 행전이다. 또한 인격과 생활이 예수의 수준에 이르는 증인들의 행전이다. 사도행전은 아직도 진행 중이다.

결론(結論)

예수의 증인 되고 성령의 동역자 된 우리는 사도행전을 계속 채워야 한다.

제2장 성령강림과 권능

❀ 성령의 강림(1-4)

본문은 주의 종들이 효과적으로 사역을 감당하기 위해 요청되는 성령의 강림에 관해 언급하고 있다.

첫째: 오순절 날에 강림하심

성령강림은 오순절의 사건이었다. 오순절은 맥추의 초실절, 즉 첫 열매를 거두는 절기로 이날에 성령이 강림했다는 사실은 그분의 사역이 열매를 거두는 것임을 보여준다. 오순절 베드로의 설교를 통해 삼천 명이 회개하고 그리스도의 제자가 되었다.

둘째: 주의 약속을 믿고 기다리는 사람들에게 강림함

주의 제자들은 주의 분부를 좇아 마가 요한의 다락방에 모여서 약속하신 성령을 받기까지 전혀 기도에 힘쓰고 있었다. 주의 약속은 믿고 기도하며 기다리는 사람들에게 임한다. 때문에 성도들은 언제든지 그분의 약속을 믿고 이루어지기까지 기다리며 기도하는 법을 배워야만 한다.

셋째: 무리가 다 성령의 충만을 받음

거기 모여 있던 사람들은 모두가 일백이십 명쯤 되었는데 그들 모두 성령의 충만을 받았다. 성령은 믿는 사람이면 누구나 받을 수 있으며, 성도는 늘 성령으로 충만해 있어야 한다. 성령의 충만이 있어야 능력을 행한다. 아직까지 성령의 충만이 없는 사람들은 하나님께 구하여 충만함을 입자(눅 11:13).

결론(結論)

성도들은 성령의 능력을 입어 하나님의 사역을 역동적으로 이뤄가야 한다.

제3장 앉은뱅이 고침과 베드로의 설교

❁ 예수 이름의 능력(1-10)

이 사건을 통해서 예수의 이름에는 어떤 능력이 있는지 알아보자.

첫째: 믿는 자들과 함께 하는 능력이다

예수께서는 "나를 믿는 자는 나의 하는 일을 저도 할 것이요 또한 이보다 큰 것도 하리니 이는 내가 아비지께로 감이니라"라고 말씀하셨다. 예수는 가셨지만 그 능력은 믿는 자에게서 드러난다. 예수 이름을 의지하고 그분을 신뢰하는 모든 성도는 주의 능력을 드러낼 수 있나.

둘째: 은과 금보다 뛰어난 능력이다

하나님은 예수를 지극히 높여 모든 이름 위에 뛰어난 이름을 주셨다(빌 2:9). 예수의 이름은 모든 무릎이 그 앞에 꿇어 경배하기에 족하다. 그의 이름은 구원이며(4:12), 표적과 기사가 이루어지는 능력이다(4:30). 은과 금을 가지고서는 이룰 수 없는 일을 거뜬히 해내는 능력이다.

셋째: 진정한 필요를 채워주는 능력이다

앉은뱅이에게 절실히 요구되었던 것은 서서 걷고 뛰며 힘을 얻어 일하는 것이었다. 예수의 이름은 그의 불구를 고치고, 능력을 주고, 궁극적으로 하나님을 찬양케 하였다. 기독교는 예수 이름의 능력으로 불구가 된 육체와 영혼을 고치고, 하나님 앞에 온전하고 건강한 사람이 되게 한다.

결론(結論)

교회의 능력은 지도자에게서 나오는 것이 아니고 바로 예수의 이름에 있다.

제4장 베드로와 요한의 투옥

❀ 베드로의 증거(10–12)

본문은 산헤드린 공회원들 앞에 선 베드로의 증거에 관해 언급하고 있다.

첫째: 부활하신 예수를 증거함

예수께서 심문 당하실 때 비자 앞에서 그분을 모른다고 부인했던 베드로가 이제는 산헤드린 공회원들 앞에서 당당하게 주의 부활을 증거하고 있다. 참으로 놀라운 일이다. 누구든지 성령의 충만을 받으면 이렇게 될 수 있다.

둘째: 치료하시는 예수를 증거함

그는 사십 년 된 앉은뱅이가 걷게 된 것이 자기 자신의 권능이나 경건으로 말미암은 것이 아니라, 부활하신 그리스도를 믿는 믿음에서 난 것임을 증거했다. 믿음은 위대한 능력의 근원이다.

셋째: 구원하시는 예수를 증거함

예수는 인류의 구원을 위한 유일한 소망이시다. 예수만이 구원의 유일한 이름이시다. 다른 이로서는 구원을 얻을 수 없다. 다른 종교, 다른 신앙, 다른 사상에 의존하는 사람들은 모두 실패하고 넘어지게 된다. 우리도 베드로처럼 이 사실을 널리 전파하도록 힘써야 한다.

결론(結論)

부활하신 주를 만남으로 베드로처럼 능력 있는 주의 종으로 쓰임 받아야 한다.

제5장 사도들의 재투옥

❋ 든든해 가는 교회(12–16)

아나니아와 삽비라 사건 후에 교회는 계속 전진하면서 참다운 능력을 베풀고 많은 사역들을 감당했다.

첫째: 참된 경외심이 있는 교회(13)

성령께서는 거짓을 멸하셨다. 진리의 영은 거짓과 함께하실 수 없다. 성령께서 함께하시며 계속 전진하는 교회는 회중의 삶에 있는 모든 거짓을 모조리 척결한다. 그러할 때 순전한 교회의 참다운 능력이 나타나며, 거룩하신 하나님께 대한 경외감이 우러나온다.

둘째: 효과적으로 사역한 교회(12,16)

사도들의 손으로 민간에 많은 표적과 기사가 일어났다. 실로 초대 교회는 사람의 생각으로는 상상도 할 수 없는 사역들을 감당하는 능력 있는 교회였다. 많은 사람들의 질병이 치유되고, 더러운 귀신에게 괴로움을 받는 사람들이 나음을 입는 치유의 역사가 생생하게 나타났다.

셋째: 증가하는 교회(14)

사도들의 표적과 기사를 통해서 많은 사람들이 '주께로' 나왔다(14). 하나님의 교회는 주께로 나온 사람들의 모임이다. 교회 조직 속에 속하는 것이 먼저가 아니다. 먼저 주께로 나오는 일이 우선이고, 그 다음에 교회에 속한다. 주께로 나오기 위해서는 믿음이 있어야 한다. 믿음이야말로 주께 나오는 유일한 방법이다.

결론(結論)

성령의 능력으로 거짓을 척결한 교회는 주께로 나오는 자가 날마다 늘어난다.

제6장 일곱 집사 선택

❋ 직분자 선택의 원리(1-7)

본문은 교회 조직에 관한 최초의 기록으로서 집사들을 세운 사도들의 직분자 세움 원칙을 알아보자.

첫째: 우선권의 원칙(2)

교회의 첫 번째 직무는 말씀을 전파하는 것이다. 말씀을 전파하는 위대한 기능에는 근본적이고 권위 있는 사도적 사역과 진리들을 한 세대에 적용시키는 선지자의 사역과 개인들에게 호소하여 그들을 구원시키는 복음적인 사역과 성도들을 가르치고 교훈하며 성장시키는 목회적 사역이 있다.

둘째: 분담의 원칙(3,4)

교회 안에는 교회 활동에 필요한 능력을 가진 지체들이 있다. 직분자의 선택은 그들을 발견하여 짐을 분담시키는 것이다. 일곱 집사는 교회의 필요에 의해서 선택받았다. 사도들은 말씀 전파, 집사들은 공궤를 분담하였다. 양적 성장에 따라 새로운 직분이 필요했다.

셋째: 믿음의 원리(3,5)

문제가 생겼을 때 사도들은 어떻게 해야 할지를 가르쳤다. 직분 선택의 최종적이며 필수적인 원리는 사도의 가르침 아래 성령님이 임재하시어 그 선택 과정을 인도하시고 적합한 사람을 세우도록 하신 것이다. 여기서 가장 중요한 것은 믿음이다.

결론(結論)

교회 발전은 바로 말씀에 기초를 두고 각각 분담을 맡아 믿음을 가지고 행할 때 일어난다.

❋ 순교로써 전한 복음(54–60)

스데반의 순교 기사를 통해 그가 죽음으로써 증거한 것이 무엇이었는지 알아보자.

첫째: 영혼 구원의 확실성(59)

하나님을 그 마음에 두기를 싫어하는 자들의 마음속 궁극적인 공포는 죽음에 대한 것이다. 그러나 예수께서는 "몸은 죽여도 영혼은 능히 죽이지 못하는 자들을 두려워하지 말고"(마 10:28)라고 하셨다. 그러므로 스데반의 담대한 증거와 순교는 하나님께서 영혼을 구원하는 분이심을 확신한 데서 왔다.

둘째: 보이지 않는 세계의 실재(56)

스데반 주위에 있던 사람들 중에 그 누구도 환상을 보지 못했다. 그러나 그는 보이지 않는 것을 볼 수 있었다. 그가 죽으면서 남긴 말과 죽음으로써 거둔 승리, 그리고 하늘의 장엄한 광경으로부터 그의 얼굴에는 광채가 비쳤다(6:15). 그의 얼굴은 보이지 않는 세계의 실재를 많은 사람들에게 증거하는 빛이 되었다.

셋째: 하나님의 은혜의 승리(60)

그의 마지막 기도는 십자가상에서 그리스도께서 하신 마지막 기도와 흡사하다. 스데반은 자신을 살해하는 바로 그 사람들을 위하여 기도하며 죽었다. 오직 하나님의 은혜로써 승리의 면류관을 얻을 수 있었던 것이다. 성도들은 그의 신앙을 본받아 이 세상에서 복음 전파의 사명을 감당해야 한다.

결론(結論)

스데반의 순교는 죽음으로 끝나지 않았다. 그가 증거한 진리는 살아서 언제나 말하고 있다.

제8장 사마리아와 유대에 복음 전파

❀ 복음 전도의 원리(26-40)

내시는 믿고, 세례를 받았고, 기쁨으로 돌아갔다. 복음 전도의 원리를 알아보자.

첫째: 성령의 인도하심에 순종(28, 29)

사마리아에서 놀라운 복음의 역사를 일으킨 빌립에게 주의 사자는 광야 길로 내려가라고 말한다. 사마리아는 새로운 복음 운동이 시작되는 곳이며, 사람들도 많은 곳이다. 하지만 광야는 인적이 드문 곳이다. 그러나 성령께서는 땅 끝까지 복음 전하는 일의 시작을 광야에서 이루기 위해서 빌립을 인도하신다.

둘째: 필요에 대응하는 원리(30)

이디오피아 내시는 이방인으로서 유대교로 개종한 경건한 사람이었다. 그는 예루살렘에 와서 성전의 이방인의 뜰에서 예배드린 후에 고국으로 돌아가는 도중 마차에서 이사야서를 읽고 있었다. 그러나 고난 받는 여호와의 종의 이야기를 깨닫지 못하였다. 복음 전도자는 개인의 상황에 민감해야 한다.

셋째: 예수를 가르쳐 복음을 전함(35)

본문은 빌립이 이디오피아의 내시에게 복음을 전한 이야기이다. 빌립은 이사야서를 읽고 있는 내시에게 그 글에서 시작하여 예수를 가르쳤다. 예수님이 바로 이사야가 예언한 고난 받으실 메시아임을 증거했다. 복음 전도자의 가장 중요한 원리는 예수를 가르쳐 복음을 전하는 것이다.

결론(結論)

복음 전도의 원리는 성령의 인도와 복음에 대응하는 원리와 예수의 사상을 전하는 것이다.

제9장 사울의 회심

❁ 사울을 부르심(1–9)

예수께서는 땅 끝까지 복음을 전하기 위해 헬라의 학문과 문화에 익숙한 사울을 부르셨다.

첫째: 은혜로 부르셨다(3)

사울은 스데반 순교의 증인이다. 예루살렘의 각 집에서 신자들을 잔멸하며 교회를 핍박하였다. 다메섹으로 가는 것도 여러 회당에서 그 도를 좇는 자를 만나면 남녀를 막론하고 결박하여 예루살렘으로 데려오고자 함이었다. 그러나 주님은 그런 사울을 만나시고 부르셨다. 이것은 그의 은혜의 영광을 나타내기 위해서였다.

둘째: 주님이 직접 부르셨다(3, 4)

홀연히 빛으로 찾아오신 예수님을 보지 못하고 땅에 엎드러진 사울은 "주여, 누구시오니까?"라고 묻는다. 예수께서는 "나는 네가 핍박하는 예수라"라고 대답하신다. 사울은 나사렛 예수가 죽은 줄로만 알고 교회를 핍박하였다. 그러나 부활하신 주님은 사울을 부르셨고 사울은 이 부르심으로 인해 사도가 되었다.

셋째: 이방인의 사도로 부르셨다(15)

당시 세계는 알렉산더의 정복 이래로 여러 민족이 헬라의 식민지를 겪으며 헬라문화를 이루어 언어도 공용어인 헬라어를 사용하였다. 순수한 유대주의적 사고를 가진 다른 사도들이 헬라화된 세계를 복음화시키기는 쉬운 일이 아니었다. 그래서 헬라의 학문에 능통한 사울이 이방인의 사도로 부르심을 받았다.

결론(結論)

박해자를 선교사로 만들어 복음 증거자로 삼으신 주님은 오늘 우리에게도 찾아오셔서 부르신다.

제10장 복음이 이방에 확산

❁ 최초의 이방인 전도(1-8)

초대 교회의 역사에 일대 전환기를 맞는 중요한 사건인 고넬료 가정의 복음화를 생각해 보자.

첫째: 고넬료는 이방인이었다(45)

유대인들은 할례 받지 않은 이방인과 교제하는 것을 율법으로 엄금하였다(28). 유대주의는 인종적으로 유대인이 아니더라도 완전히 유대교로 개종한 사람이라면 할례를 받고 모세의 율법과 규례를 지키며 언약의 백성들이 누리는 특권에 참여할 수 있었다. 그러나 고넬료는 할례를 받지 않은 이방인이었다(11:1-3).

둘째: 그는 경건한 사람이었다(2)

고넬료는 이방인 중에서 무할례자지만 유대교의 유일신론을 받아들이고 하나님을 경외하는 사람이었다. 그의 경건은 백성들을 많이 구제하고 하나님께 항상 기도함으로 나타났다. 그는 율법을 지킴으로 의로운 생활을 하며 유대 온 족속에게 칭찬을 받았다. 그는 백부장의 지위를 가지고 있으면서 경건하게 살고 있었다.

셋째: 그에게도 복음이 필요하다

고넬료의 기도와 구제가 하나님 앞에 상달되어 기억하신 바가 되었으나 오히려 한 가지 부족한 것이 있었다. 사람들에게는 의인으로 인정받았지만 율법의 행위로는 그 앞에서 의롭다 하심을 얻을 수가 없었다(롬 3:20). 그러므로 하나님께서는 그의 기도 시간에 천사를 보내어 베드로를 초청하게 하시고 복음을 듣게 하셨다.

결론(結論)

복음 안에서는 이방인과 유대인의 구별이 무용함을 고넬료를 통해 깨닫게 해준다.

제11장 이방인 교회의 시작

❃ 안디옥 복음 운동(19–26)

모든 복음 활동은 성령 안에서 하나이며 깨어질 수 없는 일체감을 이루는 것임을 보여준다.

첫째: 복음의 연속성

스데반의 순교는 교회의 핍박이 시작되는 계기가 됐고, 그 핍박으로 흩어진 자들은 안디옥에 이르러 복음을 전하게 되었다. 하나님의 경륜은 결코 멈추어지지 않는다. 우리가 현재 처한 상황이 고난이든 승리든 간에 하나님의 경륜 안에서 어떤 결과를 가져올지 알 수 없지만, 생명의 복음은 계속해서 전파될 것이다.

둘째: 새로운 운동의 시작

안디옥에서 이름 없는 제자들이 헬라인들에게 복음을 전했다. 그것은 지금까지와 전혀 다른 새로운 활동이었다. 주의 손이 그들과 함께하니 수다한 사람이 믿고 주께 돌아왔다. 예루살렘 교회는 바나바를 파송했는데 이것도 새로운 일이었다. 바나바가 사울을 찾아서 같이 동역한 것도 새로운 의미가 있다.

셋째: 통일성과 다양성의 운동

복음 운동은 하나의 전체 가운데 일부라는 것을 알아야 한다. 모든 복음 운동은 한 분이신 주님께서 행하시는 일이다. 흩어진 제자들과 구브로와 구레네 출신의 몇 사람, 그리고 바나바와 같은 여러 사람들을 통해 복음이 전파되고 사람들이 믿음에 굳게 서게 되었다. 그들 모두는 하나의 믿음을 가진 여러 사람들이었다.

결론(結論)

안디옥 복음 운동은 초대교회 복음 운동이 계속된 결과로 나타난 운동이었다.

제12장 야고보의 순교와 베드로의 투옥

❋ 고난의 의미(1–19)

하나님께서 교회와 함께하셨지만, 교회에 대한 핍박은 날로 계속되었다.

첫째: 강한 믿음으로 인도하는 하나님의 방법

교회는 여러 가지 시험을 만나더라도 온전히 기쁨으로 대할 수 있다. 왜냐하면 고난을 통하여 믿음의 시련이 인내를 만들어 내고, 인내를 온전히 이룰 때 온전하고 구비하여 조금도 부족함이 없는 믿음에 이르기 때문이다. 고난이 없으면 연약한 믿음이 될 수밖에 없기 때문에 강한 믿음을 위해 고난을 허락하셨다.

둘째: 기도하게 하는 방편

성도들의 간절한 기도는 역사하는 힘이 많다(약 5:16). 그렇기에 헤롯의 권세 앞에서 전혀 불가능한 것처럼 보이는 베드로의 석방을 위하여 기도하였다. 실로 교회의 특권 중 하나는 어려움을 당한 형제를 위한 간절한 중보기도다(딤전 2:1). 어려움을 당할수록 더욱 기도하게 된다.

셋째: 기쁨을 주시는 방편

석방된 베드로는 자신이 천사의 도움을 받아 기적적으로 석방되었음을 교회에 알리고 떠나 '다른 곳으로 갔다.' 참다운 믿음은 만용을 부리지 않는다. 믿음이 있다고 하면서 하나님을 시험하는 어리석음을 보여서는 안 된다. 하나님께서는 기적을 통해서도 역사하시지만 상식적인 지혜를 무시하지도 않으신다.

결론(結論)

지혜로운 자는 재앙이 오는 것을 보면 피하여 숨을 줄도 안다. 성도들에게 이 지혜가 필요하다.

제13장 선교사 파송

❋ 안디옥 교회의 선교(1-3)

안디옥 교회가 성령의 지시에 따라 최초로 파송한 선교사에 대해서 알아보자.

첫째: 안디옥 교회는 주를 섬기는 중에 금식했다

안디옥 교회는 무명 전도자들의 복음 전파로 세워진 교회였지만 성령께서는 이 교회에 선지자와 교사를 주셨다(엡 4:11). 그들은 주를 섬겨 예배를 드렸으며, 금식하면서 기도를 하였다. 예배를 드림으로써 교회는 성령께서 시키는 일에 순종할 수 있는 믿음을 갖게 되었다.

둘째: 성령께서는 그의 뜻을 밝히 말씀하셨다

성령께서는 바나바와 사울을 따로 세우라고 하셨다. 그들을 선택한 일은 성령께서 '이미 불러 시키는 일'을 위하여 지시하신 것이었다. 이처럼 교회는 선교의 일을 할 때에 독자적인 행동이 아니라 성령의 음성에 따라 순종해야 한다. 오늘날은 성경에 밝히 말씀하신 명령에 순종함이 마땅하다.

셋째: 성령의 음성을 듣고 그대로 순종하였다

성령께서 말씀하실 때에 안디옥 교회는 즉각적인 순종으로 응답하였다. 그 모든 일에 성령께서 인도하심을 믿고 순종하여 필요한 것들을 갖춰 보냈다. 선교 사역을 감당하는 오늘날의 모든 교회는 선교사를 위하여 기도할 뿐 아니라 사역에 필요한 모든 것들을 넉넉히 도와야 할 것이다.

결론(結論)

안디옥 교회가 선교를 위하여 금식하며 성령의 음성을 듣고 순종한 것을 본받아야 한다.

제14장 바울의 제1차 전도여행

❀ 1차 전도여행의 귀환(18-28)

바울과 바나바의 1차 전도여행이 더베를 마지막으로 귀환 길에 오른다.

첫째: 복음을 전한 도시들을 거쳐서 귀환했다

바울 일행이 더베에 이르기까지 거쳐 왔던 모든 도시들에는 그들을 핍박하고 죽이기까지 하려고 벼르던 유대인들이 많이 있었다. 바울은 루스드라에서 돌로 침을 당해 죽을 뻔했다가 살아난 경험도 있었다. 바울은 후에 "내가 한 번 돌로 침을 당했다"라고 회고한다(고후11:25). 생명을 건 전도여행이었다.

둘째: 교회를 돌보면서 귀환했다

편안한 길로 귀환할 수 있었는데도 위험이 도사리는 전도한 도시들을 거쳐 온 이유는 제자들의 마음을 굳게 하고 권면하며 교회의 직분자들을 세우기 위함이었다. 처음 방문했을 때에는 중심적인 진리들을 선포함으로써 사람들에게 믿음을 심어 주었다. 재차 방문한 이유는 진리가 온전한 열매를 맺도록 하기 위함이었다.

셋째: 파송한 교회로 귀환했다

안디옥 교회는 성령께서 바울과 바나바에게 맡기신 일들을 감당할 수 있도록 그들을 파송하고, 하나님의 은혜에 부탁하여 기도하던 교회였다. 바울과 바나바는 하나님이 함께 행하신 모든 일들과 이방인들에게 믿음의 문을 여신 것을 보고함으로써 1차 전도여행을 마감했다.

결론(結論)

1차 전도여행은 많은 위협의 연속이었지만 이에 굴하지 않고 많은 이방인들을 전도한 성과를 거두었다.

제15장 예루살렘 공의회

❋ 예루살렘 공의회(27-29)

본문은 예루살렘 공의회의 특징적인 면들을 우리에게 보여준다.

첫째: 성령과 함께 결정함

예루살렘 공의회는 모든 문제를 결정함에 있어서 인간적인 지식이나 경험에 바탕을 두지 않고 성령의 인도에 의존했다. 성령은 우리를 진리 가운데로 인도하시는 진리의 영이므로 그분의 인도에 의존할 때 그릇된 결정을 내리는 일이 없다. 교단이나 협의회들이 교회법이나 전통이 아니라 성령의 인도함을 받아야 한다.

둘째: 아무 짐도 지우지 아니함

예루살렘 공의회가 주 의제로 다룬 것은 이방 그리스도인들의 할례 문제였는데, 그들은 이방인에게 무거운 짐을 지우는 것이 옳지 못하다는 결론을 내렸다. 주께서 우리를 부르심은 짐을 지우려 하심이 아니라 쉼을 주시기 위함이다(마 11:28). 그리스도의 멍에 외에는 아무 짐도 지워서는 안 된다.

셋째: 멀리해야 할 것들을 지시함

성도로서 금해야 할 것들과 멀리해야 할 것들을 지시한 것은 그들로 이방인들 가운데서 거룩함을 보여 하나님께 영광을 돌리게 하기 위함이었다. 교회는 그리스도께서 분부하신 모든 것을 가르쳐 지키게 하도록 위임된 특별한 기관이다. 이 사명에 충실하도록 부지런히 힘써야 하겠다.

결론(結論)

교회와 교인들은 예루살렘 공의회를 본받아 인위적인 정치집단과 같은 인상을 풍기지 않도록 조심해야 한다.

제16장 바울의 제2차 전도여행

❀ 루디아의 신앙(6-15)

바울이 유럽 선교에서 얻은 첫 열매가 루디아였다. 루디아의 신앙에 대하여 생각해 보자.

첫째: 기도하는 사람이었다

13절에 "안식일에 우리가 기도처가 있는가 하여 문밖 강가에 나가"라고 하였다. 강가에 모인 것은 기도하기 위한 것이었다. 루디아는 안식일마다 강가에 나가 기도하였다. 루디아는 자주 장사였다. 그는 매우 바쁜 생활 중에서도 기도하였다. 이와 같은 기도가 유럽에서 제일 먼저 복음을 들을 수 있는 축복을 받게 했다.

둘째: 전도하는 사람이었다

15절에 "저와 그 집이 다 세례를 받고"라고 하였다. 즉 가족 전체를 믿게 하였다는 말이다. 가정은 축복의 산실이며 행복을 이루어 가는 기초적인 공동체이다. 그러므로 우리 기독교인의 가정이 주의 복음으로 하나 되는 것이 무엇보다 중요하다. 가정의 구성원 전체가 세례 받고 신자가 되도록 힘써 전도해야 한다.

셋째: 봉사하는 사람이었다

15절에 "만일 나를 주 믿는 자로 알거든 내 집에 들어와 유하라"라고 하였다. 루디아는 자기에게 복음을 전해 준 전도자들을 자신의 집에 영접하고 봉사하였다. 빌립보 교회는 루디아의 이와 같은 희생과 봉사 위에 세워졌다. 루디아와 빌립보 교회는 바울 일행이 떠난 후에도 바울에게 전도 비용을 보내며 봉사하였다.

결론(結論)

오늘날도 주를 위해 충성하는 여성도들의 눈물겨운 봉사로써 하나님의 나라는 확장되고 있는 것이다.

제17장 바울이 아덴에서 전도함

❁ 은혜 받으려면(10-15)

본문에서 우리는 하나님이 은혜를 받기 원하는 사람들의 마음을 발견할 수 있다.

첫째: 마음을 열어야 한다

여기서 신사적이란 말은 인격과 성품이 고상하다(morenoboe)는 뜻과 폐쇄적이지 않고 개방적인(more open minded) 태도를 지녔다는 뜻이다. 유대인들이 메시아 되신 예수님을 발견치 못한 것은 그들의 편견 때문이었다.

둘째: 간절한 마음을 가져야 한다

하나님의 복음은 그것을 귀히 여겨 간절히 사모하는 자에게 생명과 능력으로 임한다. 간절하지 않은 자들은 개나 돼지와 같이 복음의 귀중성을 모르는 자들이다. 그들은 자신들에게 보물이 주어진다고 할지라도 알지 못하는 자들이다. 그들에게는 복음의 은혜가 임할 이유가 없다(마 7:6)

셋째: 날마다 성경을 상고해야 한다

상고라는 말의 헬라어 '아나크리논테스'는 '묻는다', '조사한다'의 뜻으로서 계속하여 말씀을 보고 연구하는 상태를 가리킨다. 이처럼 베뢰아 사람들은 바울을 책잡기 위해서가 아니라 바울이 전한 복음을 바로 알고자 하는 심정으로 날마다 깊이 상고하였다. 이렇게 깊이 상고하는 자에게 하나님은 은혜를 주신다.

결론(結論)

우리는 마음을 열고 사모하는 마음으로 말씀을 깊이 상고하는 자가 되어야 한다.

제18장 바울의 제2차 전도여행 귀환

❀ 바울의 고린도 전도(1-11)

고린도는 이상적인 상업 요충지에 위치한 그리스의 오래된 도시이다.

첫째: 말씀에 붙잡혔다

고린도처럼 도덕적으로 부패한 도시에 교회를 건설한다는 것은 어려운 일이다. 더욱이 바울 혼자 고린도에 왔기 때문에 더더욱 힘든 일이었다. 그러나 말씀에 사로잡힌 바울은 복음을 전할 수밖에 없었다.

둘째: 예수를 그리스도라 증거했다

유대인들은 메시아의 약속을 받은 민족이다. 그러므로 메시아가 오셨다는 소식처럼 그들에게 기쁜 소식은 없다. 이 소식이야말로 유대 민족에게는 전무후무한 축복이요, 영광이다. 그러므로 바울은 유대인들에게 "예수는 그리스도다"라고 혀가 닳도록 외쳤다. 이것이 바울이 전한 전도 내용의 처음이며 나중이었다.

셋째: 하나님의 위로와 격려를 받았다

핍박 때문에 의기소침해질 수밖에 없던 바울에게 주님께서는 "두려워하지 말며"라는 말씀으로 놀라운 위로를 하셨다. 한 단계 더 나아가 "잠잠하지 말며"라고 명령하시고 계신다. 왜냐하면 주님께서 함께하시기 때문이다. 세상의 어떤 핍박도 예수를 증거하는 사람을 해칠 수 없다.

결론(結論)

우리도 날마다 말씀에 붙잡혀서 말씀으로 인도받고 말씀 위에 우리 신앙의 뿌리를 견고히 내리자.

제19장 에베소에서의 기적과 박해

❁ 새로운 시작(1-7)

가장 평범하게 보이는 바울의 에베소 방문은 그 지역에 놀라운 변화를 가져왔다.

첫째: 예수가 알려졌다

지금까지 그들은 오직 세례 요한에 머물러 있었다. 세례 요한의 세례를 받았지만 세례 요한이 근본적으로 누구를 증거했는지 알지 못했다. 따라서 그들은 지금까지 믿음을 가지고 있었지만 사실은 헛된 믿음이었다. 사도 바울은 이들에게 예수님을 전했다.

둘째: 성령이 임했다

에베소 사람들은 지금까지 성령이 있는지조차도 모르고 지냈다. 그러나 바울의 전도를 받고 예수 그리스도를 주라 시인할 때 그들에게도 성령이 임했다. 성령은 곧 능력이다.

셋째: 새 역사가 시작되었다

바울의 에베소 방문으로 놀라운 일이 시작되었다. 마치 불씨 하나가 커다란 집을 태우듯 바울의 방문이 에베소 전체를 변화시켰다. 많은 사람들이 주께 돌아오고 교회가 세워졌다. 바울의 복음 전파에 의한 교회의 새 역사다.

결론(結論)

복음은 변화시키고 새롭게 하며 새 역사를 이루는 시작이요 능력이다. 복음을 전해야 한다.

제20장 바울의 제3차 전도여행

❁ 계속되는 바울의 사역(1-6)

본문은 계속되는 사도 바울의 복음전파 사역을 언급하고 있다.

첫째: 바울의 소원

바울은 따뜻한 사람이었기 때문에 세운 교회들을 적어도 한 번은 더 방문하고 싶었다. 가서 말씀으로 자란 모습을 확인하고 약한 부분을 세워 주고 싶었다. 그 모든 교회를 돌보는 일은 그의 가장 무거운 짐이면서도 가장 큰 기쁨이기도 했다.

둘째: 바울의 기쁨

바울은 디도가 가져온 소식을 접하고서 기뻐하였다(고후 7:5-7). 고린도 교회의 형편에 대해 회개하고 서로 화해하며 격려를 받을 만하다고 보고하였다(고후 7:9-12). 이 보고에 바울은 크게 기뻐하며 고린도로 디도 편에 다시 편지(고린도후서)를 보냈다.

셋째: 바울의 방문 목적

바울은 여러 교회를 방문할 때 두 가지 목적을 마음에 두고 있었다. 성도들을 격려하고 강하게 하여 그들을 주님 앞에 진실하게 서게 하고, 효과적인 증인들이 되게 하는 것이 주된 목적이었다. 또 하나는 예루살렘에 있는 궁핍한 신자들을 위한 모금을 위해서였다(롬 15:25-27; 고전 16:1-9; 고후 8-9장).

결론(結論)

많은 위험과 역경 속에서도 중단하지 않는 바울의 사역을 본받아야 한다.

제21장 환난 중의 바울

❀ 바울의 의지(7–16)

선교사는 자기 의지보다 성령에 매인 대로 갈 뿐이다.

첫째: 가이사랴에 도착한 바울

사도 바울은 두로를 떠나 중간 항구인 돌레마이에 이르러 그곳 믿음의 형제들과 하룻밤을 지내고 다시 출발하여 가이사랴 항구에 도착하였다. 그곳에는 일곱 집사 중 한 사람이요, 구스 내시에게 전도한 성령의 사람 빌립과 그의 네 딸이 있었다. 그는 예루살렘의 박해를 피해 이곳에 정착하였다.

둘째: 아가보의 예언

바울이 빌립 집사의 집에 있는데, 유대로부터 아가보라 하는 형제가 내려왔다. 그는 항상 성령의 충만함을 받고 예언하는 사람인데 글라우디오 때에 천하에 큰 흉년이 들리라고 예언한 것이 적중하여 많은 사람들을 놀라게 했다. 그는 바울이 예루살렘 당국에 결박당할 것을 예언했다.

셋째: 바울의 불변의 의지

아가보가 성령으로 하는 말을 들은 모든 사람들은 바울에게 예루살렘에 가지 말 것을 눈물로 극구 만류하였다. 그러나 바울이 의지는 조금도 흔들림이 없었다. 오히려 "어찌하여 울어 내 마음을 상하게 하느냐 나는 주 예수의 이름을 위하여 결박 받을 뿐 아니라 죽을 것도 각오하였노라"(13)라고 하며 강한 의지를 표명하였다.

결론(結論)

바울은 선교사역에 대한 불굴의 의지로 박해가 있는 곳이라도 직행하였다.

제22장 바울의 설교와 민중의 반발

❀ 바울의 소명(2–11)

소명에 대한 올바른 이해와 인식이 필요하다. 바울이 가졌던 소명 의식을 가져야만 변절자가 되지 않는다.

첫째: 철두철미한 유대인이었던 바울

바울은 철저한 유대인이었으며 이에 관해서는 유대의 지도층에 있는 사람들도 모두 인정할 수밖에 없었다. 문벌이나 학벌, 종교에 대한 신앙 및 열정 등 어느 하나 흠잡을 것이 없는 모범적인 유대인이었다. 자기 생활에 충실한 사람이라야 그분의 부르심에도 충실할 수 있다.

둘째: 특별한 방법으로 부르심(6–9)

하나님께서 당신의 일꾼들을 부르시는 방법은 참으로 신비스럽다. 하나님께서는 다메섹에서 직접적이고도 초자연적인 사건을 통해 바울을 부르셨다. 모든 것을 밝히 아시는 그분께서 가장 적합한 방법으로 부르시기 때문에 우리는 다만 그분의 이름을 높이고 찬양할 뿐이다.

셋째: 사명을 위해서 부르심(10)

주의 부르심에는 반드시 사명이 따른다. 일을 맡기기 위해서 부르시는 것이다. 예수께서 바울을 부르신 이유는 이방인의 사도로 세우기 위함이었다. 많은 이방 세계에 복음을 증거하는 사명을 맡기기 위해서다. 따라서 우리는 나를 부르신 그분의 뜻을 이해하고, 부르심에 합당하게 행하도록 힘써야 한다.

결론(結論)

주께 받은 직분을 소홀히 하지 않고 소명의 의미를 바로 알아 주를 위해 충성하자.

제23장 바울이 가이사랴로 호송됨

❋ 증거자 바울(11)

바울은 복음 증거자로 부름 받았고 주님의 말씀에 순종하여 증거자로서의 사명을 감당했다.

첫째: 이방을 위한 전파자

"이 사람은 내 이름을 이방인과 임금들과 이스라엘 자손들에게 전하기 위하여 택한 나의 그릇이라"(행 9:15). 바울은 이방의 여러 나라에 복음을 전했다. 지금까지 3차나 되는 전도 여행을 하면서 가는 곳마다 복음을 전하고 개척 교회를 세우는 증거자의 사명을 잘 감당했다.

둘째: 담대한 전파자

바울은 예루살렘에서 환난과 결박이 기다린다는 여러 사람의 간곡한 만류를 뿌리치고 주 예수께 받은 사명을 감당하기 위해서 고난의 길을 망설임 없이 걸어갔다. 그는 일사각오의 신앙으로 수많은 박해자들 앞에서 담대히 복음을 전파했다.

셋째: 세계를 향한 전파자

바울은 당시 전 세계를 지배하고 있는 로마에 가서 복음을 전하겠다는 꿈을 가지고 있었다. 그는 그 꿈을 이루기 위하여 기도했고 하나님은 그의 꿈을 이루어 주셨다. 그런데 그는 불행하게도 쇠사슬에 묶여서 죄수의 몸으로 가게 되었다. 그러나 그는 시위대와 가이사의 집 사람들에게, 만나는 사람마다 복음을 전했다.

결론(結論)

바울은 로마에서 순교하는 그 순간까지 최선을 다해 복음을 전파하는 증거자의 사명을 다 감당했다.

제24장 벨릭스가 바울을 심문함

❀ 하나님의 보호하심(23-27)

예수께서 말씀하신 고난의 예언이 이제 바울에게 응하였고 하나님의 도우심의 약속도 이루어졌다.

첫째: 바울에 대한 유대교도의 불법적인 고소

유대인들은 바울을 이단죄와 신성모독죄로 고발했다(24:5,6). 그러나 총독 베스도가 말한 대로 바울에게는 죄가 없었다(25). 따라서 재판은 오히려 바울의 무죄를 명백히 입증하는 자리가 되었다. 이를 통해 바울의 무죄와 더불어 유대교권주의의 간악함이 여실히 드러났다.

둘째: 무죄한 자의 죄목을 찾고자 하는 로마 정권

이날의 재판정은 정식 재판도 아니면서 재판의 성격을 띤 그런 재판정이었다. 그들은 단순히 바울의 죄목을 정하기 위한 목적을 가지고 있었다. 그리스도인은 세상에서 살아갈 때 이유 없는 모략을 당하기 일쑤다. 그러나 믿음의 주요 또한 온전케 하시는 이인 예수를 바라보며 인내해야 한다.

셋째: 이 재판에 대한 하나님의 불가사의한 섭리

이 불법적인 재판의 참된 목적이 무엇이겠는가. 그것은 법 측면에서는 찾아볼 수 없다. 오직 바울을 로마 선교사로 보내기 위한 하나님의 불가사의한 섭리였다. 하나님은 성도가 불법적으로 당하는 고난을 외면하지 않으시고 오히려 선으로 바꾸신다.

결론(結論)

무죄한 바울의 죄목을 찾기에 고심하는 재판에서 우리는 하나님의 깊은 선교의 섭리를 깨닫게 된다.

제25장 베스도가 바울을 심문함

❁ 베스도의 재판(6–12)

바울은 신임 총독 베스도에게 재판을 받게 된다. 이 재판은 유대인의 바울에 대한 증오의 현장이었다.

첫째: 유대인들의 송사

바울의 변명으로 보아(8,10,11) 유대인들의 바울에 대한 송사는 무책임하고 악의에 가득 찼다는 것을 알 수 있다. 예수께서도 이 극렬한 송사에 의해 십자가에 달리셨고 스데반도 이 송사에 의해 돌에 맞아 순교당했다(마 27:23-35; 행 7:57, 58). 이제 똑같은 방법으로 바울에 대한 송사가 진행되고 있다.

둘째: 바울의 항소

바울은 여기서 자신의 무죄를 변명했다. 그는 율법을 폐하지도 않았고 성전에서도 결례를 따랐고 가이사에 대해서도 무죄하다고 담대하게 변명했다(8). 로마 시민권을 가진 바울은 지방 재판에 대한 불공정을 로마 황제에게 직접 상소할 수 있었다. 이 상황이 바울로 하여금 로마에 가서 복음을 증거하게 하는 하나님의 뜻이었다.

셋째: 상소한 바울의 요청의 수용

당시 세계의 중심이었던 로마에 가서 복음을 전파하게 하실 하나님의 섭리가 그렇게 결정되도록 한 것이다(행 23:11). 하나님은 베스도의 마음을 움직여서 바울을 로마로 보내도록 하셨다. 당시 세계의 중심인 로마에 복음을 전한다는 것은 세계 복음화의 첩경이었으므로 이와 같은 바울의 요청이 수용된 것은 하나님의 섭리였다.

결론(結論)

바울은 자신에 대한 살인 공모 현장이나 다름없는 재판을 복음 전파의 열정과 믿음으로 대처하였다.

제26장 아그립바 왕 앞에 선 바울

❀ 회심케 하심(13–18)

본문은 아그립바 왕 앞에서 바울이 예수를 통하여 그리스도인으로 회심하게 된 경위를 간증하고 있다.

첫째: 회심의 방법(13–15)

인간을 회심케 하는 하나님이 사역은 사람에 따라 다르게 나타난다. 바울의 회심은 하나님의 초자연적 역사로 이루셨다. "보니 하늘로서 해보다 더 밝은 빛이…둘러 비추는지라"(13). 해보다 더 밝은 빛으로 바울을 굴복시키고 그의 삶과 잘못과 고뇌를 잘 알려주신 주의 음성이 있었다.

둘째: 회심의 목적

그것은 새로운 임무를 부여하시기 위함이었다. 이 순간부터 바울은 복음의 핍박자에서 복음의 선교사로, 유대교인에서 그리스도인으로, 유대교의 랍비에서 그리스도교의 사도로 세우심을 받았다. 모든 그리스도인은 주님을 만나는 순간부터 전도자로서의 새로운 임무를 부여받게 되며 위대한 삶이 시작된다.

셋째: 회심의 결과

회심의 방법은 사람에 따라 다르나 결과에 있어 공통점이 있다. ① 전에 보지 못하던 것들을 보는 신령한 눈이 열린다. ② 빛을 향해 걸어감으로 암흑으로부터 광명으로 옮겨지게 된다. ③ 사단의 지배로부터 하나님의 자녀로 옮겨진다. ④ 죄의 용서함을 받고 다른 성도들과 함께할 자격이 주어진다.

결론(結論)

모든 성도들은 바울과 같이 회심 후 쓰임 받는 것이 가장 가치 있는 삶임을 기억해야 할 것이다.

제27장 바울이 로마로 호송됨

❆ 험난한 뱃길(1–8)

본문은 바울이 로마로 가는 험난한 뱃길을 통하여 주의 일을 하는 데 따르는 어려움을 교훈하고 있다.

첫째: 신앙의 길은 어렵다

어떤 사람의 길은 평탄한 데 비해 어떤 사람의 길은 험난한 것이 세상이요, 인생이다. 특별히 의와 진실을 추구하는 신앙인의 길이 험난한 경우가 많다. 풀무에서 정금이 연단되듯이 험난한 길로 인하여 그들의 진가가 드러난다. 바울은 이 길을 통해서 세계의 관문인 대 로마 제국에 신앙의 불을 일으킬 수 있었다.

둘째: 하나님의 방법

로마에 가서 복음을 전하도록 위임받은 바울은 죄수의 신분으로 로마를 향해 출발했다. 하나님께서는 그를 로마로 옮기실 때 죄수의 신분으로 군대의 보호 아래 로마에 가도록 준비하셨다. 언뜻 보기에 그것은 잘못된 방법 같으나 그분의 방법은 옳고 완전하다. 바울이 효과적으로 사역할 수 있는 길을 마련해 주신 것이다.

셋째: 험난한 뱃길이 예고됨

로마로 가는 길은 출발부터 순조롭지가 못했다. 연단 없이는 위대한 일에 도전하지 못한다. 우리가 어떤 위대한 목표에 도전할 때 출발부터 어려움에 직면할 수 있으나 실망할 필요는 없다. 고난의 파도를 타고서 영광에 이르는 법이다. 뱃길은 험난해도 우리의 배에는 하나님이 함께하셔서 안전하다.

결론(結論)

우리를 인도하시는 그분의 방법이 납득하기가 어려울지라도 불평하거나 원망하지 말고 감사하도록 하자.

제28장 바울의 로마 항해

❁ 로마로 가는 길(7–15)

도달해야 할 목표가 크고 원대한 것일수록 그만큼 장애물도 많은 법이다. 바울이 로마로 가는 길은 참으로 멀고도 험했다. 하지만 이제 그 모든 어려움이 극복되고 순탄하게 목적지에 도달하는 광경을 볼 수 있다.

첫째: 멜리데 섬에서 하나님의 능력이 역사함

바울은 멜리데 섬에 머무는 동안 그곳에 있는 많은 병자들을 안수하여 고쳐 주었다. 이것은 그곳에 주의 복음도 함께 전해졌음을 의미한다. 풍랑으로 인한 고통은 컸지만 바울은 이로 말미암아 배에 있던 사람들은 물론 멜리데 토인들에게까지 생명의 복음을 전하게 되었다. 우리는 우리가 만나는 삶의 모든 정황 속에서 하나님의 오묘하신 섭리를 깨닫고 그분의 뜻에 부응하는 삶을 살도록 힘써야 하겠다.

둘째: 순풍을 타고 로마로 감

로마로 가는 남은 길은 순탄했다. 그는 아무 어려움도 만나지 않고 로마에 들어갔으며, 주 안에서 형제 된 그리스도인들의 따뜻한 영접을 받고 담대한 마음을 얻게 되었다. 하나님께서는 우리 중 누구도 고독한 싸움을 하게 두지 않으신다. 어디든지 우리의 동역자들과 협력자들이 있으므로 우리는 항상 그분의 부르심에 감사하며 최선을 다하도록 힘써야 한다.

결론(結論)

우리의 인생에 따르는 어떤 시련도 하나님을 신뢰하고 믿음으로 견디면 충분히 극복할 수 있으며, 우리가 원하는 최종 목적지에 도달할 수 있다.

로마서

서론

<table>
<tr><td>주 제</td><td colspan="2">구원의 전 과정에 대한 바른 교리</td><td>저 자</td><td>바울</td><td>기록장소</td><td>고린도로 추정</td></tr>
<tr><td>기록연대</td><td colspan="2">A.D. 57년경. 예루살렘 방문을 준비할 무렵</td><td>대 상</td><td colspan="3">로마 교회의 그리스도인들</td></tr>
<tr><td>대 지</td><td colspan="4">의의 계시</td><td>의의 정당성</td><td>의의 실천</td></tr>
<tr><td rowspan="2">구 분</td><td colspan="6">1:1 1:8 3:21 6:1 9:1 12:1 16:27</td></tr>
<tr><td>서론</td><td>전 인류의 죄</td><td>칭의</td><td>성화</td><td>이스라엘의 과거와 미래</td><td>성도의 생활의무</td></tr>
<tr><td>배 경
(장소,시대)</td><td colspan="6">고린도/A.D. 57년경</td></tr>
<tr><td>요 절</td><td colspan="6">"그러므로 이제 그리스도 예수 안에 있는 자에게는 결코 정죄함이 없나니"(8:1)</td></tr>
</table>

로마서 이해

제3차 전도 여행이 끝날 무렵인 A.D. 57년경, 사도 바울은 고린도에 석 달을 머무르는 동안 복음의 씨앗이 떨어져 교회는 세워졌지만 사도(使徒)들로부터 직접적인 가르침을 받지 못한 로마 교회에 기독교 신앙의 기본 교리(敎理)를 체계적으로 설명해 줄 필요성을 느꼈다. 더군다나 로마는 당시 세계를 주름잡던 로마 제국의 수도였기에 그곳에 기독교 신앙을 체계화한 문서를 전달한다는 것은 세계 복음화(世界福音化)를 위한 교두보를 확보하는 것이었으므로 바울에겐 반가운 일이었을 것이다.

편지라기보다는 일종의 논문이라 할 수 있을 만큼 매우 체계적으로 구성되어 있는 로마서는 크게 두 부분으로 나뉜다. 전반부인 1-11장은 구원의 필요성과 방법 및 과거, 현재, 미래에 걸쳐 삼중적으로 성취되어 가는 구속사의 전 과정을 중점적으로 설명하고 있으며, 후반부인 12-16장은 앞에서 해석된 구원의 도리에 입각하여 성도로서, 또 하늘나라의 시민으로서 경건하고 진실된 삶을 실천할 것을 권면하고 있다.

요컨대, 로마서는 인류의 구원이 왜 필요하고 그 길은 어떻게 마련되었으며, 그 구원이 궁극적으로는 어떻게 이루어지는지, 그리고 그것을 소유한 자의 삶은 어떠해야 하는지 등 예수의 구속 사역에 관련된 기독교 교리상의 전반적인 문제를 폭넓게 다루고 있다.

로마서를 쓴 바울은 과거 가말리엘 문하에서 율법을 배웠으며 유대교와 헬라 지식 등으로 인해 엘리트 의식에 사로잡혀 있었다. 이러한 그가 예수를 직접 만나고 나서 인본주의적 사고방식이 깨어졌다. 이처럼 그가 직접 체험한 참 신앙의 진리와 이전에 닦아 놓은 박식한 지식이 결합되어 빚어진 로마서는 '바울 복음서' 또는 '성경의 다이아몬드'라는 별명을 얻고 있다.

로마서를 대할 때 무엇보다도 우리는 저자인 바울 자신이 그랬듯이 인간에 대한 하나님의 위대하고도 섬세한 구원 계획을 발견하고 크게 놀랄 것이다. 그리고 그분의 원대하신 구원 사역의 대상에 우리 자신이 포함되어 있다는 사실을 깨닫게 될 것이다. 그리고 그로 인해 감사함과 경외함으로 그분 앞에 무릎을 꿇게 될 것이다. 뿐만 아니라 우리를 구속하기 위해 당신의 몸을 바치신 하나님의 독생자 예수 그리스도를 위해 우리의 삶을 하나님이 기뻐하시는 거룩한 산 제사로 바칠 것을 조용히 결단하게 될 것이다.

기록 목적

로마서의 수신자는 소수이지만 중요한 비중을 차지하고 있던 유대인들과 로마에 있는 성도들이었다(롬 1:7). 당시 로마에는 사도들에 의해 세워진 교회가 없었으며, 성도들이 자발적으로 모여 교회를 이루고 신앙생활을 하고 있었다. 로마 교회가 사도 바울이나 베드로에 의해 세워지지 않았다는 것은 분명한 사실이다(롬1:10-15, 15:20-25). 로마 교회는 A.D. 49년 이전에 세워졌을 것으로 추정되는데, 이때 베드로는 예루살렘 공의회(A.D. 50년 쯤)가 열리는 예루살렘에 있었다. 만일 카톨릭 교회가 주장하는 대로 베드로가 로마 교회를 세웠다면 바울이 로마서를 쓰면서 어떤 방식으로든 베드로의 이름을 언급했거나 아예 서신을 보내지 않았을 것이다. 로마 교회의 성도들은 사도들로부터 직접 가르침을 받을 기회가 적었을 뿐만 아니라 교회 구성원인 유대인과 이방인 사이에 상당한 긴장이 있었던 것으로 추정할 수 있다. 따라서 바울은 구원에 관한 기본적인 교리들(구원의 필요성, 칭의와 성화, 성도의 삶)과 주요한 주제들(복음과 율법, 아브라함의 중요성, 이스라엘의 미래)을 다룸으로써 구원은 율법이 아닌 믿음으로 받는 것이며 구원받은 성도들이 어떻게 살아야 할 것인가를 구체적이고 체계적으로 일깨우고 있다. 덧붙여 앞으로 서바나(스페인) 선교를 준비하기 위해 로마에 방문할 계획에 대해 언급하고 있다(롬 1:10-15, 15:22-29).

기록 배경

바울은 56년에 로마서를 썼는데 이 시기는 A.D. 35년에 예수님을 영접한 후 복음을 전하기는 했지만 아직 로마에 가지는 않았던 때였다. 그는 로마서를 쓰기 전 약 10년 동안 지중해 지역 전체를 다니며 교회를 세웠다. 로마서를 쓸 당시도 3차 전도 여행이 거의 마무리 단계에 있었기 때문에 로마서는 바울이 복음을 깊이 이해하고 쓴 것이라고 볼 수 있다. 로마 교회는 원래 다른 그리스도인들이 세운 교회였으며(그들이 누구인지 구체적으로 알려진 바는 없지만 행 2:10에는 '로마로부터 온 나그네'라고 기록되어 있다) 바울은 전도 여행을 다니던 중 여러 로마 교회 성도와 알고 지내게 된 것 같다(16:3-15).

내용 분해

서론 1:1-17

A. 바울의 신분 1:1-7

B. 로마에 들르고 싶은 바울의 간절한 마음 1:8-15

C. 복음 요약 1:16, 17

I. 모든 사람이 죄를 지음 1:18-3:20

A. 이방인들은 하나님을 알았지만 거부함 1:18-32

B. 유대인들은 하나님의 율법을 가졌지만 의롭지 못함 2:1-29

C. 하나님만이 모든 인간을 심판하시는 의로운 분이심 3:1-20

Ⅱ. 오직 믿음으로 의롭다 함을 받음 3:21-5:21

A. 그리스도의 대속적 죽음으로 하나님의 의가 나타남 3:21-26

B. 오직 믿음으로 의롭다 함을 받음

C. 행위로가 아니라 믿음으로 의롭다 함을 받은 아브라함 4:1-25

D. 일단 믿음으로 의롭다 함을 받고 나면 고난 중에도 승리할 수 있음 5:1-11

E. 아담의 죄로 인해 죽을 수밖에 없는 인간이 그리스도의 순종으로 인해 영생을 얻음 5:12-21

Ⅲ. 그리스도인의 삶에서 의를 실천하기 6:1-8:39

A. 그리스도인의 삶에서 죄를 극복하기 6:1-23

B. '율법'이라는 무력화된 법 세계 7:1-6

C. 율법은 우리로 순종하게 해 주지 못함 7:7-25

D. 성령의 능력을 따라 살 때 하나님의 의를 이룰 수 있음 8:1-17

E. 온전한 구속을 갈망함 8:18-25

F. 고난 속에서도 도우시고 확신을 주심 8:26-39

Ⅳ. 하나님과 이스라엘 9:1-11:36

A. 이스라엘은 신실하지 못했지만 하나님은 의로우심 9:1-33

B. 이스라엘은 스스로 복음을 거부함 10:1-21

C. 이스라엘 중 남은 자들이 있고 장차 이스라엘에게 온전한 구원이 임할 것임 11:1-32

D. 하나님의 무궁하신 지혜를 찬양함 11:33-36

Ⅴ. 실제적인 적용 12:1-15:13

A. 너희 몸을 산제사로 하나님께 드리라 12:1, 2

B. 영적인 은사 사용 12:3-8

C. 믿는 자와의 관계 12:19-13

D. 믿지 않는 자와의 관계 12:14 21

E. 권세와의 관계 13:1-7

F. 사랑의 법 13:8-14

G. 사소한 문제와 관련한 관용과 사랑 14:1-23

H. 서로 돌아보라 15:1-13

Ⅵ. 바울이 처한 상황 15:14-33

A. 바울의 사역 15:14-22

B. 바울의 계획 15:23-33

Ⅶ. 개인적인 안부 인사 16:1-24

Ⅷ. 축도 16:25-27

| 장별 핵심 메시지 |

제1장 바울의 관심사

❋ 바울과 전하는 복음(1–7)

로마서의 저자인 사도 바울은 자신의 소개와 함께 편지의 핵심 설명으로 시작한다.

첫째: 바울은 예수 그리스도의 종이다

여기서 종은 당시 로마 시대에 흔히 있었던 '노예'로 설명할 수도 있지만 오히려 하나님과 아들과의 관계로 비교하는 것이 합당할 것이다. 바울은 하나님의 아들이며 종이었다. 그 역시 예수께서 하나님의 아들이지만 하나님의 뜻에 기꺼이 순종하는 종이 된 것처럼(빌 2:7-8) 감사와 감격으로 주를 위해 헌신했던 것이다.

둘째: 바울은 사도로 택정함을 받은 자다

사도란 '보내심을 받은 자'라는 뜻으로서, 바울은 하나님의 복음을 위해 택정함을 받은 자이다. 그 경위가 사도행전 9장에 상세히 기록되어 있는데 특히 9장 15절에는 "주께서 가라사대 가라 이 사람은 내 이름을 이방인과 임금들과 이스라엘 자손 앞에 전하기 위하여 택한 그릇이라"라고 그의 사역 내용을 말하고 있다(엡 3:7).

셋째: 약속된 예수 그리스도를 전하였다

창세기 3장 15절의 '여인의 후손'이라는 예수 그리스도에 대한 첫 약속 이래 "육신으로는 다윗의 후손으로 나셨고"라는 본문은 사무엘상 7장 12절의 예언이다. 그리스도는 영으로 그의 생애가 하나님의 아들로 인정된 예수 그리스도이시다. 그가 하나님의 아들이라는 것은 인류의 죄를 대속하시고 죽으셨다가 다시 부활하심으로 입증되었다.

결론(結論)

부르심의 은혜는 그저 주시는 선물이며 평강은 그 은혜의 결과로 누리는 복이다.

제2장 유대인의 죄악과 심판

❀ 특권과 책임(17–29)

오늘의 본문은 유대인이 가지는 특권과 책임의 관계를 교훈하고 있다.

첫째: 유대인의 특권

유대인들은 선민의 특권을 자랑하고 있었다. 그들은 "율법을 의지하며 하나님을 자랑하며 율법의 교훈을 받아 하나님의 뜻을 알고 지극히 선한 것을 좋게 여기며…율법에 있는 지식과 진리의 규모를 가진 자"로 자처하고 있었다. 사도 바울은 유대인의 특권을 모두 인정하고 그들의 말을 그대로 지칭하고 있다.

둘째: 율법을 거스른 죄

이처럼 유대인의 특권을 전제한 사도 바울은 그들의 가증한 소행을 지적한다. 본문 21-24절에 구체적인 실증이 있는데 도적질, 간음, 우상숭배 순으로 죄의 내용이 고조되어 있고, 율법을 거스른 죄를 짓되 물질적인 것에서 윤리적인 것, 그다음으로 하나님과의 관계인 우상숭배의 큰 범죄로 나타난다.

셋째: 신앙인의 표지

유대인들은 할례를 받은 것으로 신앙인의 표지를 삼고 할례를 못 받은 이방인에게 인색했다. 그러나 사도 바울은 외면적인 할례는 육체적인 표지에 불과하며 내적인 은혜의 할례가 필요하다고 했다. 여기서 우리는 신앙인의 참된 표지는 외형적인 변화가 아니라 성령으로 거듭난 믿음의 증거가 있어야 함을 생각하게 된다.

결론(結論)

특권은 책임을 항상 수반한다. 성도는 예수를 소유한 자로서 빛과 소금의 역할을 해야 한다.

제3장 믿음으로만 의롭다 함을 얻을 수 있음

❀ 이신득의(19–31)

믿음으로 의롭다 함을 얻음이 로마서의 주제이다. 본문은 이신득의의 필요와 전제, 적용들을 제시한다.

첫째: 이신득의의 필요성

인류는 행위로는 율법 아래 있기 때문에 하나님의 심판 대상이다. 그 사실을 율법이 증언하고 있는데 이는 율법의 기능이 죄를 깨닫게 하는 것이기 때문이다. 갈라디아서 3장 24절에 "이같이 율법이 우리를 그리스도에게로 인도하는 몽학 선생이 되어 우리로 하여금 믿음으로 말미암아 의롭다 함을 얻게 하려 함이니라"라고 말씀한다.

둘째: 이신득의의 전제

믿음으로 의롭다 함을 얻을 수 있게 하는 것은 하나님께서 율법 외에 다른 한 법을 만든 것이 전제된다. 23-24절에 그리스도 예수 안에 있는 구속으로 말미암아 하나님의 은혜로 값없이 의롭다 하심을 얻은 자가 되었다고 말씀하고 있다. '여기서 의롭다 하심'의 뜻은 '무죄를 선언하다'는 의미로 인간의 유일한 구원을 말한다.

셋째: 이신득의의 적용

27절에 "그런즉 자랑할 데가 어디뇨 있을 수 없느니라"고 했다. 하나님은 그리스도의 십자가의 희생으로 화목제를 삼으시고 그 구속의 은혜를 받는 길로는 믿음만을 요구하신다. 그러므로 믿음으로 의롭다 하심을 얻은 그리스도인에게는 그 어떤 자랑도 있을 수 없고 다만 감사만이 있을 뿐이다.

결론(結論)

믿음으로 받은 구원의 은혜는 모든 사람들에게 동일하게 적용되는 것이다.

제4장 아브라함의 신앙과 칭의

❁ 아브라함의 의(9–23)

아브라함은 우리가 이스라엘과 혈통적으로 전혀 관계가 없음에도 우리와 긴밀하게 관련지어진 인물이다.

첫째: 믿음으로 된 의

아브라함의 의는 율법의 행위로 말미암은 것이 아니라 믿음으로 된 의이다. 성경은 이에 대해 "아브라함이 여호와를 믿으니 여호와께서 이를 그의 의로 여기셨다"라고 증거한다. 사람이 의롭게 되는 것은 율법의 행위가 아닌 믿음으로 된다. 예수를 믿음으로만 의롭게 될 수 있으며, 여기에는 아무 차별도 없다.

둘째: 무할례 시에 받은 의

그가 하나님께로부터 의롭다 하심을 받은 것은 무할례 시였다. 그가 할례를 받은 것은 믿음으로 된 의를 인친 것일 뿐이었다. 유대인들이 할례가 마치 구원의 조건인 양 여겼던 것은 할례의 의미를 곡해했기 때문이었다. 그것은 하나님과 이스라엘 사이의 언약에 대한 상징적 표징일 뿐 의롭게 되는 것은 믿음으로만 가능하다.

셋째: 모든 민족의 조상

아브라함은 히브리 민족의 조상이라는 역사적 사실 이외에도 성경에서 매우 특별한 위치를 점하고 있다. 아브라함은 할례자나 무할례자 모두의 조상, 즉 그리스도를 믿는 모든 사람들의 조상이다. 우리는 그와 혈통적으로는 무관함에도 믿음을 공유함으로 그의 자손이 되어 그에게 약속된 모든 축복에 참여할 수 있게 되었다.

결론(結論)

우리들도 아브라함의 신앙을 본받아서 성도로서 합당한 믿음의 열매를 맺으며 살아가야 한다.

제5장 믿음으로 의롭게 됨과 그 결과

❀ 삶과 죽음의 교차로(12-21)

인생은 끊임없는 도전이요, 선택이라고 할 수 있다. 도전과 선택은 인생 성패의 중요한 요소이다.

첫째: 아담 이후 모든 사람이 죄 아래 있게 됨

아담의 불순종으로 말미암아 모든 사람은 자신의 의지와 관계없이 그와 함께 죄 아래 있게 되었으며, 사망의 지배를 받게 되었다. 우리는 죄의 무서움을 잘 알고 있다. 그것은 하나님과의 교통을 단절시키는 거대한 장애물이며, 이 세계의 어떤 힘으로도 제거하지 못한다. 인간은 죄를 해결할 수 없다.

둘째: 예수 그리스도 안에서 의롭다 하심을 얻음

사람이 의롭게 되는 길, 죄의 문제에 대한 해답은 하나뿐이다. 즉 예수께서 해답이 되신다. 인류가 해결해야 할 시급하고도 심각한 과제가 죄의 문제인데, 그리스도 밖에서는 불가능하다. 과학의 발달이나 문화의 진보를 꾀하기 전에 먼저 해야 할 일은 죄의 문제를 해결하는 것이며 그 길은 예수뿐이다.

셋째: 믿음은 승리가 보장된 도전과 선택임

사망과 생명의 교차로에 선 모든 사람이 성공과 승리를 위해서 도전하고 선택해야 할 유일한 길이 믿음이다. 믿음으로 의롭게 되고, 믿음으로 하나님께 나아가며 그분을 기쁘시게 한다. 믿음은 바라는 것들의 실상이요 보지 못하는 것들의 증거니 선진들이 이로써 증거를 얻었다(히 11:1).

결론(結論)

삶과 죽음은 간발의 차이다. 불순종과 순종이라는 차이뿐이다. 잘 통과하자.

제6장 칭의로 새로 난 자의 신분

❁ 하나님의 확실한 사랑(6–11)

본문에서 바울은 하나님의 사랑에 대한 적극적인 진술을 하며 그것에 대한 해석을 붙이는데, 특별히 6절은 요한복음 3장 16절에 대한 사도 바울의 주석이라고 볼 수 있다.

첫째: 하나님의 사랑의 모습

하나님은 우리가 아직 죄인 되었을 때에 우리를 사랑하셨다. 이 사랑은 죄인을 사랑하시는 사랑이요, 하나님께서 우리를 참으로 사랑하심을 실제로 나타내신 사랑이었다. 이 사랑을 구체적으로 표현한다면 하나님의 사랑은 예수 그리스도를 우리에게 보내신 것이며, 사랑의 절정은 십자가의 죽으심이라 할 수 있다. 그리스도의 죽으심으로 이미 우리의 모든 죗값을 다 지불했기 때문에 의로울 수 있다.

이것이야말로 하나님의 구체적인 사랑의 표시이다.

둘째: 하나님의 사랑하심의 결과

① 하나님과 화목하게 하여 하나님 앞에서 기뻐하고 즐거워하며 살게 해 주셨다. ② 성령이 내주하게 하셔서 하나님을 아버지라 부르는 하나님의 자녀가 되게 해 주셨다. ③ 내주하시는 성령으로 말미암아 우리로 그리스도의 몸이 되게 하셨다. 그리스도의 몸이 그리스도의 교회요, 그리스도의 교회가 새 인류인 것이다. 새 인류는 하나님의 구원 사역 목표이며 하나님은 새 인류를 통하여 찬송과 영광과 감사를 받으신다.

결론(結論)

하나님의 사랑은 우리가 아직 죄인 되었을 때 시작하셨으며 그리스도를 통하여 하나님의 자녀가 되는 사랑을 주셨다.

제7장 율법과 죄악의 관계

❋ 율법의 사역(7-13)

본문에서 바울은 율법의 이율배반성을 다루고 있다. 이러한 율법의 사역은 무엇인지 살펴보자.

첫째: 율법은 죄를 정한다

바울은 율법이 없으면 죄가 죽은 것이요 가시적으로 나타나지 않는다고 말한다. 즉 율법이 어떤 일을 죄로 정하기 전에는 사람은 그것이 죄라는 것을 알지 못하는데 율법이 죄를 드러내어 알게 한다는 것이다. 율법은 우리의 내적인 사람을 드러내며 우리의 더러움을 드러내는 거울과 같은 것이다(약 1:22-25).

둘째: 율법은 언제나 죽이는 일을 한다

율법은 죄인을 정죄할 수는 있지만 생명을 줄 수는 없다. 율법은 심판의 역할만 감당한다. 왜냐하면 율법은 우리에게 먼 길을 가는데 필요한 약도와 같지만 소경에게 주어진 약도이기 때문에 어떤 유익도 줄 수 없으며 오히려 그것을 믿고 나아가면 큰 불행을 초래하게 된다는 것이다.

셋째: 율법은 죄의 악함을 보여준다

구원받지 못한 사람은 죄를 알지만 죄의 악함을 깨닫지 못한다. 또한 많은 그리스도인도 죄의 본성을 깨닫지 못함을 보게 된다. 그래서 자신이 지은 죄에 대해 '실수' 또는 '연약함'이란 단어로 핑계를 댄다. 그러나 하나님은 우리 죄의 악함을 율법을 통해 밝히 알려 주신다. 율법을 통하여 우리 죄악의 심각성을 알게 된다.

결론(結論)

율법은 죄를 정죄하고 죄의 악함을 보여 주며, 잘못하면 불행을 초래함을 알려준다.

제8장 성령의 법과 승리에 대한 확신

❀ 삶의 두 원칙(5–11)

본문에서 바울은 인간의 삶의 두 원칙을 제시하며 비교하고 있다.

첫째: 인간 본성에 의해 지배되는 생활

삶의 초점과 중심이 자기 자신이다. 죄 많은 인간 본성을 매혹시키는 것에 흡수되어 버리는 삶이요, 그가 좋아하는 것은 자기 좋아하는 것을 하며 사는 삶이다. 이러한 삶의 특징은 그리스도 없이 정욕, 교만, 야심이 지배하는 삶이다. 그리스도가 없으면 자신의 의지와 힘이 유일한 법이라 생각하며 사는 교만한 삶이 된다.

둘째: 하나님의 영에 지배되는 생활

마음속에 하나님의 영이 계신다. 그리스도 안에서 그리스도가 채워주는 삶을 살아가며 자신의 생각과 욕망은 사라지고 그리스도만을 생각하고 그리스도의 뜻을 자신의 유일한 법으로 여기며 살아간다. 그러므로 이 사람은 영으로 지배되고 그리스도로 지배되며 하나님을 중심으로 한 삶을 살아가는 것이다.

셋째: 두 종류의 생활의 결과

죄 많은 인간 본성의 욕망과 행동으로 지배되는 삶은 사망의 길로 나아가며 장래가 없다. 그러나 영으로 사는 삶은 매일매일 지속적인 전진의 생활인 것이다. 이때에 바울은 고민이 그리스도인에게 오는 죽음이다. 그는 이것을 그리스도와 하나 된 자로서 사망을 이기신 그리스도와 함께 그 승리에 동참하는 것이라고 말한다.

결론(結論)

우리는 인간 본성에 지배받는 생활보다는 그리스도에게 지배받는 삶을 살자.

제9장 유대인의 불신앙 문제

❋ 유대인의 잘못(30-33)

바울은 하나님을 느끼는 두 가지 방법 사이에 명확한 구분을 짓는다. 즉 행위에 근거를 둔 유대인의 잘못을 지적하고 있다.

첫째: 유대인의 방법이다

유대인은 자신의 목적을 하나님과의 관계에 두고 자신의 노력에 의하여 하나님과의 친교를 달성할 수 있는 것으로 생각했다. 유대인은 하나님께로 가는 길을 행위에서 찾으려고 노력했다. 그러나 바울은 인간의 불완전성이 하나님의 완전성을 충족시킬 수 없고, 인간의 죄악은 하나님의 성결을 대할 수 없음을 발견하고 이렇게 말한다. "의의 법을 좇아간 이스라엘은 법에 이르지 못하였으니…부딪힐 돌에 부딪혔느니라"(31-32).

둘째: 이방인의 방법이다

이방인은 한 번도 율법을 찾아 헤맨 적이 없고 하나님과의 올바른 관계 회복을 위해 노력한 적도 없었지만 뜻밖에 예수 그리스도 안에 있는 하나님의 사랑을 접하게 되어 완전한 믿음 속에서 그 사랑 위에 자신을 드렸다. 이방인은 십자가를 보면서 "하나님께서 나를 이렇게 사랑하셨다면 나는 내 생명과 내 영을 다 바쳐서라도 예수님을 믿겠다"라고 고백한다. 이방인은 하나님이 자기를 위해 행하신 일에 대해 놀라움 속에서 오직 감사할 따름이었다.

결론(結論)

이방인이 하나님 사랑에 감사하며 믿음으로 행할 때 자기의 방법대로 행하려는 유대인보다 우선된다.

제10장 유대인의 불신앙 문제

❁ 그릇된 열심(1–8)

사도 바울은 부모의 심정으로 유대인을 구원시키려다 강력한 반대와 핍박에 직면했지만 계속적인 사랑과 인내로써 권면하고 있다.

첫째: 그릇된 열심

유대인들은 스스로 생각하고 자부하기를 자신들이 구원받는 것이 당연하다고 여겼다. 왜냐하면 이스라엘 민족은 어느 민족보다 하나님을 공경하고, 예배를 드리는 데도 정성이 있었고, 율법을 지키는 데도 철저했으며 안식일을 지키는 데도 완전하였기 때문이다. 그러나 바울은 이것을 유대인의 그릇된 열심이었다고 지적한다. 바울 자신도 그리스도를 만나기 전에는 이 모든 것에 더욱 열심이었지만 결국 잘못된 열심이었음을 깨달았기 때문이다.

둘째: 그릇된 열심의 결과

방향이 잘못된 상태에서 뛰면 뛸수록 본래의 뜻에서 멀어지며, 지식이 동반되지 않은 열심은 걷잡을 수 없는 실수를 저지르게 한다. 바울은 지적하기를 유대인의 잘못된 구원에 대한 지식은 자기의 의를 내세워 자랑하고 자신의 의 때문에 구원받는다고 생각하는 것이라고 말한다(롬 10:3). 즉 유대인의 지식은 하나님의 말씀에 의지하지 않고 유전적 경험에서 얻은 주관적 지식이었다.

결론(結論)

그릇된 열심은 많은 실수를 저지르게 되며 구원에 바른 지식을 갖지 못하고 하나님에게서 멀어지게 된다.

❋ 참된 구원의 길(9–10)

본문은 신명기 30장 16절을 인용하여 참된 구원의 길을 확실히 제공해 준다.

첫째: 예수 그리스도를 주라고 고백해야 한다

'주'라는 말의 헬라어는 큐리오스인데 이 명칭은 황제나 헬라 신들의 공칭으로서 누가 예수를 '주'라고 부른다면 자기 생애에서 가장 높은 자리를 예수께 드리는 것이고 절대 복종을 의미하는 것이다. 또한 예수가 권능이 충분한 주이심을 시인하는 것이며 아버지께로부터 보냄 받으신 것과 우리에게 복음이 되는 것을 인정하는 것이다.

둘째: 예수가 죽음에서 다시 사신 것을 믿어야 한다

예수의 부활은 기독교 신앙의 중심이다. 그러므로 그리스도인은 예수 그리스도가 과거에 사셨다는 역사적인 사실만이 아니라 예수 그리스도가 지금도 살아 계신다는 것을 믿어야 하는 것이다. 즉 우리 구원의 전체 사역을 완성하셨다는 의미이며 그분이 이루고자 하신 모든 것을 다 성취하셨음을 믿는다는 것을 포함한다.

셋째: 마음으로 믿을 뿐 아니라 입으로 고백해야 한다

기독교는 믿음에다 고백을 더하는 것이다. 이것은 사람 앞에서의 고백을 포함한다. 사도 바울은 우리의 믿음의 대상은 예수 그리스도요, 믿음의 내용은 주의 죽으심과 부활이며, 믿음의 방법은 인격의 중심인 마음으로 믿고 입으로 고백하는 것이라고 말한다.

결론(結論)

참된 구원의 길은 예수를 주라 하고 그의 죽으심과 부활을 믿으며 마음과 입으로 고백하는 것에 있다.

제11장 선민의 실족과 이방인의 구원

❁ 접붙임과 구원(11:13–12:4)

바울은 이방인은 접붙임을 통하여 구원을 얻게 되었지만 결코 유대인을 경멸하지 말라고 언급하며 유대인들이 돌아올 날을 소망하고 있다.

첫째: 구원받은 이방인에게 경고의 말씀을 주신다

즉 구원받은 이방인들은 유대인들을 경멸하지 말라는 것이다. 이방인들은 돌감람나무처럼 저주의 대상이었으나 접붙임으로 인해 구원받았기 때문이다. 이방인들은 사막과 광야에 있었으나 하나님의 은혜의 행위로 참감람나무의 부요함과 비옥함에 접붙임을 입은 것이므로 유대인을 향하여 자긍하지 말고 오히려 두려움과 겸손함으로 믿으라고 말씀하신다(엡 2:8). 그렇지 못하면 원가지도 잘리는데 접붙임을 받은 가지에게야 더한 일이 일어나지 않겠느냐는 것이다.

둘째: 유대인들이 돌아올 날을 소망하고 있다

다른 나무인 돌감람나무가 참감람나무에 접붙임을 받을 수 있다면 그 참감람나무 자체의 가지가 접붙임을 받는 것은 얼마나 더 가능하겠는가를 보여준다. 하나님께서는 얼마의 이방인들을 택하셨지만, 유대인 모두를 버리셨다는 뜻은 아니다. 불신을 버리고 믿기만 하면 언제든지 접붙여 구원하겠다는 하나님의 뜻을 강하게 보여주고 있다. 즉 이스라엘의 회복을 희망적으로 말씀하고 있는 것이다.

결론(結論)

그리스도에 의해 접붙임을 받아 구원을 얻었기에 우리의 자랑을 앞세우지 말고 두려움과 겸손으로 주를 섬기자.

제12장 신자의 헌신과 사랑의 생활

❀ 그리스도인과 이웃(14-21)

바울은 본문에서 이웃과의 관계에 대한 규칙과 원칙을 제시한다.

첫째: 선으로 악을 이겨야 한다

스데반은 자기를 돌로 쳐서 죽이는 이들의 잘못에 대한 용서를 빌며 죽어 갔다. 그리스도인은 악을 악으로 갚지 말고 선으로 갚아야 함을 강조한 모습이다. 눈물의 결속은 모든 결속 가운데 가장 강한 것이고 타인의 성공을 함께 즐거워할 수 있는 것은 오직 자아가 죽었을 때에만 가능한 것이다.

둘째: 서로 믿음을 같이 하여 살아야 한다

분쟁이 교회 안에 들어오면 선행의 가능성과 희망은 사라진다. 일체의 교만과 신사인 체하는 것을 버리고 항상 믿음을 같이 하며 일체하는 삶을 살아야 한다. 우리가 언제나 기억해야 할 것은 하나님께서는 사람을 외모로 보지 않으시고 중심을 보신다는 것이다. 하나님은 결코 속임을 받지 않으신다.

셋째: 모든 사람과 더불어 화평해야 한다

바울은 그리스도인의 행동은 선하기만 할 것이 아니라 보기에도 좋아야 한다고 말한다. 서로가 서로에게 덕을 세우고 공명정대하게 일을 처리해야 한다. 원수 갚는 것은 하나님께 속한 것이고 오히려 우리는 모든 사람과 화평해야 한다. 화평은 우리를 결속시키는 최선의 것이다. 화평만이 교회의 살길이다.

결론(結論)

그리스도인이 새롭게 거듭났다는 생활의 증거는 곧 구체적인 이웃사랑이다.

제13장 기독자와 사회문제

❄ 그리스도인과 국가(1–7)

바울은 국가권력에 대해 절대 복종을 가르치며 그들을 위해 기도해야 한다는 견해를 말한다.

첫째: 권세의 근원은 하나님이기 때문이다

바울이 밝히듯이 권세는 하나님께로 나지 않음이 없다. 즉 국가권력은 하나님의 배려로 생겨난 것이기 때문에 인간은 이에 복종해야 한다. 물론 통치자의 통치방법이 흡족하지 못할 경우도 있을 것이다. 그러나 그리스도인은 권세의 근원이 하나님이심을 기억하고 복종해야 한다.

둘째: 질서 있는 삶을 위해서 필요하다

하나님께서는 질서를 원하신다. 무질서와 혼돈, 방종은 그분이 원하시는 삶이 아니다. 하나님께서 창조한 우주가 질서 있게 유지되듯이 인간의 공동체도 질서와 조화를 갖추도록 요구하시는 것이다. 질서를 무시한 인간의 요구는 합당하지 않다. 우리의 가정과 국가가 질서 있게 유지되기 위하여 권세에 대한 복종이 필요하다.

셋째: 국가에 자기의 보호를 빚지고 있다는 것이다

이 세상에는 고립된 개인이 없다. 국가란 본래 서로의 법령을 준수함으로써 어떤 관계를 유지하기 위해 스스로 결속하며 서약한 사람들의 집단이다. 때문에 국가가 없으면 악하고 이기적인 강자만이 최고가 될 것이며, 약한 자는 발붙일 틈이 없을 것이다. 그러므로 국가의 권력에 복종할 필요가 있다.

결론(結論)

성도는 국가가 재정한 '정당한' 질서에 협조해야 한다. 건설적인 질서는 하나님이 세우셨기 때문이다.

제14장 구원받은 자의 실천

❀ 삶의 목적(1–12)

인생은 목적에 맞게 살아야 하고 값지게 죽어야 한다. 그렇게 산 사람이 사도 바울이다. 바울은 생의 목적을 하나님께 두고 "우리가 살아도 주를 위하여 살고 죽어도 주를 위하여 죽나니 사나 죽으나 우리가 주의 것이로다"라고 하였다.

첫째: 하나님을 향하여 살 때 하나님의 뜻대로 살 수 있다

하나님을 향하여 산다는 것은 하나님의 뜻에 따라 일생을 사는 것이다. 우리가 하나님을 향하여 살고자 한다면 하나님의 뜻이 아닌 것은 모두 버려야 한다. 하나님의 뜻이 아닌 모든 행실을 다 끊어야 한다. 소아시아 에베소에 사는 마술사는 예수를 믿기로 결심한 후에 은 오만이나 되는 책을 다 모아 불살랐다(행 19:19). 예수 믿기 이전의 미신, 고집, 교만, 시기, 질투심 등을 모두 버려야 살아도 주를 위하여 살고 죽어도 주를 위하여 죽을 수 있다.

둘째: 십자가를 향한 감사의 마음으로 살 때 하나님의 뜻에 따라 살 수 있다

예수님의 십자가는 하나님께서 인생에게 부여하신 모든 은혜의 총화요 사랑의 최고 표현이다. 신구약 성경의 모든 역사적 사실과 모든 은혜가 십자가를 위해 있다. 4대 선지자와 12소선지가 예언한 바가 다 예수님의 십자가를 위한 것이다. 창세기에 가나안 땅에 흉년이 들었을 때 애굽과 가나안과 온 세계가 요셉으로 말미암아 구원을 얻었는데 이것은 온 세상의 죄인들이 예수님의 십자가를 통하여 구원받을 것을 가르친다. 요셉은 예수님의 전형적인 예표다. 또 요나 선지자의 일과 니느웨 성의 구원도 온 세계 인류들이 죽었다가 삼 일 만에 부활하신 예수를 믿음으로 구원 얻을 것을 예표한다. 그러므로 하나님의 경륜과 그 경륜의 현현체(顯現體)인 십자가는 세월이 가도 퇴색되지 않는나. 만약 십자가의 은혜를 폐한다면 세상은 일시에 암흑으로 변할 것이며, 죄인의 구원도 없어지고 사랑도 식어지며 세상은 아수라장이 되고 말 것이다. 갑작스런 정전으로 공장이 멈추고 모든 기능이 마비되는 것과 같다.

결론(結論)

성도가 하나님의 뜻에 따라 십자가를 향한 감사의 마음으로 살 때 살아도 주를 위해 살고 죽어도 주를 위하여 죽을 수 있다.

제15장 바울의 로마 방문 계획

❀ 사랑의 나눔(22-29)

나눔의 단절은 교회의 기능을 약화시킨다. 본문은 사랑의 나눔을 보여준다.

첫째: 여러 번의 방문 계획에 차질이 생김

바울은 로마에 있는 성도들과의 나눔을 위해 방문 계획을 여러 차례 세웠지만 실현되지 못했다. 우리가 무슨 일을 계획할 때에 상황이나 여건이 차질을 빚게 하는 경우들이 더러 있는데 조급한 마음으로 서둘러서는 안 된다. 그분이 길을 열어 주실 때까지 기도하면서 기다리는 것이 믿음의 사람들이 취해야 할 태도이다.

둘째: 사랑 안에서의 나눔

마게도냐와 아가야에 있는 성도들은 여유롭지 못한 생활 속에서도 예루살렘 성도 중 가난한 자들을 위하여 기쁘게 얼마를 동정하였다. 진정한 사랑의 나눔이다. 여유 있고 남는 것을 보냄이 아니라 그들은 자기들이 필요로 하는 것들 중에서 한 부분을 나누었던 것이다.

셋째: 그리스도의 충만한 축복

바울의 로마 방문은 그리스도의 넘치는 축복을 나눠 주기 위함이었다. 주의 종들의 방문은 그리스도의 충만한 복을 가져다준다. 그러므로 교인들이 주의 종을 섬긴다고 생각하면 오해이다. 주의 종이 있기에 교인이 축복을 받는다.

결론(結論)

인간은 나눔의 존재라 나눔이 없이는 살아갈 수가 없다. 나눔이 있는 사회는 질서와 조화가 유지된다.

제16장 문안과 훈계

❋ 신실한 일꾼들(1–16)

인정받는 일꾼들과 그렇지 못한 일꾼들이 있다. 인정받는 일꾼이란?

첫째: 천거할 만한 일꾼(1–2)

바울은 세계의 수도라고 할 만한 로마 교회에 겐그레아 교회의 일꾼으로 있는 자매 뵈뵈를 천거하고 있다. 주 안에서 성도들에게 합당한 예절로 그를 영접하고 무엇이든지 그에게 소용되는 바를 도와주라고 말한 것을 보면 뵈뵈의 믿음과 경건이 어떠했는가를 짐작할 만하다.

둘째: 자기의 목숨을 아끼지 않는 일꾼들(3-5)

브리스가와 아굴라 등은 자기 목숨을 아끼지 않는 봉사의 사람들이었다. 주의 종이 신체에 위해를 느낄 때 자기 목숨을 대신 내어 주겠다고 하는 귀한 자들이었다.

셋째: 주 안에서 많이 수고하는 일꾼들(12)

주 안에서의 수고가 가치 있는 수고이다. 비록 교회 안에서 하는 수고일지라도 주 밖에서 하는 것이면 인정을 받을 수가 없다. 우리는 많이 수고하되 주 안에서, 주님의 뜻을 좇아서 수고하도록 해야 하겠다. 주님의 길과 세상 인정과 의리를 따르는 두 길에 봉착했을 때는 가차 없이 주의 길을 따라야 한다.

결론(結論)

신실한 일꾼은 천거받을 만하고 목숨을 아끼지 않고 주 안에서 일하는 자들이다.

고린도전서

서론

<table>
<tr><td>주 제</td><td colspan="3">고린도 교회의 문제점</td><td>저 자</td><td>바울</td><td colspan="2">기록장소</td><td colspan="3">에베소</td></tr>
<tr><td>기 록
연 대</td><td colspan="3">A.D. 61-55년경</td><td>대 상</td><td colspan="6">고린도 교회</td></tr>
<tr><td>대 지</td><td colspan="5">교회 분열에
대한 답변</td><td colspan="2">음행에 대한 답변</td><td colspan="3">질문 편지에
대한 답변</td></tr>
<tr><td>구 분</td><td>분열에
대한
보고</td><td>분열의
이유</td><td>근친
상간</td><td>소송</td><td>부도덕</td><td>결혼</td><td>우상에게
바친
제물</td><td>공중
예배</td><td>부활</td><td>예루살렘
을 위한
모금</td></tr>
<tr><td>요 절</td><td colspan="10">“견고하며 흔들리지 말며 항상 주의 일에 더욱 힘쓰는 자들이 되라”(15:58)</td></tr>
</table>

고린도전서 이해

예수께서 부활하신 후 20여 년이 지난 A.D. 55년경, 사도 바울은 우상의 도시로 유명한 에베소에서 교회 개척에 힘쓰고 있었다. 그러던 중 에베소 교회가 어느 정도 기초를 다지게 되자 바울은 다시금 제3차 전도여행을 떠나기로 마음먹었다. 그런데 여행을 떠나기 전 바울은 몇 해 전부터 그의 마음을 짓눌러오던 고린도 교회 문제에 관해 붓을 들기로 결심했다.

고린도 교회는 바울 사도가 에베소 교회로 오기 전 심혈을 기울여 개척해 놓은 교회였다. 그런데 그 교회가 교리적으로, 도덕적으로 심각한 국면을 맞고 있다는 가슴 아픈 소식을 여러 차례나 전해 들었던 것이다. 그렇잖아도 유럽과 아시아, 아프리카를 연결하는 교역의 중심지로 온갖 타락의 온상이 되어 온 지역인지라 내심 우려를 금할 수 없었는데 설상가상으로 그러한 외부적인 영향에 내부적인 불화와 반목이 겹쳐 교회는 파국의 위기에 처해 있었다.

고린도전서는 무엇보다도 고린도 교인들이 범한 교리적, 도덕적 잘못을 바로잡고 그들을 그리스도 안에서 다시 굳건히 세워 주는 데 목적을 두고 있다. 이에 사도 바울은 먼저 전반부 1-6장에서는 그들이 범한 분쟁, 음행 등의 잘못을 통렬히 지적하고 그리스도를 중심으로 성별된 삶을 유지할 것을 호소하는 한편, 후반부 7-16장에서는 그들이 질문한 몇 가지 신앙상의 문제들을 중심으로 주로 공중예배(公衆禮拜)와 관련된 교리적인 문제들을 상세히 다루고 있다.

현대의 종교적·사회적 상황도 당시 부패할 대로 부패한 고린도 교회가 처한 상황과 너무나 유사한 바, 이러한 시대적인 상황에 비추어 볼 때 본 서신서가 주는 현대적 의의는 실로 중대하다. 특히 복음의 참뜻을 올바로 깨닫지 못하고 분쟁을 비롯한 여러 가지 잘못을 일삼음으로써 어린 신앙 단계를 벗어나지 못하는 고린도 교인들에게 바울은 여전히 이렇게 권면하고 있다.

"그런즉 너희가 먹든지 마시든지 무엇을 하든지 다 하나님의 영광을 위하여 하라 유대인에게나 헬라인에게나 하나님의 교회에나 거치는 자가 되지 말고 나와 같이 모든 일에 모든 사람을 기쁘게 하여 나의 유익을 구하지 아니하고 많은 사람의 유익을 구하여 저희로 구원을 얻게 하라"(10:31-33).

기록 목적

고린도는 고린도 지역에 위치한 동서 해로와 남북 육로의 교차 지점에 있어서, 고대로부터 그리스의 가장 중요한 도시 가운데 하나였다. 고대에는 이 도시가 상업과 해운업 분야에서 아테네와 쌍벽을 이루었다. 그러나 로마에 반기를 들어 B.C. 146년 무미우스에게 되었다. 이후 B.C. 46년 줄리어스 시저에 의해서 로마의 식민지로 재건되어 고린도라고 공식적으로 명명될 때까지 1세기 동안 버려진 채로 남아 있었다. B.C. 27년에 고린도는 로마령 아가야의 행정 소재지가 되었다.

바울은 고린도에 머물러 있는 동안 계속적인 반대에도 불구하고 유대인과 이방인 개종자들과 함께 크고 은혜로운 교회의 기초를 놓았다. 유대인 중에는 회당장 그리스보가 있었고(1:14; 행 18:8), 이방인 중에는 하나님을 경외하는 디도 유스도가 있었다(행 18:7).

고린도에서 바울의 활동에 대한 계속적인 반대는 갈리오가 아가야의 지방 총독으로 고린도에 도착하자 절정에 이르렀다. 유대인 지도자들은 바울을 그의 앞에 데리고 가서 유대교와는 달리 로마의 법에 위배되는 불법적인 종교를 선전한다고 고소하였다. 갈리오는 바울의 설교가 유대교를 변형시킨 것에 불과한 것이라고 속단하였고, 따라서 자기는 유대법에 대한 상호 논쟁에 개입할 일이 아니라고 선언하였다(행 18:15). 갈리오의 규정은 바울에게 용기를 주었으며, 그는 고린도에 몇 개월 더 머물렀다. 바울은 에베소로 사역지를 옮긴 뒤에도 고린도 교회를 염려하여 '음행하는 자들과 사귀지 말라'는 경고의 내용이 담긴 편지를 보냈다. 그러나 '사전에 보낸 편지'가 기대한 만큼 효과를 얻지 못했다(5:1-13, 6:9-20).

기록 배경

이 서신은 고린도 도시의 총체적인 성적 방종을 포함한 바울 당대의 전형적인 헬라 문화 문제점들을 보여 준다. 헬라는 우상 숭배, 이원론 철학, 몸의 부활 거부로 알려져 있다. 고린도는 호색과 신전 매춘으로 평판이 좋지 않았다. 심지어 도시 이름이 매춘업을 의미하는 'Corinthianize'(방탕해지다)에서 유래하였을 정도였다. 고린도의 주된 신은 음탕한 사랑의 여신 아프로디테(비너스)였으며, 이것은 사람들이 직면한 문제를 잘 설명해 준다.

에게해와 아드리아해 사이의 좁은 지형에 위치해 있던 고린도는 당시 중요한 상업 도시 중 하나로서 동서양 무역의 요충지였다. 바울은 제2차 선교 여행 기간(행 18:1-17) 동안 고린도에 머물면서 교회를 세웠으나, 유대인들의 방해로 고린도를 떠나게 되었다. 제3차 선교 여행 중 에베소에 머물면서 고린도 교회에 나타난 문제들에 대하여 보고를 받고 그들의 잘못된 점을 바로잡기 위하여 본 서신을 기록하였다.

내용 분해

인사와 감사의 서문 1:1-9

Ⅰ. 분파주의의 문제 1:10-4:21

A. 십자가에 관한 인간의 지혜와 하나님의 지혜의 대조 1:10-3:4

B. 종교 지도자의 역할 3:5-4:5

C. 고린도인의 자랑과 바울의 어리석음에 대한 역설적인 비교 4:6-21

Ⅱ. 근친상간의 사례로 대두된 교회 내 규율의 문제 5:1-13

Ⅲ. 그리스도인들이 일반 법정에 소송하는 문제 6:1-11

Ⅳ. 바울의 가르침을 오용함으로써 생긴 몸의 성적 남용 문제 6:12-20

Ⅴ. 특히 성, 결혼, 노예 분야에서 세속 영역과 성도의 영적 생활 관계의 문제 7:1-40

Ⅵ. 우상에게 드린 음식을 먹음으로써 야기된 형제간의 윤리적 차이의 문제 8:1-11:1

A. 사랑 대 지식의 기본 원리 8:1-13

B. 자신의 권리에 앞서는 바울의 개인적 사례 9:1-27

C. 태도와 행동에 원리 적용하기 10:1-11:1

Ⅶ. 수건을 벗는 것과 관련하여 성 역할의 문제 11:2-16

Ⅷ. 성만찬의 제정 11:17-34

Ⅸ. 방언의 은사를 잘못 사용함으로 인한 영적인 문제

A. 다양성이 필요함 12:1-31

B. 사랑이 필요함 13:1-13

C. 통제가 필요함 14:1-40

Ⅹ. 죽은 자의 부활의 문제 15:1-58

XI. 개인적인 언급으로 끝맺음 16:1-24

고린도전서

| 장별 핵심 메시지 |

제1장 고린도 교회에 대한 경고

❀ 온전히 합하라(10-17)

바울 사도는 본문에서 고린도 교회의 내적 분열 위기 앞에서 그리스도의 십자가를 높이 든다.

첫째: 파당을 짓지 말라(12-13)

인간들이 모여 사는 자체가 파당을 전제로 한다. 그러나 그리스도의 몸을 중심으로 지체가 된 교회와 성도들은 파당을 지어서는 안 된다. 파당끼리 논쟁한다는 것은 서로 싸운다고 보아야 할 것이다. 바울도 아볼로도 게바도 그리스도가 아니라 형제이기 때문이다.

둘째: 성별된 성례집행을 하라(14-17)

사도 바울은 분명히 신앙고백 하는 자 이외에는 세례를 주지 않았음이 확실하다. 그리스보와 가이오 외에는 아무에게도 세례를 주지 않았다고 했다. 그 이유는 그리스도의 이름으로 세례를 줄 뿐, 바울 자신의 이름으로는 세례를 주지 않음을 분명히 밝힌 것이다. 즉 확고한 신앙을 고백하는 자에게만 세례를 주었다.

셋째: 복음만 전하라(17)

교회와 성도의 가장 큰 사명은 복음 전도이다. 그것은 그들이 거저 받았기 때문에 거저 주어야 할 것을 의미한다. 파당 지을 겨를이 없다. 복음 전도에 열정을 쏟지 않는 성도들과 교회는 할 일을 모르기 때문에 파당을 짓고 싸우다가 망한다.

결론(結論)

십자가 안에서 하나가 되어 복음만 증거하는 확고한 신앙인이 되자.

제2장 하나님의 지혜와 인간의 지혜

❁ 바울이 전하는 지혜(6:16)

바울은 지혜에 대하여 세상의 지혜, 관원의 지혜, 하나님의 지혜로 나누었다.

첫째: 하나님의 지혜다(6)

신앙인이 가진 성숙한 지혜는 세상의 지혜가 아니요 관원의 지혜도 아니라고 강조한다. 성도가 가진 지혜는 성령으로 우리에게 보여 주신 신령한 지혜이다. 이 지혜를 통해서 영원한 영광, 주님과 함께 하는 영광을 누리게 된다. 이것은 하나님께로부터 오는 선물이다.

둘째: 비밀스러운 것이다(7)

'비밀한 가운데'란 말은 신비에 싸여 있는 것을 말한다. 바울이 전하는 지혜는 하나님의 신비한 지혜이기 때문에, 성령의 감동을 받지 않고서는 이해할 수가 없다. 하나님의 지혜는 예수 그리스도의 십자가 구원 사건 가운데 완전히 나타나 있다. 그러나 이것 또한 은혜를 받은 자만이 알 수 있다.

셋째: 우리의 영광을 위한 것이다(7)

하나님이 우리의 영광을 위하여 만세 전에 미리 정하신 지혜란 우리에게 끊임없이 쏟아 부어 주시는 은총과 사랑의 배려를 말한다. 그래서 하나님은 당신의 섭리에 따라 때가 이르매 그 지혜를 세상에 널리 알리셨다. 이 비밀스럽고 영광스런 지혜를 우리가 받았으니 맘껏 누려야 할 것이다.

결론(結論)

바울이 전하는 지혜는 세상의 지혜가 아니라 비밀 가운데 감춰진 하나님의 지혜이다.

제3장 전도자의 임무

❋ 상 받을 자(1–15)

하나님께서 쓰신 자들은 하나님으로부터 후한 상을 받는다. 대가나 상 없이 일하는 것만큼 어리석은 일은 없다. 누가 천국에서 큰 상을 받겠는가?

첫째: 전도하는 자가 상을 받는다(1–9)

성경은 심는 이와 물 주는 이가 일반이나 각각 자기의 일하는 대로 자기의 상을 받는다고 약속한다. 바울은 심은 자였고 아볼로는 물을 주는 일을 했다. 그러나 하나님은 자라게 하셨다고 하면서 전도의 3단계를 설명했다. 전도자는 봉사할 뿐 그 주체는 하나님이심을 교훈하면서 협력전도를 권면하고 있다. 아볼로는 고린도 교회에서 자기를 내세우는 우월성을 논해 바울의 마음을 아프게 하였다. 전도자들이 사사로운 유익을 위해 복음을 전하여 당파를 만드는 일만큼 잘못된 일은 없다.

둘째: 지혜로운 건축자가 상을 받는다(10–15)

예수 그리스도는 선교와 교회의 튼튼한 반석이라고 말씀하셨다. 그 위에 좋은 재료와 재주를 다 동원하여 건축해야 하는 것이다. 폭풍이 몰아쳐도 무너지지 않고 불 심판 때에도 견뎌내는 집을 세워야 한다. 성경에는 금은보석으로 집을 세운다고 하였다. 그것들은 가장 단단하고 좋은 재질이다. 순수하고 강한 복음, 원래적인 복음, 능력 있는 복음만이 가장 훌륭한 건축을 이룬다.

결론(結論)

성도들도 때를 얻든지 못 얻든지 하나님의 복음을 기쁘게 증거하는 전도자가 되자.

제4장 고린도 교회 신자에 대한 훈계

❋ 복음의 아버지(14-21)

바울 사도의 목회 정신은 권위나 사제지간의 정이 아니라 아비의 심정이다.

첫째: 아비의 마음을 본받아라(14-16)

바울은 아비의 심정을 갖고 진정한 사랑으로 복음을 전하고 가르쳤다. 세상에는 많은 스승들이 추앙받으면서 권하나, 바울은 아비로서의 진실과 사랑으로 권면한다고 하였다. 여기에는 온유와 책망이 동시에 포함되고 있다.

둘째: 아비의 가르침을 생각하라(17-19)

아비의 가르침은 어떤 지위나 영예를 위한 것이라기보다 자식의 장래를 염려하는 것이요 자녀 사랑을 바탕으로 한다. 천국과 지옥의 존재를 알고 있는 아비는 생명을 걸고서 가르친다. 복음의 아비는 단 한 가지, 복음 안에서 구원받는 자가 되라고 눈물로 가르친다.

셋째: 하나님의 나라는 오직 능력에 있다

성도의 최대 목적은 천국에 들어가는 일이다. 누가 성도의 최대의 목적인 천국을 소유하는가? 그것은 아비를 통하여 전해 받은 복음을 확신하고 추종하는 자다. 하나님의 나라는 바로 하나님의 능력 그 자체이기 때문이다. 교회에 다니는 사람은 많아도 믿음의 사람은 적다는 말이 그래서 나온 것이다.

결론(結論)

아비를 본받고 그 가르침을 완전히 신뢰할 때 천국의 능력을 소유하게 된다.

제5장 교회 내의 도덕문제

❈ 교회 신성에 대한 원리(1–13)

고린도는 부도덕한 도시로서 음란한 악풍이 교회 내까지 침입하여 패륜사건이 일어나고 있었다. 그러나 고린도 교회는 미온적인 태도로 이 같은 악습을 용납하였으므로 바울은 교회의 신성을 부르짖으며 퇴치할 것을 강권하고 있다.

첫째: 음행을 멀리하라(1–5)

음행하는 자들을 사단에게 내어 주라고 하였다. 사단에게 내어준다는 의미는

⑴ 출교를 의미하고

⑵ 질병과 여러 가지 고통에 걸리게 됨을 의미한다.

둘째: 누룩을 제거하라(6–8)

누룩이 발효성 균의 작용으로 온 덩어리를 부패케 함과 같이 작은 죄, 소수의 죄인들이 교회 전체를 오염시키는 원인이 된다는 것이다. 그러므로 부패케 하는 누룩을 제거하고 교회의 신성을 보존하라는 것이다.

셋째: 불의한 자를 용납하지 말라(9–13)

⑴ 불의한 자들과 교제하지 말라(9-13). 이는 일반 사회생활에 대한 절교가 아니고 불의한 교제를 끊으라는 뜻이다.

⑵ 불의한 자들을 축출하라(11-13). 교회에 다니는 형제나 불신자가 온갖 악행을 다 행한다고 하면 권면도 하고, 경계도 하고, 치리도

하지 않을 수 없다는 것이다. 하나님의 심판은 신자, 불신자를 막론하고 모든 사람에게 임할 것이지만 교회에서는 교인들을 잘 돌아보고 거기서 악한 사람이 생기면 마땅히 출교함으로 교회의 신성을 보존해야 할 것이다.

결론(結論)

범죄자를 징계하는 일은 하나님께서 교회에 허락하신 정당한 권위인 동시에 의무다. 교회가 이를 제대로 수행하지 못하면 교회의 부패와 세속화를 막을 길이 없다.

제6장 신자들의 소송 문제

❁ 하늘나라의 유업(1–11)

불의한 자는 하나님의 나라를 유업으로 받지 못한다. 신자는 어떤 일이 있어도 하늘 유업을 받아야 할 터인데, 그렇게 하려면 어떻게 해야 할까?

첫째: 하나님 앞에서 해결해야 한다

성경은 교회 내부의 문제를 세상에 드러내어 송사하므로 하나님의 영광을 가리는 일을 엄히 금하고 있다. 이것은 하나님의 피로 값주어 사신 교회를 가볍게 여기는 행위이다. 그래서 형제간에 송사하여 믿지 아니하는 자들 앞에 드러내는 일을 바울 사도는 불의하다고 하였다. 불의한 자는 하나님의 나라를 유업으로 받지 못한다. 또 이것은 형제가 형제로 더불어 송사한 죄, 믿지 않는 자들 앞에서 서로 다툼을 보인 죄, 불의한 죄 등등 이중 삼중의 죄를 범하게 된다.

둘째: 하나님의 말씀에 순종해야 한다(9–11)

9절 이하에서 사도 바울은 음란한 자, 우상숭배하는 자, 간음하는 자, 남색하는 자, 도적, 탐색하는 자, 술 취하는 자, 후욕하는 자,

토색하는 자들은 하나님의 나라를 유업으로 받지 못한다고 말한다. 이것은 바울의 창작이 아니라 구약의 말씀에서 따온 것들이다. 이것을 두 가지로 요약하면, 하나님 사랑과 이웃 사랑 즉, 우상숭배 금지와 이웃을 미워하지 말라는 말씀이다. 이 말씀에 절대적으로 순종해야 한다.

결론(結論)

모든 그리스도인은 형식적이고 위선적인 모습을 탈피하여 도덕적인 참된 변화를 체험하면서 하나님 나라를 유업으로 받아야 한다.

제7장 혼인에 관하여

❋ 혼인 문제(25-40)

본문은 그리스도인들의 혼인 문제에 대한 내용이다.

첫째: 혼인 문제

처녀가 시집가는 것은 죄짓는 것이 아니다. 이것은 처녀가 시집가도 되느냐에 대한 사도 바울의 일차적인 대답이다. 하지만 큰 환난이 들이닥칠 경우에는 단신으로 있을 때보다 심각한 고난이 따를 것이라고 이어 말하고 있다. 그러므로 환난을 앞둔 비상시에는 독신자는 그대로 혼자 지내는 것이 지혜요, 기혼자는 일부러 놓이기를 꾀할 것도 없다는 것이다. 따라서 주님만을 기쁘시게 하는 면으로 볼 때, 시집간 자보다 더욱 복 있는 자는 혼자 주를 섬기는 자라는 것이다.

둘째: 더 나은 방법

사도 바울은 그가 받는 은사요 개인적인 경험이긴 하였으나 그의 의견 및 신앙적 가치관에 있어서 그의 모든 존귀는 철저하게 그리스도였다고 말한다. 그의 보배, 기쁨과 소망 등 오직 그리스도 한 분을 위하고 높이며 전하는 삶이었다. 그런 그가 가급적 영적인 경향으로 치우쳐 강조한 것은 당연하다고 해야 할 것이다. 사실 환난(말세)을 앞둔 신자들은 자기의 가족뿐 아니라 세상으로부터 얻는 부요의 낙에 도취되는 것을 경계해야 하며, 이것들에서 초월하는 은혜를 누릴 필요가 있다.

결론(結論)

결혼적령기의 그리스도인들에게는 혼인 문제가 매우 중요하다. 그러므로 심사숙고하여 주의 뜻을 따라야 한다.

제8장 우상의 제물 문제

❁ 우상의 제물에 관한 문제(1–13)

당시 고린도에는 우상에게 바친 고기를 시장에서 팔았다. 신자들은 이것을 먹느냐, 안 먹느냐 하는 문제 때문에 시비가 많았다. 본장의 요지는 우상은 아무것도 아니요 먹어도 상관이 없고 안 먹어도 상관이 없지만 믿음이 약한 자들이 부담이 될 것 같으면 먹지 말아야 한다는 것이다.

첫째: 우상은 허무한 존재이다(4–7)

우상은 아무것도 아니다. 그러므로 그것에게 드렸던 것이라고 해서 하등 심령상으로 해를 받을 리 없으니 먹어도 상관없는 것이다. 그러나 믿음이 약한 신자는 하나님을 믿으면서도 우상이 존재하는 것으로 인식하기 때문에 우상의 제물을 먹는다는 것이 마음에 큰 부담이 되었다.

둘째: 제물에 대한 자유의 제한(8–13)

음식물(우상의 제물) 자체가 부정하거나 잘못된 것은 없기 때문에 먹고 안 먹고는 절대 자유이다. 그러나 그 자유로서 약한 신자를 실족케 하는 일이 없도록 삼가 조심해야 한다. 기독교의 진수는 사랑이다. 어떤 지식이나 신앙도 사랑이 따르지 않으면 아무 가치도 없다. 사람이 실족하거나 아니하거나 상관하지 않는 태도는 사랑의 길이 아니다.

결론(結論)

우상의 제물은 아무것도 아니다. 우리들은 서로 사랑하고, 서로 덕을 세우기 위하여 서로 도우며, 서로 신앙의 진보를 도모하기 위해 힘을 다하지 않으면 안 된다. 그러기 위해서는 약한 신자를 실족케 하지 않도록 스스로의 자유를 제한할 필요가 있다. 이는 비단 우상의 제물만이 아니라 언행심사 모두에 해당된다.

제9장 전도자의 권리와 자유

❋ 상을 얻기까지 노력하라(24-27)

본문 24-27절까지는 전도자의 두 가지 양상을 소개하는데 운동장에서 달음질하는 경기자와 전장에서 싸우는 군인의 모습으로 나타내고 있다. 경기도 일종의 진쟁이다. 최후의 승리를 얻기까지 싸워 상을 얻어야 하기 때문이다.

첫째: 모든 일에 절제해야 한다(25절)

"이기기를 다투는 자마다 모든 일에 절제하나니"(25)라고 하였다. 절제라는 것은 극기 생활을 의미한다. 그중 가장 힘든 일은 자기 자신을 이기는 일이다. 잠언 16장 32절에 "자기의 마음을 다스리는 자는 성을 빼앗는 자보다 나으니라"라고 하였다. 운동선수나 군인들은 극기생활 즉 절제를 잘해야 한다. 음식을 먹고, 잠자고, 활동하는 모든 일이 규칙적이지 않으면 상을 얻을 수가 없다.

둘째: 방향을 바로 정해야 한다(26절)

방향을 정하지 않은 달음질은 공연한 헛수고다. 마치 표류하는 배와 같아 암초에 부딪혀 파선될 위험이 크다. 신앙생활의 바른 목표는 "믿음의 주요, 또 온전케 하시는 이인 예수"(히 12:2)이다. 오늘날 목표 없이 걸어가는 신자들도 많이 있다. 도무지 예수를 믿는 건지 마는 건지 불분명한 교인들은 목표가 분명치 않은 탓이다. 세상에 유혹이 많고, 달콤한 일도 많고, 갈림길도 많고, 풍랑도 많다. 그래도 우리는 좌우로 치우치지 않고 생명이 끝날 때까지 예수 그리스도를 목표로 달려가야 한다.

셋째: 바른 공격이 필요하다(26절)

정확한 공격만이 적을 굴복시킬 수 있다. 허공을 치는 것은 수고는 많이 하고 희생도 따르지만 결국은 헛된 것이다. 우리의 적은 마귀다. 마귀는 항상 내 곁을 맴돌며 나를 침범하려고 호시탐탐 노리고 있으니 이를 바로 파악하여 급소를 명중시켜야 승리할 수가 있다.

결론(結論)

승리자에게 반드시 상이 주어진다. 운동선수가 경기에 승리하면 금메달을 차지한다. 마귀와 싸워 승리하는 자에게는 영원히 시들지 않는 생명의 면류관을 주실 것이다.

제10장 성례와 우상 제물

❋ 성도가 구할 것(23–33)

성도가 이 땅에서 구할 것은 모든 행위가 하나님의 뜻을 드러내도록 하는 것이다.

첫째: 성도의 덕을 구하라

성도는 땅과 거기 충만한 것의 주인 되시는 하나님의 백성이기에 이 땅의 모든 것을 할 수 있는 자유를 가졌다. 그러나 할 수 있는 것 모두가 유익한 것은 아니니 덕을 세우는 데 자유를 사용하도록 지혜를 구해야 한다.

둘째: 남의 유익을 구하라

성도는 고기를 먹을 때 우상의 제물이냐고 묻지 말고 먹어라. 이는 나와 대접하는 사람의 양심을 위해서다. 그것이 우상의 제물이라고 말하면 먹지 말라. 이 또한 그것을 알게 한 자의 양심을 위해서다. 그러나 서로 생각하는 차이가 있기에 타인의 신앙 혹은 양심의 유익을 구하는 행위가 요구된다.

셋째: 하나님의 영광을 구하라

성도의 삶에 있어서 먹고 마시는 문제가 본질적인 것은 아니다. 그저 하나님의 영광을 위한 일 중 부수적인 것이다. 그러므로 성도는 음식 문제에 있어서 자기에게 주신 자유를 지혜롭게 사용하여 자신과 남의 양심을 실족치 않게 해야 한다.

결론(結論)

자신의 유익만을 구할 것이 아니라 하나님의 영광을 먼저 구하는 성도가 되어라.

제11장 예배와 성찬에 관한 문제

❁ 성만찬(23-34)

예수님이 그의 십자가를 믿는 모든 사람에게 생명을 주심을 성만찬 예식을 통해서 체험할 수 있다.

첫째: 지켜야 할 이유

예수님께서는 잡히시던 날 밤, 자신의 죽음이 의미하는 성만찬 의식을 제정하셨다. 오늘날 어떤 사람들은 성만찬의 진정한 의미를 상실했다고 주장하며 성만찬의 무용론을 주장하나, 주님은 우리가 성만찬을 통해서 예수님의 죽으심을 회상하며 주님과의 교제를 유지하기 원하신다.

둘째: 잘 지키는 자

성만찬을 잘 지키는 자는 떡을 먹으며 잔을 마실 때마다 주의 죽으심의 의미를 확실히 깨닫는 사람이다. 그러한 사람은 주의 사랑과 뜻에 따라서 그의 죽으심을 땅 끝까지 전하기에 힘쓴다. 주의 죽으심으로 용서 받고 하나님의 축복을 소유한 자는 은혜를 주신 주님께 보답하고자 열심히 전도한다.

셋째: 잘못 지키는 자

성만찬을 잘못 지키는 자는 자신을 살피지 않고 함부로 참여하여 결국 죄를 먹고 마시게 된다. 즉 예수님의 죽음이 자신의 죄를 위한 것인지도 모르고 주의 뜻을 따르려는 열의도 없이, 하나님 보시기에 합당치 않을 태도로 성만찬에 참여한다. 이는 예수님의 성만찬 의식을 무시하는 악한 행위이다.

결론(結論)

성만찬은 그리스도의 죽으심에 성도의 믿는 바를 표현하는 행위이며, 성만찬으로 신앙은 더욱 성장한다.

제12장 성령의 은사

❋ 성령의 은혜(1–11)

성령의 은혜는 구원과 누림이다. 본문을 통해 성령의 은혜를 살펴보자.

첫째: 구원의 은혜를 받게 한다

구원 받기 위해서는 예수님을 주로 믿어야 한다. 예수님 당시에는 젊은 목수가 어떻게 하나님이실까 하는 것이 믿음을 가지려는 사람들에게 걸림돌이 되었다면, 현재는 과거 2000년 전의 사건(십자가와 부활)을 어떻게 증명할 것인가가 문제이다. 그러나 성령께서는 신령한 은혜를 주셔서 이 사건을 믿게 하시며 구원을 이루신다.

둘째: 신앙에 유익을 주신다

성령께서는 우리가 구원을 얻을 때 역사하실 뿐만 아니라 믿고 난 후에도 성도의 신앙생활을 도우신다. 한 예로 그는 성도에게 은사를 주신다. 각 사람에게 그가 나타내시는 증거를 주심으로 본인의 믿음이 더욱 견고하고 바르게 되도록 역사하시며 그러한 일을 통해서 불신자를 전도하는 일에 많은 열매를 맺게 하신다.

셋째: 자신의 뜻대로 주신다

본문에는 성령께서 성도들에게 지혜, 지식, 믿음, 병 고침, 능력 행함, 예언, 영 분별, 방언, 통역 등의 은사를 주신다고 밝힌다. 성령께서는 자신의 깊으신 지혜와 권세로 성도 개개인에게 가장 필요한 것을 주시며, 성도가 하나님의 뜻을 이루기에 적합한 은사를 자신의 자유로운 뜻 안에서 주신다.

결론(結論)

성도는 성령께서 각자에게 은사를 주신 것과 이 모두가 하나님께 유용한 것임을 밝히 알아야 한다.

제13장 신도의 사랑 문제

❋ 사랑의 은사(1–3)

바울은 사랑의 은사가 중요함을 강조하려고 고린도 교인들이 흠모하는 여러 가지 은사들과 비교하고 있다.

첫째: 방언보다 중요하다

방언은 성령의 감동으로 자신이 쓰는 일상 말과는 다른 말로써 이성을 초월한 언어를 구사하는 은사를 말한다. 이 은사는 하나님과의 영적인 교제를 위해서도 유익하며 특히 믿지 않는 자들에게 하나님의 임재를 확실히 증거하는 표적이기도 하지만, 사랑하는 마음이 없이 행해질 때 꽹과리 소리와 다를 바가 없다.

둘째: 예언과 믿음보다 중요하다

예언의 은사는 하나님의 비밀을 알며 말씀의 깊은 뜻을 깨닫는 신령한 은사이다. 믿음의 은사는 하나님을 신뢰하는 믿음으로 말미암아 이 땅에서 역사를 일으키는 능력의 은사이다. 그러나 사랑하는 마음이 없이 행한다면 모든 비밀과 지식을 아는 신비나 산을 옮길 만한 역사가 아무것도 아닌 것이(무의미하게) 된다.

셋째: 구제와 희생보다 중요하다

구제하는 것은 먹을 음식을 공급해 준다는 뜻으로 자신의 소유를 모두 처분해서 이웃의 필요를 채워주는 행위이다. 또한 자기 희생(몸을 불사르게 내어준 것)은 어떤 대상에 대한 헌신과 희생의 표로서 자신을 태우는 고통스러운 죽음을 가리키지만 사랑 없이 행할 때는 자신에게 아무런 유익이 되지 않는다.

결론(結論)

은사는 사랑하는 마음이 없어질 때 이기적으로 사용하게 되며 자신과 이웃에게 아무런 유익을 주지 못한다.

제14장 방언에 관한 문제

❀ 교회의 덕을 위하여(12-19)

본문에서 바울은 하나님의 은사를 교회의 덕을 세우기 위하여 사용하도록 권고한다.

첫째: 덕이 풍성하기를 기도해야 한다

그리스도인들에게 있어서 덕을 세우지 못한다면 그 믿음은 인정을 받을 수 없다. 주님께서는 "너희 빛을 사람 앞에 비취게 하여 저희로 너희 착한 행실을 보고 하늘에 계신 너희 아버지께 영광을 돌리게 하라"(마 5:16)고 말씀하셨는데, 이것은 덕을 세우도록 권고하신 말씀이다.

둘째: 방언하는 자는 교회의 덕을 세워야 한다

방언은 자신에게만 유익을 끼치는 제한된 은사이므로 교회의 덕을 세우려면 통역하기를 위해서 기도해야 한다. 교회에 유익을 주지 못하는 은사의 활용은 하나님의 뜻에 역행하는 것임을 명심해야 한다. 아무리 귀한 은사라도 교회에 덕을 끼치지 못하면 그는 주님께서 경고하신 불법을 행하는 자와 같을 수밖에 없다.

셋째: 다른 사람을 가르치는 말은 참으로 귀하다

바울은 일만 마디 방언보다도 남을 가르치기 위해 하는 다섯 마디 말이 더 귀하다고 증거한다. 알아듣지 못하는 좋은 말은 아무리 많이 할지라도 소용이 없다. 알아들을 수 있는 말, 깨달아 알 수 있는 말이 교회의 덕을 세우며 유익을 준다.

결론(結論)

우리에게 주신 모든 은사는 주의 것이며 교회의 유익을 위해서 주셨다.

제15장 부활문제

❋ 오직 하나님의 은혜(1–11)

우리는 본문에서 언제든지 겸손하고, 하나님의 이름이 높임 받는 것만을 바라는 사도 바울을 만나게 된다.

첫째: 바울은 부활하신 주님을 만났음을 증거한다

바울이 주의 사도가 된 것은 부활하신 주님을 직접 만났기 때문이었다. 주님은 주의 교회들에 대해 위협과 살기가 등등했던 그에게 다메섹 도상에서 자기를 나타내 보이심으로 부르셨고, 이방을 위한 사역을 맡기셨으며, 기독교 역사상 가장 위대한 자취를 남길 수 있게 하셨다. 주님을 만나야 충성스런 사역자가 될 수 있다.

둘째: 바울은 겸손에 대해 증거한다

"나는 사도 중에 지극히 작은 자라…사도라 칭함을 받기에 감당치 못할 자로다." 바울이 기독교에 끼친 공헌, 주님의 교회들을 위한 헌신은 아무도 따라올 수 없는 독보적인 것이었음에도 주의 교회들을 핍박했던 그의 과거가 그로 하여금 교만하지 못하도록 제어기 역할을 했다.

셋째: 바울은 숭고한 신앙 및 인격에 대해 증거한다

사람들은 언제나 자기의 업적을 공명심이나 자신의 지위를 드러내는 데 사용한다. 그는 자신의 업적이 많음을 인정했다. 그러나 그 모든 것이 자신으로 말미암지 않고 하나님의 은혜로 된 것임을 강조했다. 이는 우리가 본받고 따라야 할 신앙이요 인격이다. 그리하여 하나님께 영광을 돌리자.

결론(結論)

하나님의 이름을 높이는 것이 최고의 신앙이요 경건임을 명심하자.

제16장 연보 문제와 결론과 축도

❋ 신앙과 실천(1–9)

고린도 교회에 대한 바울의 권면을 통해 올바른 헌금과 사랑의 실천에 대해 알아보자.

첫째: 각 사람이 얻은 대로 연보하도록 권면함

바울이 가르친 헌금에 대한 원리는 각 사람이 마음에 정한 대로였다. 바울은 모든 사람에게 일률적인 헌금을 적용하지 않고, 수입에 따라 소득이 많은 자는 많이 하고 적은 자는 적게 하는 원리를 제시한 것이다. 우리는 이 원리 안에서 '하나님은 즐겨내는 자를 사랑하신다'는 말씀을 따라서 헌금을 해야 한다.

둘째: 규칙적으로 헌금하도록 권면함

'매 주일 첫 날에'라는 말은 주일에는 모여서 기도하고 떡을 떼며 예배를 드릴 뿐 아니라 규칙적으로 헌금을 하였다는 말씀이다. 신앙생활에 있어서 규칙적인 생활은 많은 도움을 준다. 규칙적인 헌금은 하나님께서도 받으실 만한 예물이다. 항상 준비하는 마음으로 드려지기 때문이다.

셋째: 가난한 자들을 생각하라고 권면함

헌금은 하나님께 드리는 예물이지만, 그 구체적인 사용은 가난한 자들을 위해서도 사용되어야 한다. 참된 경건은 고아와 과부를 그 환난 중에 돌아보는 것(약 1:27)이다. 우리는 가난한 자들을 공동체 내에서 평균케 하는 일에 우리의 헌금을 사용해야 할 것이다. 이것도 주의 뜻임을 명심해야 한다.

결론(結論)

성도는 최선을 다해 정성과 물질을 드려야 하며 교회는 하나님의 영광을 위해 유용하게 사용해야 한다.

고린도후서

서론

<table>
<tr><td>주 제</td><td colspan="3">바울의 사역과 하나님의 은사</td><td>저 자</td><td>바 울</td><td>기록장소</td><td>빌립보로 추정</td></tr>
<tr><td>기록연대</td><td colspan="3">A.D. 55-57년경</td><td>대 상</td><td colspan="3">고린도 교인과 세계 각지의 그리스도인</td></tr>
<tr><td>대 지</td><td colspan="3">바울의 사역</td><td colspan="2">바울의 모금 활동</td><td colspan="3">바울의 사도직에 대한 변호</td></tr>
<tr><td rowspan="2">구 분</td><td colspan="8">1:1 2:14 6:11 8:1 8:7 10:1 11:1 12:14 13:13</td></tr>
<tr><td>계획의 변경</td><td>전도사역의 원리</td><td>고린도인을 향한 계획</td><td>마게도냐인의 모험</td><td>고린도인을 향한 훈계</td><td>고소자들에 대한 답변</td><td>사도직을 변호함</td><td>자신의 임박한 방문을 알림</td></tr>
<tr><td>요 절</td><td colspan="8">"우리는 우리를 전파하는 것이 아니라 오직 그리스도 예수의 주 되신 것과 또 예수를 위하여 우리가 너희의 종 된 것을 전파함이라"(4:5)</td></tr>
</table>

고린도후서 이해

사도 바울은 고린도전서를 기록한 A.D. 55년, 바로 그 해 가을에 다시금 바울 자신에 대해 오해하고 있는 고린도 교회의 어두운 소식을 접하고 시급히 두 번째 편지인 본서를 써야 했다.

고린도전서의 경우는 교인들이 도덕적·교리적으로 해이해져 있었어도 바울의 사도권에 대해서는 신뢰하였으므로 서신으로써 소기의 목적을 달성할 수 있었다. 그러나 이번에는 유대주의자들의 사주를 받은 일부 교인들이 근본적으로 바울의 사도권 자체에 대하여 도전하고 나선 것이다. 이에 그는 자신에 대한 비방과 오해를 불식시키고, 교회 내에 침투한 불순 세력들의 실상과 저의를 밝힘으로써 복음의 진실성과 자신에 대한 신뢰를 다시금 회복하고자 펜을 들게 된 것이다.

그러한 까닭에 사도 바울은 다른 어느 서신보다도 본 서신에서 자신의 인간적인 모습을 적나라하게 보여 준다. 다시 말해서 사도로서 택함 받은 자신의 소명과 권위를 밝히기 위해 바울은 사도가 된 후 당한 고난과 역경의 참 의미를 진술하고, 대적자들의 터무니없는 비방에 대해서는 그 모순된 내용들과 아울러 불건전한 동기들을 공박하고 있다.

또한 본 서신은 그 내용의 구성에 있어서도 예루살렘의 가난한 성도들을 위한 연보 문제를 다룬 8, 9장을 제외하고는 전체적으로 바울의 사도권 문제를 다루고 있어서 가히 바울의 자서전이라 불릴 만하다. 만약 사도권의 권위를 의심하는 자들을 향하여 남긴 이 특이한 바울의 자서전적 고백이 없었다면, 우리는 우리와 똑같은 인간으로서 사도 바울이 겪은 갈등과 고충을 알지 못한 채, 그저 피상적으로 탁월하고 특별한 인물이라고만 평가했을 것이다.

본서를 통하여 우리는 하나님의 참 일꾼에게 임한 환난을 보며 안이하게 일신의 안락만을 추구하여 기독교를 여타 종교 중 하나 정도로 전락시킨 우리의 모습을 돌아보게 한다.

기록 목적

바울은 고린도전서를 써 보낸 후 고린도교인들이 어떻게 반응했는지 매우 궁금하고 걱정이 되었다. 그는 디도를 보내어 그 후 고린도 교회의 상태를 알아보게 하고 자신은 드로아(고후 2:13)에서 마게도냐로 건너가 그곳에서 디도를 만나 고린도 교인들이 회개하고(5:9) 바울을 간절히 사모한다(7:7)는 보고를 들었다. 그러나 바울을 반대하는 자들은 바울의 사도직을 의심하고(1:17), 탐욕을 비난하였다(10:1).

이에 대해 그는 자신이 느낀 위로와 기쁨을 표현하고, 아시아에서 겪었던 어려움과 여행 계획이 변경된 이유를 알림과 동시에 믿지 않는 자와 멍에를 메지 말 것과 기독교 사역의 참 본질과 고귀한 사명을 깨닫게 하였다. 또한 아직 회개하지 않은 자들과 거짓 선생에 대한 경고, 자신의 사도직 변호, 예루살렘의 가난한 성도들을 위해 헌금을 준비케 하도록 본서를 기록하였다.

기록 배경

고린도후서는 여러 가지 방식으로 A.D. 50년경 교회 설립부터 A.D. 55-56년 이 서신을 쓸 때까지의 기간 동안 바울이 고린도 교회에서 사역했음을 말해 준다. 바울은 고린도 교회를 바로 세우고 교회 내에 실제적인 문제를 해결하고자 고린도전서를 기록하였다. 그러나 고린도 교회는 바울로부터 서신을 받은 후에도 제반 문제를 해결하지 못하였다. 그래서 바울은 고린도 교회를 두 번째 방문했으나(고후 12:14, 13:1) 별다른 성과를 얻지 못했던 것으로 보인다.

이러한 상황에서 바울은 디도를 고린도 교회에 파송하였는데, 디도의 권면을 통하여 고린도 교인들이 자신들의 잘못을 반성하였으며 바울과의 화해를 원하고 있다는 소식을 듣게 되었다(고후 2:5-11, 7:9, 10). 이에 마음에 기쁨을 얻은 바울은 다시 고린도 교회를 방문하려는 계획을 갖고서 본 서신을 기록하였다.

내용 분해

Ⅰ. 인사 1:1,2

Ⅱ. 바울의 사역의 설명 1:3-7:16

A. 위로의 고난 1:3-11

B. 계획의 변경 1:12-2:4

C. 근심하게 한 자를 용서 2:5-11

D. 드로아에서의 혼란 2:12,13

E. 기독교 사역의 본질 2:14-7:4

1. 생명과 죽음의 문제 2:14-17
2. 살아 있는 천거서 3:1-3
3. 하나님으로부터 오는 만족 3:4-6
4. 새 언약 안에서 벗겨지는 수건 3:7-18
5. 고결함과 투명함 4:1-6
6. 예수와 함께 살고 죽음 4:7-15
7. 외적인 전망 4:16-5:11
8. 화목케 되어 화목하게 함 5:12-6:2
9. 사역의 대가를 지불 6:3-10
10. 거룩함을 위한 간절한 호소 6:11-7:4

F. 고린도의 소식을 듣고 기뻐함 7:5-16

Ⅲ. 관대하게 베풀기 8:1-9:15

A. 마게도냐인과 예수의 사례 8:1-9

B. 선한 뜻의 성취 8:10-12

C. 자원의 공유 8:13-15

D. 믿을 만한 사자 8:16-24

E. 시의적절한 연보의 준비 9:1-5

F. 주는 복 9:6-15

Ⅳ. 사도적 권위의 변호와 사용 10:1-13:10

A. 피상적 평가를 꾸짖음 10:1-11

B. 어리석은 비교를 꾸짖음 10:12-18

C. 교회에 대한 경건한 경계 11:1-4

D. 거짓 사도들과의 비교 11:5-15

E. 고린도인의 오도된 관용 11:16-21

F. 바울의 마지못한 자랑 11:22-12:13

G. 세 번째 방문의 공표 12:14-13:10

1. 바울의 정직한 동기 12:14-19

2. 반항자로 머무는 데 대한 경고 12:20-13:4

3. 자신을 시험하라는 요구 13:5-10

V. 마무리 인사 13:11-13

| 장별 핵심 메시지 |

제1장 바울의 감사와 변명

❀ 최고의 자랑(12-14)

바울은 자랑이란 말을 29회나 사용하고 있다. 바울은 하나님과 성도들 앞에서 무엇을 자랑했나?

첫째: 거룩함과 진실함(12)

바울은 복음을 전할 때 거룩함과 진실함으로 했다고 자랑한다. 바울은 간사함이나 성도들을 속이는 궤계로 복음을 전하지 아니했다. 또한 어떤 이익을 바라는 더러움도 없었다. 오히려 자기가 전하는 복음이 방해받지 않도록 밤낮 수고함으로써 성도들에게는 누를 끼치지 않으려고 노력했다.

둘째: 하나님의 은혜로 행함(12)

바울의 자랑은 계속된다. '육체로 아니했다'는 말은 사람의 말이나 지혜로 하지 아니하고 오직 성령의 나타남과 능력으로 복음을 전했다는 것이다. 바울은 자신의 인간적인 조건을 의뢰하지 아니하고 하나님의 은혜만을 의지하였다. 그래서 그는 "나의 나 된 것은 하나님의 은혜로다"라고 고백하였다.

셋째: 주 예수의 날의 고린도 성도(14)

하나님의 은혜로 하지 아니한 모든 것은 사단의 자랑거리일 뿐이다. 바울의 마지막 자랑은 자신이 아니라 복음을 듣고 하나님의 자녀가 된 고린도 교회 성도들이었다. 예수님께서 오시는 날에 고린도 교인들은 바울의 자랑으로서 바울의 큰 상급이 될 것이다. 사도 바울은 이 사실을 알고 미리 기뻐하였다.

결론(結論)

바울의 자랑을 교훈으로 삼아서 하나님과 성도 앞에서 양심에 거리낌이 없는 성도들이 되어야 한다.

제2장 그리스도의 향기

❃ 오직 주님만(12–17)

본문에서 평생을 한결같이 살았고 그의 존재 이유가 이 일을 위해서인 한 사람을 만나게 된다.

첫째: 주 안에서 복음의 문이 열림

바울의 최대 관심사는 언제든지 그리스도의 복음을 할 수 있는 대로 많은 사람들에게 전하는 것이었다. 그런데 우리가 복음 사역과 관련하여 이해해야 할 한 가지 분명한 사실은 그분이 문을 열어주셔야만 형통하게 된다는 것, 그분의 도우심이 없이는 열매를 기대하기가 불가능하다는 것이다.

둘째: 바울의 마음이 편하지 못했던 까닭

주께서 복음의 문을 열어 주셨음에도 바울의 마음이 편하지 못했던 까닭은 교회를 위한 염려 때문이었다. 그는 자신을 위해서는 아무것도 염려하지 않았다. 항상 그의 마음을 누르고 있었던 것은 주의 교회들과 성도뿐이었다. 우리는 참 목자의 정신을 그에게서 배우도록 해야 한다.

셋째: 그리스도를 아는 냄새를 각처에서 나타내심

그리스도를 아는 지식은 일반적인 지식과는 다르다. 이 지식은 머리로 터득하는 것이 아니라 몸으로 터득하는 것이며, 오직 주님만 따라 외길을 가는 사람만이 나타낼 수 있다. 그는 일생 동안 외길을 걸었던 사람이고, 성도의 모본으로써 우리가 본받고 따라가야 할 위대한 신앙과 생활을 보여 주었다(고전 11:1).

결론(結論)

성공적인 사역을 원하는 사람들은 그분의 도움을 의뢰해야 한다.

제3장 영광의 직분

❋ 새언약의 우월성(1–11)

바울은 새언약의 우월성을 들어 하나님이 주신 복음의 영광을 교훈하고 있다.

첫째: 새 언약의 편지(1–5)

추천서를 요구하는 성도들에게 바울은 성도들이 바로 사신의 추천서라고 말한다. 고린도 교인들은 바울이 복음을 전하며 교회를 어떻게 세웠는지 처음부터 보았던 산 증인들이기 때문이다. 하나님께서는 새 언약에 따라 성도들에게 새 마음을 주시고 그 마음에 말씀을 새겨 주셨다.

둘째: 새 언약의 직분(6–9)

바울은 자기의 권위를 의심하는 성도들에게 하나님으로부터 새 언약의 일꾼으로 세움을 받았다고 말한다. 새 언약은 행위에 근거하지 않고 은총에 근거를 두고 있는 언약이다. 돌에 써서 새긴 죽게 하는 의문의 직분도 영광스러웠는데, 하물며 영의 직분은 어떻겠는가? 그리스도인은 새 언약을 가진 영광스런 일꾼들이다.

셋째: 새 언약의 영광(10, 11)

없어질 율법도 영광으로 주어졌다. 그러나 새 언약의 복음은 영원히 있을 것이므로 더욱 영광스러운 것이다. 복음을 가진 성도들은 이 영광 가운데서 사는 자들이다. 성도들은 그리스도 안에서 성령으로 거듭나서 이 영의 직분에 참여한 자가 되었으므로 장차 성도들의 영광도 해와 같이 빛날 것이다.

결론(結論)

그러므로 성도들은 자신이 직분과 사역에 대해 긍지와 자부심을 느껴야 한다.

제4장 질그릇에 담긴 보배

❀ 보배로운 생명(7-18)

본문은 하나님의 영원하신 능력과 인간의 나약한 모습을 비교하며 보여주고 있다.

첫째: 질그릇에 가진 보배(7)

하나님께서는 성도들에게 보배를 주셨다. 그것은 예수 그리스도의 얼굴에 있는 하나님의 영광을 아는 빛(6)이다. 이것은 예수의 부활의 생명을 말한다. 그런데 왜 이 보배로운 생명을 질그릇 같은 우리의 육체 가운데 주셨는가? 이것을 통해서 능력은 오직 하나님께만 있음을 가르쳐 주시기 위함이다.

둘째: 생명의 능력(8-15)

질그릇은 사방으로 우겨쌈을 당한다. 그러나 생명은 싸이지 아니한다. 질그릇은 답답한 일을 당하고 핍박을 받으며 거꾸러뜨림을 당한다. 그러나 우리 안에 있는 보배로운 생명은 낙심하지 않으며 버린 바 되지 않으며 망하지 않는다. 오히려 이 생명은 예수 그리스도와 함께 부활의 생명으로 영광 가운데 나타나게 된다.

셋째: 날로 새로운 속사람(16-18)

"겉 사람은 후패하나 우리의 속사람은 날로 새롭도다"(16). 바울은 많은 환난과 고난 속에서 겉 사람은 늙고 힘을 잃어 간다고 고백한다. 그러나 보이는 것은 잠깐이다. 우리 안에 주신 보배로운 생명은 날마다 더욱더 새로워지고 있으며 보이지 않는 영원한 영광을 이루어 가고 있는 것이다.

결론(結論)

우리도 우리의 연약한 질그릇에 담긴 귀중한 보배를 위해 항상 예수의 죽으심을 체험하며 살아야 한다.

제5장 장막 집과 영원한 집

❀ 최후 소망(1-10)

바울은 본장에서 손으로 지은 집과 영원한 집을 비교하면서 현세와 내세의 생명에 대해 논하고 있다.

첫째: 장막집이 무너지면(1)

많은 사람들이 죽음을 두렵게 생각한다. 그러나 바울은 죽음 저편을 확실히 알고 있기 때문에 큰 확신에 가득 차 있다. 바울은 손으로 지은 장막 집과는 전혀 다른 영원한 집이 있음을 알고 있는 것이다. 예수님께서도 "내가 너희를 위하여 처소를 예비하러 가노라"라고 말씀하셨다. 성도는 이 소망을 가지고 살아가야 한다.

둘째: 오직 덧입고자 함이니(2-5)

성도들의 올바른 소망은 고통스런 몸을 벗어 버리려는 태도가 아니다. 바울은 오히려 "벗고자 함이 아니요, 오직 덧입고자 함이니"라고 말하고 있다. 성도는 죽을 것에서 영원한 생명으로 덧입고자 하는 소망을 가져야 한다. 우리가 장막 집을 벗고자 하는 것은 부활의 몸을 입고자 하는 간절한 소망 때문이다.

셋째: 주를 기쁘시게 하는 자 되기를 힘쓰자(6-10)

우리가 원하는 바는 몸을 떠나 주와 함께 거하는 것이다. 그것은 너무도 영광스러운 것이기 때문이다. 그러나 우리는 보는 것으로 행하지 않고 믿음으로 행해야 한다. 우리의 올바른 태도는 거하든지 떠나든지 주를 기쁘시게 하고자 하는 목적으로 사는 것이다. 즉 살든지 죽든지 주를 기쁘시게 하는 것이다.

결론(結論)

성도는 결코 죽음을 두려워하지 말고 어떤 상황에서도 주를 기쁘시게 하는 생활을 해야 한다.

제6장 성별된 생활태도

❁ 하나님의 백성(11-18)

하나님의 백성은 지금 이 세상에서부터 하나님의 백성다워야 되며 또 하나님의 백성답게 살아야 한다.

첫째: 마음을 넓혀야 한다

불신자들에게 그리스도인들이 받는 비난 중 하나는 마음이 좁다는 것이다. 하나님의 영광을 위해서 우리는 마음을 넓혀야 한다. 우리 하나님은 이 광대무변한 우주를 창조하셨다. 우리는 성령 하나님을 우리 마음에 모시고 그 역사를 충만케 해야 한다.

둘째: 후한 사랑을 보여야 한다

성령 충만한 사람은 그 마음이 우주같이 넓어진다. 인간의 사랑은 조건적이고 한정적인 사랑이지만 아가페적 하나님의 사랑은 무조건적이며 무한정적 사랑이다. 그리스도의 사랑이 충만한 사람은 그 가슴이 무한정 넓어진다. 이웃을 내 몸같이 사랑하고 원수를 사랑하는 것이 넓은 마음이다.

셋째: 그리스도인의 상(像)을 세워야 한다

세상에서 살되 결코 세상과 같지 않은 것이 그리스도인의 상이다. 그리스도인의 의식구조는 무신론적이고 불신앙적인 세상 사람들의 의식구조와는 달라야 한다. 그리스도인은 오직 하나님의 말씀인 성경을 표준으로 삼는 삶의 모습을 보여야 한다. 그리스도인은 거룩함에 그 절대적 특성이 있다.

결론(結論)

하나님의 백성은 넓은 마음을 갖고 후한 사랑을 보이며 그리스도인의 상을 세워야 한다.

제7장 고린도 교회에 대한 바울의 사랑

❋ 바울의 책망과 칭찬(12–16)

사도 바울은 고린도 교인들에게 책망과 칭찬을 같이 했다. 이는 신앙성장에 중요한 두 가지 요소이다.

첫째: 책망의 의미

책망은 범죄하거나 잘못한 사람에게 내리는 징계이다. 우리는 잘못했을 때도 징계가 없기를 바란다. 그러나 잘못했음에도 불구하고 하나님의 징계가 없다면 그것은 큰일이다. 그것은 하나님께서 그 사람에 대하여 전혀 무관심하다는 증거이며 버림받았다는 뜻이기 때문이다. 주의 백성에게는 징계가 따른다.

둘째: 책망에 대한 자세

책망을 받을 때 우리는 그 책망이 너무 가볍다고 경히 여기지 말아야 하며, 너무 크고 고통스럽다고 낙심하지 말아야 한다. 책망은 크건 작건 간에 하나님께서 사랑하시므로 연단시키고 부르시며 목적을 이루려 하시기 때문이다. 징계와 책망으로 하나님에게 귀하게 쓰일 더 큰 그릇이 되어가는 것이다.

셋째: 칭찬의 뜻

칭찬은 격려가 되며 전진에 있어서 크게 고무시키는 결과를 만든다. 사도 바울은 책망도 했으나 기회가 있을 때마다 성도들을 칭찬하는 데 인색하지 않았다. 칭찬은 잘한 것에 대한 긍정적 평가이다. 사도 바울이 그들을 칭찬한 것은 책망을 겸손하게 잘 받아들여 책망 받은 사실에 대하여 회개하고 개선했다는 점이다.

결론(結論)

인간 가운데 완전한 자는 아무도 없다. 그러므로 잘하는 자보다 틀린 것을 고치는 자가 더 잘하는 자이다.

제8장 연보와 구제에 대하여

❀ 연보의 원리(12–15)

본문은 하나님께서 받으시고 기뻐하시는 연보의 원리에 관해 언급하고 있다.

첫째: 하나님은 마음을 중히 여기심

하나님께서 기뻐하시는 연보는 분량이 아니라 마음이다. 인색함으로 드리는 연보는 그 분량과 관계없이 주께서 받지 않으신다. 하나님께서 기뻐하시는 것은 물질 자체가 아니라 마음인 것이다. 주님께서 칭찬하신 가난한 과부의 연보는 두 렙돈뿐이었다. 그러나 그는 마음을 다하여 드렸기 때문에 칭찬을 받을 수 있었다.

둘째: 하나님은 평균케 하시는 분임

하나님은 평등의 원리를 중히 여기신다. 따라서 연보에 관한 요구도 이 원리에 지배되는 것이다. 적게 가진 자들에게 많은 것을 요구하지 아니하시고, 또 많이 가진 자들에게 적은 것을 요구하지 아니하신다. 각자가 분량에 따라서 최선을 다해야 한다. 이것이 하나님께서 기뻐하시는 연보이다.

셋째: 가진 자들의 나눔에 대한 책임

연보에 대한 교훈은 가진 자들의 나눔에 대한 책임을 알게 한다. 가진 자들은 그 소유에 대한 절대적인 권리가 하나님께 있음을 인식하고 가난한 사람, 소외된 사람들과 함께 나누기를 힘쓰도록 해야 한다. 나눔의 단절은 신앙적 타락과 깊은 관련이 있다. 우리의 평생이 나눔의 삶이어야 한다.

결론(結論)

우리는 그리스도 안에서 서로가 서로의 짐을 짐으로써 그리스도의 법을 성취하도록 해야 한다.

제9장 연보에 대한 교훈

❋ 연보와 축복(6-15)

연보는 물질을 하나님께 드리는 것이다. 하나님께 드림은 순수함이 그 정신이어야 한다.

첫째: 연보의 양대 정신

이것은 신앙고백의 행위이다. 만물은 하나님께서 지으셨다. 나와 내 삶의 모든 것은 하나님의 은혜와 축복으로 말미암은 것이라고 하는 신앙고백으로서의 연보이다. 또한 감사표현의 행위이다. 내게 생명을 주시고, 내가 지은 죄로 영원히 지옥의 멸망을 받아야 할 나를 십자가 대속으로 구원해 주심에 감사하는 것이다.

둘째: 연보의 의의

주님은 목숨 버려 나를 구원해 주셨다. 그러나 아직 이 복음을 알지 못하는 수많은 불신자들이 있다. 우리 신앙 역시 하나님의 나라에 들어갈 때까지 존속시켜야 한다. 이를 위해 경비가 필요하다. 교회 운영비도, 전도비도, 교육비도 필요하다. 연보는 여기에 동참하는 행위이다.

셋째: 연보 드린 자에게 주시는 축복

우리는 신앙고백으로, 감사함으로, 예배의 가시적 표현으로, 하나님 사역에 참여함으로, 순수한 마음으로 하나님께 연보를 드리지만, 하나님께서는 연보 드린 사람에게 축복해 주시겠다고 약속하셨다. 하나님 백성 된 자의 의무는 그 이행 여부에 따라서 권리가 주어지는 것이다.

결론(結論)

연보는 그리스도인의 희생, 사랑, 봉사정신과 그 복이 맞물려 있는 것이다.

제10장 바울의 사도권에 대한 변명

❀ 작은 자 같으나 큰 자(1–18)

바울은 천 년에 한 번 태어날까 말까 한 위대한 인물이었다. 그러나 그는 고린도 교회 일부 교인들로부터 비겁하다느니 연약하다느니 하는 비평을 받으며 졸장부 취급을 받았다. 어째서 바울은 이렇게 졸장부 취급을 받았을까? 그 이유를 한번 생각해 보자.

첫째: 그의 풍채가 초라했기 때문일 것이다

찌르는 가시가 그를 더 초라하게 했고 외모에 관심이 없는 바울의 풍채는 보기에 매우 초라했을 것이다. 자비량 전도를 위해 천막을 깁는 바울의 옷차림은 결코 신사가 될 수 없었을 것이다. 또 내조자가 있어 알뜰히 살펴주지 못했을 터이니 노총각, 아니 홀아비 냄

새가 나는 그의 풍채는 그다지 시원하지 못했을 것이다. 풍골이 좋고 용모가 수려했다면 좋았으련만 지나치게 초라한 그의 풍채는 외모만을 보는 속인들에게 졸장부로 보일 수밖에 없었을 것이다.

둘째: 그의 말이 인기가 없었기 때문일 것이다

그때나 지금이나 사람들의 귀는 극히 선동적이고 기발한 말을 즐겨 듣는다. 그런데 바울의 말이란 언제 들어봐도 죄니, 회개니, 구원이니, 십자가니, 부활이니 하는 말만 늘 되풀이하니, 새롭고 기발한 이야기만을 추구하는 고린도 사람들의 귀에는 그 말이 시원치 않다고 볼 수밖에 없었을 것이다.

셋째: 그의 몸에 배인 온유와 겸손 때문일 것이다

언제나 영웅적인 지도자란 패기도 있고 박력도 있어야 한다고 세상은 생각한다. 그런데 바울은 언제 보아도 어질고 착하기만 하다. 지도자는커녕 자기 먹을 것도 찾아먹지 못하는 졸장부같이 보였을 것이다. 세상의 사고방식이 그렇기 때문에 좀더 돋보이기 위해서 풍채를 다듬고, 인기 있는 설교자가 되기 위해서 실속 없는 열변을 토하기도 하고, 거물로 보이기 위해서 거드름을 피우기도 한다. 그래서 환영도 받고 인기도 얻는다. 그러나 바울은 시종여일하다. 허장성세(虛張聲勢)보다는 겸손한 종이 되길 힘쓰며 누가 뭐라 해도 십자가만 증거했다. 자기가 너무 비대해지므로 그리스도가 작게 보여질까봐 두려워할 줄 아는 바울이었다.

결론(結論)

바울은 초라하게 보였지만 위대한 인물이었다. 우리는 풍채가 초라해도, 말에 인기가 없어도 주님만 위대해진다면 그것으로 만족할 수 있어야 한다. 허장성세보다는 겸손한 종이 되기를 힘써야 한다.

제11장 그리스도의 참된 일꾼

❁ 전도자 바울(1–6)

본문은 맡은 바 소명에 충실하며 그리스도를 전도하는 일로 평생을 살아갔던 바울에 관해 언급하고 있다.

첫째: 그리스도를 위한 중매인

그는 유능한 중매장이가 되어 그리스도의 신부들을 그리스도께로 인도했다. 전도자는 중매장이와도 같아서 신랑과 신부에 관한 인적 사항을 자세하게 알아야 함은 물론, 거짓됨이 없이 진실하도록 해야 한다. 성도 중에는 그리스도에 관해 그릇 전하는 경우가 있는데 이는 중매장이 역할을 제대로 못하는 것이다.

둘째: 다른 사도들보다 조금도 부족함이 없음

바울은 다른 사도들에 비해 나중 된 자였으나 그 누구도 하지 못한 위대한 일을 성취했다. 따라서 성도들은 먼저 되었다고 자만할 것도 없고 나중 되었다 하여 실망할 필요도 없다. 나중 된 자가 먼저 될 수 있기 때문이다. 누구든지 맡겨주신 일에 최선을 다하기만 하면 주께서 기뻐하시고 더 많은 일을 맡겨 주신다.

셋째: 말에는 부족하나 지식은 넘침

바울은 스스로를 달변가로 여기지 않았다. 그의 글들은 힘이 있었던 데 반해 구변이 좋지 못했다고 고백한다. 하나님의 일꾼들 중에, 가장 위대하게 쓰임 받았던 사람들 가운데도 이처럼 약점이 없는 사람은 없었다. 하나님의 부르심과 은혜는 인간의 모든 약점을 초월하며, 그것을 통해 더 위대한 일을 성취하실 수 있다.

결론(結論)

언제, 어디에 있든지 성도의 주된 관심은 주께서 맡겨주신 사명, 즉 복음을 전하는 일이어야 한다.

제12장 바울의 신비적 체험

❀ 사도 바울의 겸손(1–10)

믿음의 세계는 세상과는 완전히 다르다. 이 사실을 사도 바울이 증명하고 있다.

첫째: 영광을 자랑하지 않았다

사도 바울은 살아 있을 동안 천국에 가서 그 영광의 세계를 다 경험한 것이 틀림없다. 그가 경험한 세계는 너무 영화로운 것이기 때문에 그 일부만 말한다고 해도 모든 사람이 크게 놀랄 것이 분명하다. 그럼에도 바울은 자신의 경험을 자랑하지 아니하고 오히려 더 자신을 낮추었다.

둘째: 그리스도를 자랑했다

바울은 자신의 체험을 이야기 할 때 그리스도 안에 있는 한 사람이라고 소개하고 있다. 이는 체험의 주체가 사람이 아니고 그리스도라고 강조한 것이다. 자신의 체험을 이야기하면서 자신은 뒤로 감추고 자신의 체험의 주체이신 그리스도를 내세워 영광을 그리스도께 돌렸다.

셋째: 약한 것을 자랑했다

사도 바울에게는 하나님이 허락하신 가시가 하나 몸에 있었다. 그 가시가 무엇인지는 알 수 없지만 그러나 그것으로 인해 바울이 약해지는 것만은 분명하다. 바울은 그 가시로 인해 자신이 약하여진 것을 감사하고 기뻐하며 자랑했다. 왜냐하면 자신의 연약함을 통해 주님의 강한 능력이 드러나기 때문이다.

결론(結論)

바울과 같은 사람도 자신을 낮추고 그리스도만을 높이는 일에 힘썼다. 하물며 우리는 어떠해야 할까!

제13장 마지막 경고와 작별 인사

❁ 자신을 시험하라(5-10)

자신을 살피는 일과 관련하여 성경은 "그런즉 선 줄로 생각하는 사람은 넘어질까 조심하라"고 말씀하고 있다.

첫째: 믿음 안에 있는가 시험하라고 말한다(5)

믿음에 대한 점검은 '예수 그리스도께서 내 안에 계신지'의 여부를 살펴보는 것이다. 누구를 막론하고 그분이 내 안에 계시지 않다면 그는 버려진 자임을 명심해야 한다(갈 2:20). 믿음이란 단순히 종교적 관념이나 추상이 아니라 그리스도와의 생명적이고 인격적인 연합임을 명심해야 한다.

둘째: 선을 행하는가 시험하라고 말한다(7)

성도는 선을 행하도록 그리스도 안에서 새로 지으심을 받은 특별한 사람들이다. 마땅히 선행에 힘써야 한다. 누구에게나 악에는 보응이 따르게 마련이지만, 특별히 그리스도인들에게는 더욱 그러하다. 그러므로 우리는 부지런히 자기를 살펴서 악행하는 일이 없도록 해야만 주님께로부터 칭찬을 듣는다.

셋째: 온전케 되었는지 시험하라고 말한다(9)

자기 직무에 온전히 충실하고 있는지, 말씀을 비롯한 경건 훈련에 온전히 임하고 있는지, 성령을 좇아서 행하며 주어진 모든 봉사에 충실하고 있는지의 여부를 살펴서 그분 앞에 부끄러움이 없도록 최선을 다해야 한다. 온전치 못한 조그만 실책은 예기치 못한 큰 불행을 만난다.

결론(結論)

우리는 우리 자신이 제대로 서 있는지 자가 점검을 항상 해야 한다.

갈라디아서

서론

주 제	믿음으로 의롭게 된다는 참된 복음과 실천		저 자	바울	기록장소	마게도냐
기록연대	A.D. 56년으로 추정		대 상	갈라디아 교회		
대 지	바울의 변호		복음의 해설		복음의 적용	
구 분	1:1	2:1	3:1	4:1	5:1	6:18
	바울의 사도직	바울의 권위	율법의 올무	은혜의 자유	성령의 열매	
요 절	"그리스도께서 우리로 자유롭게 하려고 자유를 주셨으니 그러므로 굳건하게 서서 다시는 종의 멍에를 메지 말라"(5:1)					

갈라디아서 이해

고린도후서를 기록한 지 얼마 되지 않아 사도 바울은 A.D. 56년경 '기독교 자유의 대헌장'이라 불리는 본서를 쓰게 된다.

바울의 선교 사역에는 그 자신도 회개하기 전 함께 몸담았던 유대주의자들의 음모와 방해가 끊임없이 뒤따랐는데, 그들은 때로는 폭력과 선동으로, 때로는 양의 탈을 쓰고 잘못된 교리를 교회 내에 퍼뜨림으로써 복음의 정착 내지 확장을 강력히 저지하고자 했다. 이미 고린도후서에서 살펴보았듯이 이런 유대주의자들은 이제 갈라디아의 여러 교회에도 잠입하여 바울의 사도권을 부정했을 뿐 아니라 구원받기 위해서는 구약 율법에 규정된 할례와 율법을 다 지켜야 한다고 말함으로써 믿음으로 말미암는 은혜의 복음을 정면으로 부인하고 나섰다. 그렇잖아도 복음을 접한 지 얼마 되지 않아 신앙의 기반이 약한 갈라디아 지역의 교인들은 유대주의자들의 이러한 주장으로 말미암아 큰 혼란에 빠질 수밖에 없었다.

본서는 이처럼 기독교 교리의 핵심 문제, 즉 인간은 자신이 행한 업적 때문이 아니라 오직 믿음을 통해서만 구원받는다는 진리를 매우 긴박한 위기 상황하에서 다루는 까닭에 다소 전투적이며 격앙된 분위기를 느끼게 한다. 특히 십자가 복음의 우월성을 설명하기 위해 복음과 율법의 차이점을 여러 측면에서 예리하게 대조시키고 있는 3, 4장은 신·구약 성경의 유기적인 연결성을 보여 주는 중요한 의미를 내포한 대목이라 하겠다.

본서는 크게 두 부분으로 나누어지는데 전반부인 1-4장은 율법주의자(律法主義者)들의 잘못된 가르침을 지적하고 믿음으로 말미암는 구원의 복음을 이론적으로 강론하고 있으며 후반부인 5, 6장은 이 은혜의 복음을 통해 구원함을 받은 성도들이 추구해야 할 성령 충만한 삶의 실천적 측면을 언급하고 있다.

본서는 교리적 탈선과 그릇된 복음이 난무하는 현대를 사는 우리들로 하여금 다음과 같은 중요한 두 질문 앞에서 스스로의 신앙 상태를 점검하도록 늘 일깨워 준다.

당신은 하나님의 독생자이신 예수 그리스도의 죽으심을 통해 값없이 주어진 이 구원의 선물 외에 혹시 다른 구원의 방법을 찾고 있지는 않은가? 당신은 예수 그리스도의 크신 희생의 대가로 주어진 소중한 심령의 자유를, 성령의 열매를 맺기 위한 노력 대신에 자신의 이기적인 욕망을 채우는 데 허비하고 있지는 않은가?

기록 목적

갈라디아의 수신자는 어느 특별한 교회가 아니라 갈라디아 지방에 있는 여러 교회일 것이다. 갈라디아는 로마의 행정구역을 나타내는데, 바울은 흑해 연안에 있는 북 갈라디아 지방에 갔다는 기록이 없다. 그러므로 아마도 갈라디아서는 남쪽 지역 도시들(안디옥, 이고니온, 행 13-14장)에 있는 교회들에 써 보냈을 것이다.

갈라디아에서 바울의 전도는 성공적이었으며, 대부분의 이방인들은 그리스도를 열광적으로 받아들였다. 그 결과 각 지역에는 교회들이 세워졌는데, 바울이 떠난 후 유대주의 선생들이 들어와 바울의 사도권을 부정하고 구원을 받으려면 율법을 지키고 할례를 받아야 한다고 주장함으로써 교회를 분열과 혼란에 빠뜨렸다. 이런 주장을 한 것은 갈라디아인들이 이방인들과 친하게 지내는 것을 반대하는 극단주의 유대인들에게서 박해를 받지 않게 되기를 바랐기 때문이었을 수도 있다(6:12). 바울은 이것을 "다른 복음"(1:6)이라고 반박하고, 구원의 유일한 조건으로 믿음 외에 율법을 더 첨가함으로써 진리를 변질시키려는 율법주의자들의 잘못을 지적하고, 유대주의의 모순에 대한 복음의 입장을 올바르게 밝히기 위해 급히 붓을 들어 감사나 칭찬, 기도의 부탁 없이 엄격한 어조로 본서를 기록하였다.

기록 배경

바울은 이 편지를 '갈라디아의 여러 교회들'에게 썼다(1:2). 어떤 사람들은 여기의 갈라디아인들이 소아시아의 북부 중앙 지역에 살고 있었던 갈라디아인들, 즉 B.C. 3세기에 그 지역을 침략한 갈라디아인들의 자손들이었다고 믿는다. 그러나 바울이 이 편지를 로마 제국의 갈라디아 속령 남부 지역에 있었던 교회들, 즉 그와 바나바가 1차 전도여행 중에 세운 비시디아 안디옥, 이고니온, 루스드라, 더베 등의 교회들에게 썼다고 보는 것이 훨씬 더 개연성이 높다(행 13-14장). 나아가 이 편지는 바울이 1차 전도 여행을 마치고 안디옥 교회로 돌아온 직후 그리고 예루살렘 공회(행 15장) 직전에 쓰인 것으로 보인다.

갈라디아서의 주된 주제는 얼마 후 예루살렘 공회(A.D. 49년경; 행 15장)에서 다루어질 주제와 동일하다. 여기에는 다음과 같은 이중적인 질문이 포함된다. (1) 사람이 구원을 받고 하나님과 올바른 관계를 가짐에 있어 예수 그리스도를 구주와 주님으로 믿는 것이 유일한 요구인가? (2) 영적으로 구원받고 하나님과 올바른 관계를 갖기 위해 어떤 구약의 율법과 규례를 지키는 것이 요구되는가? 바울은 이와 같은 논쟁이 예루살렘 공회에서 정식으로 토론되고 교회의 공식적인 입장이 확정되기 전에 갈라디아서를 쓴 것으로 보인다.

내용 분해

Ⅰ. 서론 1:1-10

A. 인사 1:1-5

B. 갈라디아인의 변절 1:6, 7

C. 유대주의자에 대한 비난 1:8, 9

D. 바울의 진실성에 대한 진술 1:10

Ⅱ. 전기: 바울이 자신의 권위에 대해 변호하다 1:11-2:21

A. 그의 권위의 근원 1:11-24

B. 그의 권위에 대한 인정 2:1-10

C. 그의 권위의 드러남 2:11-21

Ⅲ. 교리: 바울이 자신의 복음을 변호하다 3:1-4:31

A. 논증을 통해 3:1-4:11

1. 갈라디아인의 경험 3:1-5
2. 구약의 가르침 3:6-14
3. 아브라함 언약의 특징 3:15-18

B. 율법의 목적 3:19-24

1. 바울에 대한 그들의 애정에 근거해서 4:12–18

2. 그들에 대한 바울의 애정에 근거해서 4:19, 20

C. 알레고리를 통해서 4:21–31

Ⅳ. 실천: 바울이 갈라디아인을 권고하다 5:1-6:10

A. 그리스도인으로서의 자유를 바르게 사용할 것 5:1–15

B. 성령으로 걸을 것 5:16–26

C. 서로의 짐을 질 것 6:1–10

Ⅴ. 결론 6:11-18

A. 율법주의에 대한 경고 6:11–13

B. 십자가의 중심성 6:14–16

C. 사도의 징표 6:17

D. 축도 6:18

| 장별 핵심 메시지 |

제1장 복음의 진실성과 사도의 변명

❋ 바른 복음과 참 자유(1–10)

갈라디아서는 이단과 사이비의 다른 복음이 침투한 교회에 바른 복음을 정립시킬 목적으로 기록되었다.

첫째: 다른 복음과 우리의 대책

예수 그리스도를 부활하게 하신 하나님 아버지에 의해 세워진 종들이 증거한 복음 이외의 변질된 복음이 초대 교회에 침투하였다. 그중 하나가 할례를 받고 율법을 지켜야만 구원받는다는 것이었다. 그러나 바울은 하늘로부터 온 천사라도 다른 복음을 전하면 저주를 받을 것이라고 강한 어조로 경고하였다.

둘째: 바른 복음과 우리의 의무

예수님이 우리 죄를 대속하여 십자가에 달려 죽으셨기 때문에(4) 우리가 예수님을 믿음으로 육체의 할례가 아니라 심령의 할례를 받게 되었다. 따라서 구원은 율법이 아니라 예수님의 십자가로 완성된다(롬 13:10). 그러므로 우리는 이 바른 복음을 사수해야 한다.

셋째: 영원한 참 자유인의 선언

갈라디아서는 '영원한 참 자유인의 선언'이라고 정의할 수 있다(갈 5:1). 자유는 사람이 율법으로 의로워지는 것이 아니고, 다시 죽으시고 나를 위해 사신 예수 그리스도를 믿음으로 말미암아 의로워진다는(2:16) 복음으로만 성취된다. 그것이 내 영혼의 햇살이 될 때에 신령한 은혜와 참 평강이(3) 넘치게 된다.

결론(結論)

바른 복음은 예수와 예수의 증거를 수용하는 것이다. 그 안에 참 자유가 있다.

제2장 예루살렘 사도회의

❋ 교회의 치리(11–14)

교회는 말씀(입법), 조직(행정), 치리(사법)의 조화로 성도를 다스린다.

첫째: 바로 행하는 치리

치리란 하나님의 말씀과 교회의 법도에 심히 어긋난 자를 책벌하는 것을 말한다. 본문에 보면 베드로가 이방인 그리스도인들과 함께 자유로이 식사하다가 유대인 그리스도인들이 방에 들어오자 얼른 밥상에서 물러나 외식적인 행동을 취하는 장면이 나온다. 바울은 이를 공개적으로 면책하였다.

둘째: 바로 따르는 치리

바로 행하는 치리일지라도 따르지 않고 대적하면 큰 문제가 된다. 이런 까닭에 치리를 바로 행하지 못하는 경우가 있다. 그런데 베드로는 바울이 행하는 교회의 치리에 잘 순종하므로 모든 성도들에게 믿음의 본을 보여 주었다. 오늘날의 성도들도 이런 본을 따라야 한다.

셋째: 선을 이루는 치리

지도자가 치리를 잘 행하고 성도들이 잘 따라주면 선을 이루는 치리가 되어 교회에 더 큰 발전이 온다. 교회에서 결정한 치리 내용에 대적하는 것은 옳지 못하다. 또한 치리하는 자가 감정적으로 처리하는 행위 역시 옳지 못하다. 오직 성경의 원리에 맞추어 하나님 안에서 선을 이루도록 해야 한다.

결론(結論)

교회에서 치리는 바로 행하고, 바로 따라야 선을 이룬다.

제3장 신앙과 율법과의 차이

❋ 율법과 복음(10-22)

바울은 율법과 복음을 확실하게 구별하지 못한 당시의 성도들을 어리석다고 했다

첫째: 율법은 행위의 법, 복음은 믿음의 법이다

율법은 행하라고 주셨고, 복음은 믿으라고 주셨다. 하나님께서 모세를 통해 내려주신 율법은 하나도 빠짐없이 지켜야 한다. 그러나 예수님께서 십자가와 부활을 통해 우리에게 주신 복음은 믿기만 하면 된다. 복음은 행함과 무관하게 듣고 믿는 것이다.

둘째: 율법은 죄를 깨닫게 하고, 복음은 죄를 사한다

율법의 많은 조항들을 다 지킬 수 있는 인간은 누구도 없다. 하나라도 어기는 순간 율법을 어긴 죄인이 된다. 율법은 죄를 깨닫게 할 뿐이다(롬 3:20). 그러나 나를 위해 죽으시고 다시 사신 그리스도를 믿기만 하면 주홍같이 붉은 나의 모든 죄가 복음으로 용서받는다(13; 롬 3:21-28).

셋째: 율법은 심판을 주고, 복음은 축복을 준다

이미 범법으로 사형 언도를 받아 집행날을 기다리는 기결수가 감옥 안에서 좀 착한 일을 했다고 해서 사면받으리라고 착각하진 않을 것이다. 율법을 어긴 자에게는 오직 심판만이 기다리고 있을 뿐이다. 나를 대신하여 사형 집행을 당하신 그리스도를 믿는 믿음에 의

해서만이 사망의 집행에서 해방된다.

결론(結論)

율법은 복음의 안내자였다. 복음은 영생과 하나님의 사랑을 우리게 알려 준다.

제4장 신앙의 자유와 율법의 노예

❋ 종과 자녀(1–11)

하나님을 믿기 이전의 사람은 죄의 종이었으나 믿음을 통해 하나님의 자녀로 격상되었다.

첫째: 종은 소유권이 없지만 자녀는 소유권이 있다

종은 주인집의 일을 열심히 하면서도 소유권이 없다. 자녀는 놀고 먹으면서도 아버지의 재산을 함께 소유할 권한이 있다. 하나님의 자녀 된 우리는 하나님의 모든 복을 소유할 권한이 있다.

둘째: 종은 상속권이 없지만 자녀는 상속권이 있다

하나님의 자녀 된 우리는 장차 영생 복락의 새 하늘과 새 땅, 새 예루살렘을 물려받을 상속권을 갖고 있다. 이 땅에서 많은 토지, 좋은 주택을 상속 받는 것도 좋지만, 장차 하늘나라에서 물려받을 '천국집'은 이 세상의 어떤 것과 비교할 수 없다. 그러므로 그 나라의 상속자가 되기 위해 혼신을 다하자.

셋째: 종은 부림을 받지만 자녀는 부리며 산다

종은 속박의 삶을 살지만, 자녀는 자유의 삶을 산다. 하늘의 천사들도 부림을 받지만 우리는 장차 그들을 부리며 살 권리를 가지고 있다. 그때에는 천사들도 우리를 흠모한다고 하였다.

결론(結論)

종은 버림받을 수 있으나 자녀는 버림받지 않는다(시 94:10). 자녀

된 특권을 잘 활용하자.

제5장 육체와 성령의 상호 관계

❀ 성령 충만한 사람(22–26)

성령 충만한 삶이란 성령의 역할과 그 역사를 아는 것이다.

첫째: 성령의 열매를 낸다

아홉 가지가 하나의 실에 꿰어진 성령의 열매는 성령 충만에 대한 확실하고도 구체적인 증거이다. 이 열매를 내지 못하는 사람들은 다른 어떤 표적이나 증거가 나타날지라도 성령 충만이 없는 사람이다. 우리 각자의 마음 가운데 이 열매들이 있는지 확인해 보자. 나무는 열매로 아는 법이다.

둘째: 육체를 따라서 행하지 않는다

성령이 충만한 사람은 육체와 함께 그 정과 욕심을 십자가에 못 박은 사람들이므로 육체의 소욕을 따라서 행하는 법이 없다. 죽었다는 것은 모든 활동의 전면적인 중지를 의미하듯이, 성령이 충만한 사람들은 육체의 소욕들이 성령의 지배 아래 있게 되므로 육체를 따라서 행할 수가 없다.

셋째: 성령으로 행한다

성령이 충만한 사람들은 성령 안에서 행한다. 충만하다는 것은 가득 차서 다른 것들이 들어올 수 없는 상태를 나타내는 말이다. 성령의 역사를 따라서 행하기 때문에 능력 있고 완전하며 타인에게 감동을 준다. 또한 불평이나 불만이 없으며 기쁘고 달게, 부지런히 일한다. 성령이 지배하는 삶이 바로 온전한 평안과 안정이다.

결론(結論)

구슬을 실에 꿴 목걸이처럼, 아홉 가지 열매를 맺도록 애쓰자.

제6장 성도들의 신앙적 교제

❋ 신령한 자들의 의무(1–10)

가진 사람들은 갖지 못한 사람들에 대한 책임과 의무를 진다. 이것이 그리스천의 소유에 대한 관점이다.

첫째: 서로 짐을 져야 한다(1–5)

짐을 서로 지는 것은 그리스도의 법을 성취하는 진정한 사랑의 나눔으로, 이기주의가 팽배한 현실 속에서 기대하기가 어려운 일이지만 신령한 성도는 이 나눔을 실천하도록 힘써야 한다. 그리스도의 법을 성취하기 위해서는 우리가 어떠한 희생이라도 감수하는 것이 마땅하며, 그것이 그분께 받은 은혜를 나누는 일이다.

둘째: 주의 종을 잘 대접해야 한다(6)

말씀을 가르치는 자는 주의 종들을 말한다. 신령한 성도는 주의 종들을 잘 대접하되 모든 좋은 것들을 함께 나누도록 해야 한다. 신령한 것을 나눠가졌으면 육신의 것으로 그들을 섬김이 옳은 일이다. 주의 종들을 괴롭히고, 물질적인 공궤에 인색함으로 어려움을 당하게 한다면 그는 신령한 사람이 아니다.

셋째: 선한 일에 힘써야 한다(7–10)

하나님은 심은 대로 거두게 하시는 분이시다. 신령한 자는 마땅히 선행을 힘쓰되(엡 2:10) 먼저 믿음의 가정들에게 그렇게 하도록 해야 한다. 도울 힘이 있으면서도 도움을 주지 않음은 자기의 의무를 소홀히 하는 것이며, 우리에게 선행을 명하신 주님을 무시하는 행위가 된다.

결론(結論)

신령한 자들은 서로 짐을 지고 주의 종을 잘 대접하고 선한 일에 힘써야 한다.

에베소서

서론

<table>
<tr><td>주 제</td><td colspan="4">그리스도 안에서의 만유의 통일</td><td>저 자</td><td>바울</td><td>기록장소</td><td>로마</td></tr>
<tr><td>기록연대</td><td colspan="4">A.D. 62년경</td><td>대 상</td><td colspan="3">에베소 교인들과
세계 각지의 신자들</td></tr>
<tr><td>대 지</td><td colspan="4">그리스도인의 지위</td><td colspan="4">그리스도인의 실천</td></tr>
<tr><td rowspan="2">구 분</td><td>1:1</td><td>1:15</td><td>2:1</td><td>3:14</td><td>4:1</td><td>4:17</td><td>5:22</td><td>6:10 6:24</td></tr>
<tr><td>구속에
대한 찬양</td><td>계시를
구하는
기도</td><td>그리스도
인의 지위</td><td>실현을
위한 기도</td><td>교회일치</td><td>성결한 삶</td><td>가정과
일에 대한
책임</td><td>성도의
싸움</td></tr>
<tr><td>요 절</td><td colspan="8">"너희는 사도들과 선지자들의 터 위에 세우심을 입은 자라
그리스도 예수께서 친히 모퉁잇 돌이 되셨느니라"(2:20)</td></tr>
</table>

에베소서 이해

A.D. 62년경 로마 시내에 주둔하고 있는 시위대 가까이의 한 셋집에서 비교적 자유로운 생활을 영위하며 1차 투옥 생활을 보내던 바울은 본 서신을 비롯하여 빌립보서, 골로새서, 빌레몬서 등 네 편의 옥중 서신을 기록하였다.

그중 본 서신은 하나님의 영원하신 구원 계획, 특히 예수 부활 이후 성령 강림으로 창립된 교회의 비밀 속에 담긴 심오한 진리들을 일깨워 주기 위하여 쓴 것으로, 에베소 교회뿐 아니라 소아시아에 있는 여러 교회가 같이 돌려보도록 쓴 회람 서신이다.

본서는 특히 그리스도의 몸인 교회가 어떻게 생성되었으며, 어떻게 발전해 가는가에 대한 완벽하고도 논리적인 해설을 보여 준다.

그러한 주제를 이끌어 감에 있어 바울은 죄로 인한 만물의 부조화와 분열이 오직 그리스도 안에서 궁극적으로 회복되고 통일된다는 대화합의 진리를 명쾌하게 펼쳐 보인다.

대부분의 서신서들이 그렇듯 본서 역시 전반부의 원리 부분과 후반부의 실천 부분으로 구성되는데, 전반부인 1-3장은 창세전에 성도(聖徒)들을 택하사 당신의 천국 백성으로 삼으시는 하나님의 무한한 은총에 초점을 맞추고 있으며, 후반부인 4-6장은 그러한 놀라운 신분에 맞게 거룩하고 진실되게 살아야 할 신자들의 도리에 초점을 맞추고 있다.

성경 전체에서 가장 심오한 책으로 평가되기도 하는 이 위대한 서신서를 통해 우리는, 몸은 이 땅에 있으나 신분상으로는 이미 천국 시민권을 획득한 성도의 이중적 신분을 깨닫게 된다. 따라서 본서를 대할 때 자연히 우리의 관심은 거룩한 천국 백성이 죄악으로 가득 찬 이 세상에서 어떻게 적응해 나아가느냐 하는 문제에 모아질 것이다.

이 문제와 관련하여, 아예 세상의 모든 것을 죄악시 하고 오직 천국의 임재만을 기다리며 사는 현실 부정적인 삶이나 반대로 구속의 은총을 당연시하며 세상과 섞여 죄악의 낙을 누리며 사는 현실, 즉 안주적인 삶은 둘 다 성도의 삶으로 합당하지 않다.

모름지기 성도는 아직 도래하지 않은 천국을 소망하면서 이 세상에서의 나그네 삶을 살도록 허락하신 하나님의 뜻을 좇아 세상에 진리를 전파하고 부패를 막아 주는 빛과 소금의 역할을 감당해야 할 것이다. 그렇게 행하는 것만이 우리가 고대하는 천국의 도래를 한시라도 앞당기는 길이란 것이 본서의 주제다.

기록 목적

에베소는 소아시아 상업의 요충지요 종교적 중심지로, 에베소 교회는 바울이 3년 동안 머물면서 온 힘으로 전도하여 세운 교회였다. 당시 로마의 죄수로 갇혀 있던 바울은 에베소에 직접 갈 수 없었으므로 편지로 하고 싶은 말을 전하고 싶었을 것이다. 감옥 안에서 바울은 그리스도 안에서 성도들에게 주어진 축복과 교회에 관한 하나님의 비밀을 깨닫고 그것을 에베소 교인들에게 알려주려고 했다. 또한 십자가에서 돌아가시고 부활하신 그리스도를 구속의 주로 섬기는 지상 교회의 근원과 목적을 설명함으로써 성도들의 영적 성숙을 유도하고 이방인과 유대인이 한 몸이 되고 성도들에게 생활 지침을 주기 위해 본서를 기록하였다.

기록 배경

에베소서는 성경에서 가장 높은 수준의 계시와 교훈을 전달하는 책들 가운데 하나로, 바울의 편지들 가운데 매우 독특한 위치를 점하고 있다. 바울의 다른 많은 편지들과는 달리, 이 편지는 교회 내부의 논쟁이나 혹은 영적인 문제들이나 혹은 지도력 등에 초점이 맞추어져 있지 않다. 도리어 에베소서는 바울의 개인적인 기도의 삶으로부터 솟아오르는 깊은 영적 성숙과 감사와 통찰력을 반영한다. 바울은 이 편지를 감옥에서 썼는데(3:1, 4:1, 6:20), 아마도 로마의 한 감옥이었을 가능성이 가장 높아 보인다. 에베소서는 골로새서와 많은 유사성을 가지고 있으며, 아마도 골로새서를 쓴 직후에 쓴 것으로 보인다. 두 편지 모두 바울의 동역자 가운데 한 사람인 두기고에 의해 각 교회에 전달된 것으로 보인다(6:21; 골 7:7 참조).

에베소는 서부 소아시아(오늘날의 터키)에서 가장 중요한 도시였다. 그 도시는 로마 제국의 동부 지역으로 가는 길목에 위치했으므로,

당시 교역과 상업의 중심지였다. 신약 시대에 그 도시에서 가장 유명한 것 가운데 하나는 로마의 여신 다이아나(혹은 '아르테미스', 참조, 행 19:23-31)에게 봉헌된 이교도 신전이었다. 바울은 3년 동안 에베소를 복음 전파의 중심지로 삼았다(행 19장). 따라서 에베소 교회는 어느 기간 동안 살아 움직이는 강력한 교회였으나, 나중에 몇 가지 부족한 점들로 인해 성령으로부터 책망을 받았다(계 2:1-7).

바울은 이 편지를 단순히 에베소 교회만을 위해서가 아니라 훨씬 더 광범위한 대상을 염두에 두고 쓴 것으로 보인다. 그는 이 편지가 아시아 지역 전체의 교회들 가운데 회람(回覽)되기를 바랐을 수 있다. 아시아의 각 교회들은 1장 1절에다가 자신들의 이름을 끼워 넣을 수 있었으며, 그럴 때 이 편지는 예수 그리스도의 모든 참된 교회들을 위한 직접적인 메시지가 될 것이었다. 골로새서 4장 16절에 '라오디게아로부터 오는 편지'라는 표현이 나타나는데, 많은 사람들은 그것이 다름 아닌 에베소서였을 것이라고 생각한다.

내용 분해

여는 인사 1:1, 2

Ⅰ. 그리스도 안에서 성도의 위치 1:2-14

A. 완전한 구속의 축복 1:3-8

B. 하나님의 목적 안에서 동의 1:9-14

Ⅱ. 눈을 밝히시기를 바라는 사도의 기도 1:15-23

A. 희망으로 보는 마음 1:15-18

B. 그리스도의 승리에 참여하는 경험 1:19-21

C. 교회: 그리스도의 몸 1:22, 23

Ⅲ. 성도의 과거, 현재, 미래 2:1-22

A. 죽음 안에 사는 자들의 과거 질서 2:1-3

B. 하나님이 사랑하시는 삶의 새로운 질서 2:4-10

C. 과거의 분리와 희망 없음 2:11, 12

D. 새로운 연합과 현재의 화평 2:13-18

E. 교회: 그리스도의 건물 2:19-22

Ⅳ. 사도의 사역과 메시지 3:1-13

A. 바울이 받은 청지기직 3:1-7

B. 그리스도가 내주하심으로 인한 믿음과 사랑을 위해 3:17-19

C. 교회와 하나님의 영광 3:20, 21

Ⅵ. 성도들을 의무로 부르심 4:1-16

A. 성실히 하나 됨을 추구할 것 4:1-16

B. 은혜와 은사를 겸손히 받을 것 4:7-11

C. 몸의 일부로서 사역 4:12-16

Ⅶ. 성도들을 정결함으로 부르심 4:17-5:14

A. 세상적인 사고방식을 거부할 것 4:20-32

B. 옛것을 벗고 새것을 입을 것 4:20-32

C. 흠 없는 사랑 안에서 자라갈 것 5:1-7

D. 어두워지지 않는 빛을 소유한 자로서 빛날 것 5:8-14

Ⅷ. 성령으로 가득 찬 삶으로 성도들을 부르심 5:15-6:9

A. 하나님의 뜻과 지혜를 추구할 것 5:15-17

B. 예배와 겸손을 통해서 성령의 충만함을 유지할 것 5:18-21

Ⅸ. 영적인 전쟁으로 성도들을 부르심 5:15-6:9

A. 눈에 보이지 않는 전쟁의 실재 6:10-12

B. 군사를 위한 무기 6:13-17

맺는말 6:21-24

| 장별 핵심 메시지 |

제1장 하나님의 선택과 예정

❀ 하나님의 선택(3-6)

기독교는 찬송의 종교이다. 사도 바울은 하나님이 우리를 선택하신 사실을 생각하고 찬미하였다.

첫째: 선택의 주권을 생각하면서 찬미하였다(5절)

바울은 자기가 하나님을 섬기며 그의 일을 하려고 하나님을 선택한 것이 아니라 하나님이 먼저 선택하셨다는 사실이 너무도 큰 은혜여서 찬송하였다. 선택의 주체가 사람이 아니라 하나님이었다. 요한복음 15장 16절에 "너희가 나를 택한 것이 아니요 내가 너희를 택하여 세웠다"라고 하였다.

둘째: 선택의 이유를 생각하며 찬미하였다(3절)

하나님께서 우리를 선택한 이유가 무엇인가? 그것은 하나님께서 하늘에 속한 모든 신령한 복을 주시려고 우리를 택하셨다. 사람이 얻거나 발견할 수 있는 것이 아니라 하늘에서만 찾을 수 있는 것을 세상에서도 가장 연약한 우리에게 주심을 생각할 때 찬송하지 않을 수 없다. 구약시대의 축복은 물질적이요 현세적이었으나 신약시대의 축복은 영적이요 내세적이다. 처음 믿는 사람은 물질의 축복을 바라지만 신앙이 자라면 신령한 축복을 사모하게 되는 것이다.

■ 신령한 복에 대한 바울의 개념

⑴ 축복자는 하나님 아버지요

⑵ 축복 장소는 하늘이요

⑶ 축복의 시기는 창세전이요

⑸ 축복의 내용은 아들이 되는 것이요

⑹ 축복의 목적은 영광을 찬미케 함이다

셋째: 선택의 목적을 생각하며 찬미하였다(4절)

하나님은 우리를 거룩하고 흠이 없게 하시려고 선택하셨다. 거룩이란 "다름" 또는 "분리"라는 뜻이다. 성전은 보통 건물과 사용 목적이 다르기 때문에 거룩하다고 한다. 제사장이나 제물은 보통 사람이나 보통 동물과 다르기 때문에 역시 거룩하다고 한다. 안식일은 보통 날과 구별되기 때문에 거룩한 날이라고 한다. 크리스천은 보통 사람과 생활이나 사상이 다르므로 성도(聖徒)라 불린다. 크리스천은 예수님의 증인으로서 세상에서 구별되게 살아야 한다.

결론(結論)

하나님께서 만세 전에 나 같은 죄인을 선택하셨으니 감사 찬미하지 않을 수 없고 하늘의 축복을 주시기 위하여 택하셨으니 영광을 돌리지 않을 수 없다.

제2장 구원과 십자가의 통일

❀ 죽음과 생명(1-10)

무엇이 진정으로 사는 것인가? 인생 중에는 살았다 하나 죽은 것과 같은 인생도 있다.

첫째: 죄를 고백하기 전의 상태(1-3)

과거에는 우리도 다 죄로 죽었던 자였다⑴. 죽은 몸이 반응하지 못하는 것처럼 영적 진리에 무감각한 사람은 이미 죽은 것이다(딤전 5:6). 우리는 불순종했으며(2-3), 마귀의 거짓에 따르며 타락한 육체의 지배를 받았다(요 8:23; 시 51:5). 따라서 우리는 본질적으로 하나님의 진노를 받을 운명이었다(요 3:18).

둘째: 하나님으로부터 온 구원 행동(4–7)

① 하나님은 우리를 사랑하셨다(4) : 그분은 사랑의 확증으로 십자가에서 생명까지 주셨다(롬 5:8; 요 3:15). ② 우리를 살리셨다(5). ③ 우리를 일으키사 하늘에 앉게 하셨다(6). ④ 이렇게 한 것은 예수 안에서 베푸신 하나님 은혜의 풍성함과 우리에게 생명을 주신 자비를 후세대에 나타내려 하심이다(7).

셋째: 선행을 위한 하나님의 작품(8–10)

구원은 하나님이 값없이 은혜로 주신 순수한 선물로서 우리가 기꺼이 받아들이도록 우리 손에 믿음을 주셨다. 즉 구원은 하나님께서 이루신 것이다. 우리는 선한 일을 위한 하나님의 작품이다(10). 우주가 하나님의 창조적인 작품이라면 우리는 하나님의 구속적 작품이다(고후 5:17).

결론(結論)

성도는 주님의 은혜에 감사하며 선행을 실천함으로써 그리스도의 새 창조의 역사에 동참해야 한다.

제3장 하나님이 비밀을 계시로 보여줌

❁ 복음의 비밀(1–13)

하나님의 은혜의 경륜은 사랑과 자비로 충만하기에 유대인뿐 아니라 모든 인류에게로 향한다.

첫째: 비밀의 진술(6)

이방인들은 복음을 통해 예수 그리스도 안에서 유대인과 함께 하늘의 풍부함을 상속받게 되었다. 과거에는 죄 중에 사로잡혀 희망도 없고 구세주의 강림 약속마저도 모르던 그들이 지금은 성령의 내주를 비롯, 모든 구속적 은혜의 약속에 적셔지고 끝내는 예수 그리스도를 얼굴과 얼굴로 대하게 될 것이다(고전 13:12).

둘째: 비밀의 관련성(1–5)

그리스도의 비밀은 온 세계에 스며들기 위해 공적으로 드러난다. 계시로 바울에게 알게 하였고(3-4), 거룩한 사도들과 선지자들에게 성령으로 나타내셨다(5). 그리고 의식적 행동, 무아의 경험, 고행 등 특별도덕의 채택을 중시하는 이교도들과는 달리 그리스도인은 하나님 말씀의 선포와 믿음, 사랑의 행동을 중시한다.

셋째: 비밀을 맡은 일꾼

하나님의 능력의 역사와 은혜의 선물이 이 일꾼의 구원이다. 바울은 하나님께서 지극히 작은 자보다 더 작은 자신에게 이 은혜를 주신 것이라고 하면서 이방인에게 전해지는 구원이 그리스도의 풍성임을 부각시켰다. 또 비밀의 경륜은 전적으로 영원부터, 만물 존재의 근원이신 하나님 자신의 것임을 확증한다.

결론(結論)

복음의 사역을 맡은 우리는 바울과 같이 확고한 사명으로 봉사해야 한다.

제4장 교회의 일치와 새 생활

❀ 바울의 권고(1–6)

바울은 오직 주님과 교회와 복음전도를 위하여 일하다 투옥되었다.

첫째: 능력 있는 권고

바울은 복음으로 인해 투옥되었으므로 옥중에 있으면서도 당당했고 그의 권고는 지금도 교회 앞에 권위와 설득력을 가지고 있다.

둘째: 교회의 유일성에 대한 권고

그리스도의 교회는 하나의 유기체이다. 그러므로 교회의 일치는 예수님의 소원이며 기도였다. 4, 5, 6절은 신비하고 심오한 교회의 유일성의 진리를 말해 주고 있다. 서로 연합하여 하나가 되고 그리스도의 몸을 이루는 것이다. 거기에는 개인이 아니라 그리스도의 몸을 이루는 지체들이 있다.

셋째: 성령의 충만에 대한 권고

성령으로 충만해야 한다는 말을 나와 무관하다고 여기면 안 된다. 내가 성령으로 충만해지지 않으면 나는 그리스도의 사람이 아니며(롬 8:9), 진정한 교회의 일치를 이룰 수도 없다. 교회 내부에서 심한 분쟁과 분열이 생기는 것은 성령 없는 교인들이 교회 안에서 자기 존재와 어떤 힘으로 영향력을 행사하려 하기 때문이다.

결론(結論)

바울은 다메섹에서 주님을 만나고 성령으로 항상 거주하심을 확신하던 중에 이 권면을 했다.

제5장 성도의 거룩한 생활

❋ 성도의 거룩한 생활(1–14)

본문에서 바울은 교회와 성도의 순결에 대하여 언급하고 있다.

첫째: 성삼위 하나님의 순결한 사랑

성삼위 하나님의 사랑은 우리가 아무리 강조하고 어떤 표현으로 묘사해도 부족하다. 바울은 예수님이 우리를 너무 사랑하신 나머지 친히 자신을 제물로 드리셨고, 하나님은 예수님의 그 희생을 향기로운 제사로 받으시고 우리를 용서하셨다고 증거하였다. 그러므로 구원받은 성도는 마땅히 하나님을 본받는 자가 되어야 한다.

둘째: 성도들의 순결

성도는 순결을 지켜야 한다. 육체의 순결, 혀의 순결, 행위의 순결을 지킬 것을 강조한다. 음행은 교회의 각 계층과 성도들의 가정에 침식해 들어와 차별 없이 타락하게 하고 있다. 또 부도덕한 혀의 놀림, 그리고 자기 이익을 위해서는 이웃을 억울하게 하는 이기적이고 비양심적인 행위를 과감하게 청산할 필요가 있다.

셋째: 교회의 순결

교회의 순결을 지켜야 한다. 음행, 사치, 거짓, 탐욕은 무서운 파도가 되어 불신 사회를 이미 다 삼키고 교회의 문을 쉬지 않고 두드리고 있다. 교회는 오히려 이러한 세상에서 빛과 소금의 역할을 해야 한다. 만일 그렇게 하지 못하면 불신자들과 동일하게 하나님의 진노를 면치 못할 것이라고 바울은 충고하고 있다.

결론(結論)

성도가 순결을 지키려면 먼저 그 마음에 순결의 영 곧 하나님의 거룩한 영으로 충만해져야 한다.

제6장 성도의 가정 윤리

❀ 부모를 공경하라(1–9)

부모와 자녀의 관계는 하나님이 세워주신 인간의 가장 근본적인 관계다.

첫째: 공경의 원리

성경에서는 자녀가 부모를 공경하는 일을 인간이 인간에게 해야 할 최고의 덕목으로 말씀하고 있으며 가장 엄중하게 명령하고 있다.

또한 부모를 공경하는 것이 약속 있는 첫 계명이라고 말씀한다. 공경한다는 말은 부모를 소중하고 어려운 분으로 대하라는 것이다. 마치 눈에 보이지 않는 하나님을 섬기듯이 하는 것이다.

둘째: 공경의 방법

먼저는 순종함을 말씀한다. 순종이란 계속적으로 부모의 의견을 존중하고 귀하게 여겨 그 뜻을 따르는 것이다. 육신의 부모에게 순종하는 것은 곧 하나님께 순종하는 것이다. 그에 대해 감사하는 마음보다 더한 공경은 없다. 부모의 사랑에 감사할 때 부모를 가장 높일 것이기 때문이다.

셋째: 공경의 약속

본문은 부모를 공경하는 자에 대해 "네가 잘되고 땅에서 장수하리라"라고 약속하고 있으며 따라서 부모를 공경하는 것이 약속 있는 첫 계명이라고 말한다. 하나님께서는 자연 법칙에 따라서도 부모를 공경하는 사람이 잘되도록 하셨다. 하나님을 모르는 사람도 부모를 공경하므로 잘되는 예가 있다.

결론(結論)

기독교는 부모를 공경하는 종교이다. 기독교인은 부모를 공경해야 한다.

서론

주 제	그리스도를 본받는 자가 누릴 기쁨		저 자	바울	기록장소	로마
기록연대	A.D. 62-63년경		대 상	빌립보 교인과 세계 각지의 신자들		
대 지	현재의 상황	그리스도의 마음		그리스도의 위치		그리스도의 평강
구 분	1:1	2:1		3:1		4:1 4:23
	그리스도와 함께함	그리스도의 백성		그리스도를 추구함		그리스도의 능력
요 절	"이는 내게 사는 것이 그리스도니 죽는 것도 유익함이라"(1:21)					

빌립보서 이해

A.D. 62년경, 백발의 사도 바울은 로마 감옥 안에서 빌립보 교회의 교인들에게 내면적인 윤리상을 강조한 애정 어린 편지를 썼다. 빌립보 교회는 바울이 두 번째로 전도여행을 하던 중에 빌립보에서 자줏빛 옷감 장사를 하던 여인 루디아를 만나 시작한 유럽 최초의 교회이다. 바울은 처음부터 이 빌립보 교회를 각별히 사랑했으며, 빌립보를 떠난 후에도 줄곧 친밀한 관계를 유지하고 있었다.

그러던 중, 예루살렘에서 복음을 증거하던 바울이 유다 종족의 고소로 수년의 옥살이 끝에 로마로 넘겨지게 되었다는 소식을 접한 빌립보 교회는 즉시 에바브로 디도를 보내어 바울을 위로하고 시중들게 했을 뿐 아니라, 그 인편으로 가난한 중에 정성스럽게 모금한 헌금을 보내 주었다.

이 같은 뜨거운 사랑에 감동한 바울은 붓을 들어 사랑과 감사의 마음을 실어 본 서신을 보내며 옥중 생활이 사람들의 염려처럼 절망적인 것이 아니라, 오히려 복음 전파의 기회를 가져오게 만든 놀라운 하나님의 섭리였다는 점을 간증하였다. 빌립보서는 이처럼 빌립보 교회와의 사랑의 교제에서 비롯된 편지이기에 바울의 여타 서신서에 비해 한결 애정이 넘치고 있다.

내용상 개인적인 권고를 다룬 전반부(1, 2장)와 실생활에 대한 교훈을 다룬 후반부(3, 4장)로 나뉘는 본서는 서신서의 정형으로 이단에 대한 경계, 교회의 일치, 임박한 박해에 대한 인내의 촉구 등을 마치 할아버지가 손자를 가르치듯이 자상하게 설명하고 있다. 실로 바울은 여러 교회들을 때로는 로마서처럼 엄하고 논리적으로, 때로는 본서처럼 자애롭고 교훈적으로 돌보았음을 알 수 있다.

옥중에 있는 자신들의 믿음의 스승을 염려하는 빌립보 성도들, 그리고 옥중에 있으면서도 오히려 옥 밖에 있는 성도들을 격려하는 바울의 모습에서 우리는 믿음이 가져오는 사랑의 힘이 얼마나 강한지, 또한 성도의 교제가 얼마나 아름다운지를 가슴 깊이 느끼게 된다.

기록 목적

빌립보서의 수신자는 "빌립보에 사는 모든 성도들"(1:1)이다. 빌립보 교회는 바울의 2차 전도여행 때 유럽 땅에 최초로 세워진 교회이며(행 16:9), 바울과는 따뜻하고 친밀한 관계를 유지하였다. 이 교회의 최초 구성원은 자주 옷감 장사인 루디아와 간수였으며, 바울은 3차 전도여행 때 다시 빌립보 교회를 방문하였다(행 20장; 고후 2, 7장). 이 교회는 바울에게 최소한 두 번의 헌금을 보냈고(4:16), 바울이 로마 감옥에 있을 때에도 헌금을 보내 도왔다(4:10, 14). 또한 그들은 예루살렘의 가난한 성도들을 위해 헌금하였다(고후 8장).

이에 대해 바울은 감사의 뜻을 전함과 동시에 자신이 처한 상황을 알림으로써 오랫동안 투옥 생활을 하는 자신의 곤란한 처지가 복음의 진보에 유익함을 말함으로써 교인들의 염려를 없애줌과 동시에 유대주의자들의 그릇된 가르침에 대해 경고하면서 교회 안에 싹트기 시작한 분열 문제를 사랑과 겸손으로, 한 마음을 품음으로써 해결할 것을 권면하였다. 또한 디모데와 에바드로 디도를 천거하려고 했고, 온갖 고난과 박해에도 굳게 서서 항상 기뻐해야 할 것을 권하기 위해서 본서를 기록하였다.

기록 배경

마게도냐 동쪽에 위치한, 그리고 에게해로부터 내륙으로 16㎞ 정도 들어간 지점에 위치한 도시인 빌립보는 마게도냐 알렉산더 대왕의 아버지인 필립 2세의 이름을 따라 명명되었다. 그리고 바울 시대에 그곳은 로마 군대가 주둔한 군사 주둔지였다. 빌립보 교회는 주후 50년경 2차 전도여행 중 드로아에서의 환상에 응답하여 각종 철학, 종교, 우상이 성행했던 빌립보에 바울과 그의 동역자들이 세운 교회였다(행 16:9-40).

바울은 많은 교회들을 돌보았지만 빌립보 교회에 대해서는 특별한 애정을 나타냈다. 빌립보 교회가 사도 바울의 복음 전파를 적극적으로 도왔으며 다른 교회와 바울이 '주고받는 일'이 없을 때에도 지속적으로 바울을 도왔기 때문이다(4:15). 그러나 빌립보 교회에도 내부적인 문제들이 있었다. 할례를 주장하는 유대주의자들로 인한 분쟁(3:1-3), 유오디아와 순두게를 중심으로 일어난 분열(4:2), 바울의 투옥으로 인한 갈등(2:19-24) 문제 등이 그것들이었다.

내용 분해

서론 1:1-11

A. 인사말 1:1, 2

B. 감사 1:3-8

C. 기도 1:9-11

Ⅰ. 바울이 옥에 갇힌 상황 1:12-26

A. 옥에 갇힌 것이 복음을 진보시킴 1:12-18

B. 옥에 갇힌 것이 축복의 확신을 가져다줌 1:19-21

C. 옥에 갇힌 것이 바울에게 딜레마를 안겨 줌 1:22-26

Ⅱ. 간청 1:27-2:18

A. 복음에 합당하게 살라 1:27-2:4

B. 그리스도의 마음을 따르라 2:5-11

C. 영적인 삶을 구축하라 2:12, 13

D. 원망과 시비를 멈추라 1:14-18

Ⅲ. 바울의 동역자를 추천함과 그들을 향한 계획 2:19-30

A. 디모데 2:19-24

B. 에바브로 디도 2:25-30

Ⅳ. 잘못에 대한 경고 3:1-21

A. 유대주의자에 대해서 3:1-16

B. 감각론자에 대해서 3:17-21

결론 4:1-23

A. 마지막 호소 4:1-9

B. 빌립보 교회의 선물에 대한 감사 4:10-20

C. 인사 4:21, 22

D. 축도 4:23

| 장별 핵심 메시지 |

제1장 바울의 감사와 기원

❀ 바울의 감사와 기도(1-11)

바울이 빌립보 교회를 위하여 하나님 앞에 드린 감사의 이유와 기도의 내용을 살펴보자.

첫째: 바울의 감사

바울은 감옥에서 언제 사형을 당하게 될지 모르는 아주 어려운 상황에서도 빌립보 교회를 생각할 때 감사하지 않을 수 없었다. 바울의 감사 이유는 무엇이었는가? 그것은 빌립보 성도들이 복음을 저버리지 아니하고 복음 안에서 서로 사랑하는 것 때문이었다. 이 교제에는 바울을 물질로 섬겨준 것도 포함되어 있었을 것이다. 두 번째 이유는 구원의 확신 때문이다. 하나님께서 빌립보 성도들을 택하셔서 시작하신 구원의 역사를 주님 오실 때까지 이루실 것을 확신하였던 것이다.

둘째: 기도의 내용

이 교회를 생각할 때마다 항상 기쁜 마음으로 기도하였다. ① 사랑을 위한 기도(9): 성도들의 사랑이 지식과 모든 총명으로 점점 더 풍성해지도록 기도하였다. ② 선의 분별을 위한 기도(10): 하나님의 기뻐하시고 선하시고 온전하신 뜻을 분별하여 알 수 있도록 기도하였다. ③ 진실을 위한 기도(10): 진실하여 허물없이 그리스도의 날까지 이르기를 위해 기도하였다. ④ 의의 열매를 위한 기도(11): 하나님의 자녀로서 합당한 성령의 열매를 맺을 수 있도록 기도한 것이다.

결론(結論)

바울이 빌립보 교인들을 향하여 궁극적으로 감사하고 기도한 것은 그들 속에 착한 일을 시작하신 이가 그리스도의 날까지 이루실 줄을 확신하는 데 있다.

제2장 겸손과 구원의 완성

❃ 겸손의 도(1-11)

바울은 겸손의 본보기를 제시하는데 그것은 바로 예수 그리스도의 겸손이다. 겸손의 도에 대해 살펴보자.

첫째: 겸손으로 하나가 됨(1-4)

겸손한 마음은 자기보다 남을 더 낫게 여긴다고 하였다. 자신의 단점을 보면서 남의 장점을 볼 때 하나가 될 수 있다. 겸손은 모든 사람과 연결하는 고리라고 할 수 있겠다. 겸손한 마음은 예수님의 마음이다. "나는 마음이 온유하고 겸손하니 나의 멍에를 메고 내게 배우라"라고 하셨다(마 11:29).

둘째: 겸손의 모본을 보이신 예수님(5-8)

"너희 안에 이 마음을 품으라. 곧 그리스도 예수의 마음이니"(5). 우리가 겸손하려면 겸손의 모본을 보이신 예수님의 마음을 품어야 한다. 그리스도는 하나님과 동등되는 영광을 포기하시고 사람의 몸을 입으심으로 종의 형체를 취하시며 우리의 죄를 위해 십자가에 죽으시기까지 복종하셨다.

셋째: 겸손한 자를 높이심(9-11)

예수님은 “누구든지 자기를 낮추는 자는 높아지리라”(마 23:12)라고 말씀하신 대로, 겸손을 통하여 높임을 받으셨다. 베드로 사도는 “하나님이 교만한 자를 대적하시되 겸손한 자들에게는 은혜를 주시느니라”(벧전 5:5)라고 말했다. 하나님 앞에 교만했던 사단은 하나님의 대적이 되어 쫓겨났다.

결론(結論)

우리 모두 겸손으로 하나 되어 그리스도를 본받는 실천적 삶을 전개하자.

제3장 이단에 대한 경고와 바울의 신앙간증

❋ 바울의 신앙(7–9)

위대한 사도 바울이 평생 동안 어떠한 신앙을 갖고 살았는지 살펴보자.

첫째: 바울의 신앙은 예수를 직접 체험한 신앙이었다

다메섹으로 가는 도중에 바울이 경험한 사건은 그의 생애를 완전히 뒤바꾸어 놓았다. 그 이후로 바울은 자기가 사는 것은 자기 안에 계신 그리스도께서 사시는 것이라고 고백하게 되었다(갈 2:20). 우리도 완전한 그리스도의 사람으로 존재하기 위해서는 지식으로써만 아니라 예수와 직접 부딪혀야 한다.

둘째: 바울은 위의 것을 찾은 신앙인이었다

인간은 홀로 살 수 없는 존재이다. 그러므로 항상 누군가와의 교제를 갈구하고 살아간다. 그런데 범죄한 인간은 수직적인 관계를 알지 못하고 언제나 수평적인 인간관계만을 추구한다. 그러나 인간관계만을 통해서는 결코 영혼의 만족을 얻을 수가 없다. 하늘을 바라보며 위의 것을 찾을 때에만 만족할 수 있다.

셋째: 바울은 후회 없는 삶을 산 신앙인이었다

신앙인 중에 자신의 생을 돌이켜보며 후회 없는 삶을 살았다고 자신 있게 고백할 수 있는 자는 많지 않을 것이다. 그러나 바울은 자신이 달려갈 길을 다 달려갔다고 고백하면서, 자신에게는 하나님께서 주실 영광의 면류관이 예비되어 있다는 사실을 고백하였다(딤후 4:7, 8). 우리도 이처럼 후회 없이 살아야 한다.

결론(結論)

바울은 극적인 변화를 통해 완전히 새롭게 되어 참으로 놀라운 인생을 살았다.

제4장 상급 받는 생활의 비결

❋ 섬김의 본(15-20)

바울과 교회의 관계를 통해 성도들이 가져야 할 사랑의 모습을 확인하자.

첫째: 받을 줄 아는 사랑

주는 것이 복 있는 일이라 하여 주는 일만 잘하고 받을 줄을 모른다면 그것은 어리석은 것이다. 누군가 사랑과 호의를 베풀 때에는 그것을 잘 받을 줄도 알아야 한다. 하나님께서 인류를 위해 베푸신 위대한 사랑은 우리를 위해 그리스도를 내어주신 것이다. 그러나 아직도 하나님의 사랑을 완강히 거부하는 자가 많다.

둘째: 줄 줄 아는 생활

사랑은 받을 줄 알 뿐만 아니라 줄 줄도 알아야 한다. 우리는 하나님으로부터 거저 사랑을 받았으니 이웃에게도 거저 주어야 마땅하다. 순수하게 줄 줄 아는 사람이 가장 위대한 자이며 줄 줄 아는 자가 비로소 인간다운 인간인 것이다. 가장 큰 대접을 받으셔야 할 그리스도께서는 죄인을 섬기기 위해 이 땅에 오셨다.

셋째: 주고받는 원리

사람은 누구나 하나님께 풍성히 받은 것이 있고 부족한 것도 있기 마련이다. 따라서 우리가 주어야 할 것은 내게 풍성한 것이며 받아야 할 것은 내게 부족한 것이다. 사도 바울은 영적으로 풍성하였기 때문에 영적인 것을 주었고, 물질적인 것은 부족하였으므로 물질적인 것은 받았다. 이것이 주고받는 원리이다.

결론(結論)

그리스도인은 나누어 줌으로써 섬기고 또 받음으로써 섬길 수 있다. 이런 섬김이 풍성해야 한다.

서론

<table>
<tr><td>주 제</td><td colspan="2">만유의 주재이신 예수 그리스도의
완전한 충족성</td><td>저 자</td><td>바울</td><td>기록
장소</td><td>로마</td></tr>
<tr><td>기록연대</td><td colspan="2">A.D. 62-63년경</td><td>대 상</td><td colspan="3">소아시아의 골로새 교인과
세계 각지의 그리스도인</td></tr>
<tr><td>대 지</td><td colspan="3">푯대이신 그리스도</td><td colspan="3">그리스도에 대한 복종</td></tr>
<tr><td rowspan="2">구 분</td><td colspan="6">1:1 1:15 2:4 3:1 3:5 4:7 4:18</td></tr>
<tr><td>서론</td><td>으뜸이신
그리스도</td><td>그리스도 안
에서의 자유</td><td>구원자의
위치</td><td>믿는 자의
실천</td><td>결론</td></tr>
<tr><td>요 절</td><td colspan="6">"오직 그리스도는 만유시요 만유 안에 계시니라"(3:11)</td></tr>
</table>

골로새서 이해

A.D. 62년경 루마 감옥에서 바울에 의해 쓰인 옥중서신 중의 하나인 골로새서는 에베소서와 함께 흔히 '쌍둥이 서신'으로 불린다. 왜냐하면 이들은 유사한 시기에 같은 장소에서 기록되었을 뿐만 아니라, 동일하게 그리스도와 교회의 올바른 관계를 중점적으로 다루고 있기 때문이다. 하지만 에베소서가 교회는 그리스도의 몸이라는 사실에 초점을 맞추고 있는 반면, 골로새서는 주로 그리스도께서 교회의 머리가 되신다는 점을 부각시켜 설명한다는 점에서는 강조점의 차이가 있다. 즉 에베소서가 교회를 이루고 있는 각 성도들을 몸의 각 지체에 비유하여 각자의 역할을 존중하면서 한 몸으로 서로 연합할 것을 강조했다면, 골로새서는 교회의 머리이신 그리스도의 위대하심을 강조하고 있다.

골로새 교회는 아마도 바울이 세 번째로 전도 여행을 하던 중에 개척한 교회로 추정된다. 그런데 바울이 투옥된 지 얼마 안 되어 골로새 교회에는 각종 이단 사상이 물밀 듯이 밀려들어 왔고, 또 그로 인해 교회가 분열되는 심각한 위기에 처하게 되었으므로 부득불 사도 바울은 본 서신을 쓰게 된 것이다.

본서의 내용은 대부분이 서신서에 나타나는 기본 패턴과 같이 그리스도 중심의 신앙 이론과 그 실천을 연결시키고 있는 바, 이론을 다루는 전반부 1, 2장과 그 실천을 교훈하는 후반부 3, 4장으로 나누어진다.

오늘날 우리 교회가 직면하고 있는 영적 상황은 초대교회 당시보다도 더 어둡고 부정적이다. 현대 교회는 외부적으로 골로새 교회가 직면했던 위험들보다 더 많은 이단과 세속 사상의 도전을 받고 있으며, 내부적으로도 초대교회보다 더 심각한 갈등과 분열을 경험하고 있다. 이에 바울이 골로새 교인들에게 제시한 말씀, 즉 '믿음의 주요 온전케 하시는 이인 예수'께 깊게 뿌리를 박으며 세움을 입어 믿음에 굳게 서서 감사하는 생활 태도는 오늘날의 우리에게 더욱 요청된다(27).

기록 목적

골로새 교회는 바울이 3차 전도여행 때 에베소에서 3년 동안 집중적으로 전도하는 기간에 세워졌다. 바울이 골로새에 직접 교회를 세우지 않은 것은 분명하다(2:1). 아마도 에베소에서 바울이 전하는 복음을 듣고 동역자가 된 사람들이 각기 연고가 있는 교회로 가서 복음을 전하고 교회들을 세웠을 것이다. 골로새 교회는 바울과 연관이 있는 에바브라의 전도 사역에 의해 세워졌던 것 같고(1:7-8, 4:12-

13), 이런 인연으로 바울은 골로새 교회에 관심을 가졌을 수 있다. 당시 골로새 교인들은 대부분 개종한 이방인들이었는데, 믿음이 약했기 때문에 거짓 선생들의 가르침에 쉽사리 빠지는 경향이 있었다. 골로새의 이단은 동방의 신비 종교와 각종 유대의 율법주의, 헬라의 철학적 사변 종교였으며 금욕주의와 천사 숭배, 비밀의 지식과 인간 지혜와 전통을 신뢰하는 것 등이었다. 본서는 이러한 이단들을 경계하고 하늘의 그리스도와 그리스도 안에 있는 삶이 어떤 것인지 알려주기 위해 기록하였다.

기록 배경

골로새 교회는 A.D. 52-55년경 3년에 걸친 에베소 사역(행 19:10, 20:31)의 결과물이다. 골로새는 에베소에서 동쪽으로 통하는 주요 도로에 자리 잡고 있었다. 골로새서가 쓰일 당시 이곳에는 주로 헬라에서 온 사람들이 거주하고 있었고, 유대인들도 있었던 것으로 보인다. 따라서 골로새에는 여러 종류의 문화와 생활 방식이 혼합되어 있었으며, 수많은 종교와 기독교 이단들이 나타났다. 이로 인해 골로새 교회는 각종 이단과 거짓된 가르침에 오염되어 혼란을 겪게 되었다. 따라서 성도들을 미혹하는 이단과 거짓된 가르침으로부터 교회를 지키고, 그리스도인들을 믿음의 올바른 터전 위에 세우는 일이 시급하게 요청되는 상황이었다.

내용 분해

1. 서론 1:1-14

A. 인사말 1:1, 2

B. 골로새 교인들의 믿음에 대한 찬양의 기도 1:3-8

C. 그들이 그리스도 안에서 성장하기를 간청하는 기도 1:9-14

Ⅱ. 그리스도의 우월성이 드러나다 1:15-2:7

A. 성육신에서 1:15-17

B. 교회 안에서 1:18

C. 화해를 통해서 1:19-23

D. 바울의 사역을 통해서 1:24-27

Ⅲ. 그리스도의 우월성과 충족성을 옹호하다 2:8-23

A. 거짓 철학에 반대해서 2:8-15

B. 율법주의에 반대해서 2:16, 17

C. 천사를 숭배하는 것에 반대해서 2:18, 19

D. 금욕주의에 반대해서 2:20-23

Ⅳ. 그리스도인들의 삶에서 그리스도의 우월성이 요구된다 3:1-4:6

A. 그리스도와 관련해서 3:1-8

B. 지역 교회와 관련해서 3:9-17

C. 가족과 관련해서 3:18-21

D. 일하는 것과 관련해서 3:22-4:1

E. 비기독교인 사회와 관련해서 4:2-6

Ⅴ. 결론 4:7-18

A. 바울의 동역자들 4:7-9

B. 마지막 인사 4:10-15

C. 마지막 간청과 축도 4:16-18

제1장 바울의 감사

❁ 바울의 감사(1–8)

바울은 골로새 교회를 위하여 기도할 때마다 하나님께 감사를 드리게 되었다.

첫째: 성도들의 믿음 때문이었다(4)

"이는 그리스도 예수 안에 너희의 믿음과"라고 했다. 이 말은 골로새 성도들의 믿음이 그리스도 안에 견고하게 세워졌다는 말이다. 바울은 성도들이 가진 믿음 때문에 감사하고 있다. 이 믿음은 그리스도 안에서 그와의 인격적 관계를 유지하며 사는 것을 말한다. 성도들에게 이러한 믿음이 있어야 한다.

둘째: 성도들의 사랑 때문이었다(4)

바울은 골로새 교회가 서로 사랑하고 있다는 소식을 듣게 된다. 성도에 대한 사랑은 생명같이 귀하다. 사랑이 없는 교회는 생명 없는 믿음의 껍데기만 남아 있는 것과 같다. '모든 성도에 대한 사랑'이라고 하였으니 편협한 사랑이 아니고 넓고 큰 사랑임을 알 수 있다. 무디 선생은 "사랑은 많은 일을 한다"라고 했다.

셋째: 성도들의 소망 때문이었다(5)

"너희를 위하여 하늘에 쌓아 둔 소망을 인함이니"라고 했다. 성도에게 있어서 믿음은 나무와 같고 사랑은 그 나무의 꽃과 같고 소망은 열매와 같다. 이렇게 믿음과 사랑과 소망은 떨어질 수 없는 밀접한 관계를 가지고 있다. 그렇기에 바울은 골로새 교회 성도들이 소망을 하늘에 쌓아 두었다고 말한다.

결론(結論)

믿음, 소망, 사랑은 항상 있을 가장 귀중한 것이다. 성도들은 이 세 가지를 위해 항상 기도해야 한다.

❁ 예수 그리스도의 승리(8-15)

이 세상은 인간의 생존을 위해 경쟁하는 터전이다. '지느냐? 이기느냐?'에 따라서 행복과 불행이라는 희비극이 연출되고 있다. 사람이 일평생 살아가노라면 이기는 때도 있고 지는 때도 있다. 이점에 대하여 우리는 그 승패의 기준을 어디에다 두느냐가 문제이다. 어떤 이들은 지는 것 같으면서도 이기고, 어떤 이들은 이기는 것 같으면서도 진다. 예수 그리스도는 지는 것 같았으나 승리하였다. 이 세상에서 육신적으로는 분명히 승리하는 자 같으나 영적 신앙생활에 있어서 패배자들이 많음을 볼 수 있다. 여기서 그리스도의 승리의 비결을 생각해 보자.

첫째: 낮아지는 겸손은 언제나 승리의 비결이다

겸손히 낮아지는 것이 얼핏 생각하면 굴욕적이고 자존심이 상하는 것 같지만 결과는 겸손한 자가 승리하는 것이 기독교의 원리다. 하나님은 교만한 자를 물리치시고 겸손한 자에게 은혜를 주신다.

둘째: 고난을 감수하는 인내가 승리의 비결이다

능욕과 고난을 극복하는 인내는 곧 승리의 비결이다. 예수님이 바리새인들의 능욕과 멸시, 십자가의 고난을 참지 못했다면 인류 구원의 대 퍼레이드는 실패로 끝나고 말았을 것이다. 십자가의 고난, 죽음의 자리에 이르도록 참았기 때문에 그때는 실패자 같았지만 오늘의 세계를 정복하는 승리자가 되었다. 열 번, 백 번 끝까지 참아야 성공한다.

셋째: 남의 유익을 위한 나의 희생이 승리의 비결이다

예수님께서 전 인류의 구원과 유익을 위해 십자가를 지셨기 때문에 승리한 것이지, 예수님께서 자기만을 위해서 십자가를 지셨다면 그의 십자가가 그렇게 유명해질 수 없었을 것이다.

결론(結論)

그리스도의 승리는 진리로 비진리를 이겼고, 의로 불의를 이겼고, 선으로 악을 이긴 것이다. 우리도 겸손과 인내와 희생으로 승리하기 바란다.

제3장 거듭난 자의 생활

❃ 그리스도 안에서의 새 사람(12-25)

옛사람을 벗어버리고 새 사람으로 옷 입는 사람은 성경의 옷을 입어야 그리스도의 신부로 단장이 된다.

첫째: 새 사람이 입을 옷

① 긍휼의 옷이다. 이는 다른 사람들의 고통에 대하여 동감하는 마음이다. ② 자비의 옷이다. 인간에 대한 깊은 이해와 동정과 관심을 말한다. ③ 겸손의 옷이다. 하나님 앞에서 피조물의 위치를 지키는 것이다. ④ 온유의 옷이다. 부드러운 심정이다. ⑤ 인내의 옷이다. ⑥ 용서의 옷이다. 용서는 이웃 사랑의 구체적 표현이다.

둘째: 새 사람이 가진 사랑

사랑의 옷이다. 위에서 제시한 옛 사람을 벗어버린 새 사람이 가져야 할 모든 덕목들은 사랑에서 출발해야 하며 사랑으로 끝을 맺어야 한다. 즉 덕을 온전케 하는 띠로서, 사랑이 없으면 모든 덕이 몸에 잘 맞지 않는 것이다. 믿음, 소망, 사랑 그중에 제일은 사랑이라는 말씀처럼 성도들은 사랑의 옷을 꼭 입어야 한다.

셋째: 새 사람의 신앙생활

그러나 신앙의 표현은 그것뿐만이 아니다. 아내는 남편에 대하여 남편은 아내에 대하여, 또 자식은 부모에 대하여 부모는 자식에 대하여, 종은 주인에 대하여 주인은 종에 대한 태도에 있어서 그 사람의 신앙이 나타나 있지 않으면 안 된다. 신앙은 극히 신비적인 경험인 동시에, 또 극히 현실적인 생활이다.

결론(結論)

독선과 이기주의가 지배하는 세상에서 성도는 옛 사람을 벗어 버리고 그리스도로 옷 입어야 한다.

제4장 교훈과 안부와 축복

❀ 신실한 일꾼들(10–18)

본문은 함께 갇힌 바 되고, 하나님 나라를 위하여 함께 역사하며, 항상 기도하는 동역자들의 모습이다.

첫째: 바울과 같이 갇힌 일꾼

아리스다고, 마가, 유스도라 하는 예수는 바울과 함께 복음으로 세계를 정복하려는 그리스도에게 사로잡힌 자들이었다. 그들은 복음 때문에 감옥에 가기도 했으며, 바울이 주의 복음을 전하는 일에 있어 곤란을 당하면 도움이 되는 좋은, 위로의 동역자들이었다.

둘째: 모범적인 신앙인 에바브라

사람들의 인정을 받는 것보다 하나님께 인정을 받는 것이 중요하다. 그러나 하나님께 인정을 받는 동시에 사람에게도 인정을 받는 것은 더욱 좋다. 에바브라는 골로새 교회의 창설자로서 사랑과 봉사에 모범적이었고 성령 안에서 기도하는 신실한 일꾼으로 주를 위해 봉사하였다.

셋째: 사랑을 받은 동역자

누가는 좋은 수입을 얻을 수 있는 의원이었지만 그 직업을 그만두고 바울의 2차 전도 여행에 동행하면서 건강을 돌봐주었고, 감옥에서 그의 마지막 남은 시간들을 위로하였다. 신앙생활을 하는 사람은 어려움이 있을 때 열심히 주의 일에 힘쓰는 자이다. 이것이 사랑을 받는 동역자의 모습이다.

결론(結論)

성도는 바울을 돕는 신앙의 동역자들을 본받아 그리스도의 몸된 교회를 위하여 신앙의 본을 보여야 한다.

데살로니가전서

서론

주 제	그리스도의 재림을 대망하며 더욱 성결하라			저 자	바울	기록장소	고린도
기록 연대	A.D. 51년경			대 상	데살로니가 교인과 세계 각지의 그리스도인		
대 지	데살로니가 사람들에 대한 칭찬과 격려				데살로니가 사람들을 위한 교훈		
구 분	1:1	2:1	2:17	4:1	4:13	5:1	5:12 5:28
	성장에	교회의 건립	교회의 부흥	성장을	위로	주의 날	여러 가지 명령
요 절	"너희 온 영과 혼과 몸이…흠 없게 보전되기를 원하노라"(5:23)						

데살로니가전서 이해

데살로니가 교회는 사도 바울이 2차 전도여행 중 개척한 교회로서 '환난 중에 승리하는 교회의 표상'이라 일컬을 만큼 견고한 믿음의 본을 보였다.

사도 바울은 고린도에서 18개월간 머무는 동안 데살로니가 교회의 승리의 간증과 함께 교인들이 종말에 대한 잘못된 생각 때문에 신앙적으로 많은 어려움을 겪고 있다는 안타까운 소식을 전해 들었다. 이에 붓을 들어 그들의 충성과 인내를 칭찬하고, 임박한 재림의 날을 고대하며 소망 중에 더욱 힘을 내어 믿음의 선한 싸움을 싸울 것을 독려하고자 하였다.

그는 먼저 1-3장을 통해서 이방 종교에서 돌아선 후 그리스도에 대한 믿음과 사랑과 소망으로 그들의 삶을 영위하는 데살로니가 교인들을 칭찬하는 한편, 데살로니가 전도 시절을 회상함으로써 자신과 자신의 메시지에 대한 비난을 반박하고 있다. 한편 3장까지 사실에 입각한 바울의 개인적인 차원의 권고에 이어, 4-5장에서 그는 실생활에 대한 실천적인 훈계와 교훈을 역설한다. 곧 바울은 먼저 성적인 문제와 사회적인 문제를 거론하고 성결로써 하나님을 기쁘게 해드리는 삶을 규명하며, 그리스도의 죽음과 부활을 설명함으로써 그리스도의 재림 때 그리스도 안에서 죽은 자들이 부활할 것을 밝히고 죽음에 대한 두려움을 제거해 주고 있다.

오늘날 많은 교회들이 주의 재림이 도래하는 엄연한 사실을 외면한 채 현실 안주적, 물량적 성공관에 젖어 불신자들의 구원을 위한 복음 전파의 노력과 성도들의 신앙 성숙을 위한 교육과 훈련, 그리고 가난한 자들에 대한 구제라는 본연의 사명을 멀리한다. 이에 본서는 참된 부흥의 요체는 오로지 뼈를 깎는 고난을 통한 주의 말씀의 흥왕임을 강하게 일깨우고 있다.

기록 목적

데살로니가 교회는 바울이 전도하여 세운 교회다(행 17:1-9). 빌립보에서 석방된 바울과 실라와 디모데는 곧바로 마게도냐의 수도이자 상업 도시인 데살로니가로 향한다. 그들은 거기서 온갖 박해를 당하면서도 유럽 지역의 두 번째 교회를 세웠다. 그러나 유대인들의 교묘한 방해 공작과 박해로 인하여(행 17:10-15) 갑자기 데살로니가를 떠날 수밖에 없었다. 따라서 그를 통해 기독교로 회심한 어린 회심자들은 격렬한 박해 기간 동안 보살핌을 받지 못하는 상태로 버려지게 되었다. 그때까지 그들은 그리스도인의 삶에 대한 가르침을 거의 받지 못했다.

그리하여 바울은 디모데로부터 그들의 현재 상황에 대해 듣고 난 후 다음과 같은 목적을 위해 이 편지를 썼다. (1) 박해 가운데서도 흔들리지 않은 그들의 강한 믿음을 칭찬하고 격려하기 위함이다. (2) 영적 성장, 영적 정결, 영적 훈련, 경건한 삶 등과 관련한 구체적인 교훈을 가르치기 위함이다. (3) 특별히 그리스도의 재림에 관한 올바른 교훈으로 바르게 양육하기 위한 목적에서 기록하였다.

기록 배경

데살로니가 교회는 바울과 실라의 전도를 통하여 생겼다. 이들은 빌립보에서 매를 맞고 감옥에 갇혀 있다가 석방된 후에 여행을 계속하여 데살로니가에 이르렀다. 여기서도 전도를 계속하였는데 몇몇 유대인들과 하나님을 두려워하는 그리스도인들이 믿게 되었다. 그렇지만 소동이 있어 다른 곳으로 가야만 했다. 바울은 데살로니가를 다시 방문하고자 하였으나 불가능하였기 때문에 아테네에서 디모데를 데살로니가로 보냈다. 그것은 데살로니가 교회가 박해에도 불구하고 믿음에 충실히 머물러 있는지를 알아보기 위해서였다. 디모데는 데살로니가 교회가 충성을 지켰고 믿음 안에서 자라고 있다는 좋은 소식을 전해 주었다. 이에 바울은 편지를 썼는데 거기에는 데살로니가 교회로부터 가지고 온 몇 가지 물음에 대하여도 답을 하고 있다. 데살로니가전서는 하나님과의 친교에 상응하는 삶을 영위하라는 권면을 담고 있다.

내용 분해

Ⅰ. 일반적인 편지의 시작 1:1

A. 기록자

B. 수신자

C. 인사

Ⅱ. 바울의 사역을 회상함 1:2-3:13

A. 데살로니가 교인들의 믿음, 소망, 사랑에 대한 감사 1:2-10

B. 바울이 그곳에서 어떻게 사역했는지 2:1-12

1. 유모와 같이: 유순하게 2:1-8

2. 아버지와 같이: 걱정하며 2:9-12

C. 데살로니가 교인들의 인내에 대한 감사 2:13-16

D. 데살로니가 교인들에 대한 바울의 걱정 2:17-20

E. 디모데의 사역과 바울의 안심 3:1-10

F. 데살로니가 교인들을 보기 원하는 바울의 계속되는 소망 3:11-13

Ⅲ. 그리스도의 다시 오심을 고대함 4:1-5:11

A. 현재: 삶의 방식 4:1-12

1. 충실한 결혼 생활 4:1-8

2. 형제 사랑 4:9, 10

3. 개인적인 책임들 4:10-12

B. 미래: 그리스도의 다시 오심 4:13-5:11

1. 왕의 오심: 사랑하는 이를 잃은 자들의 위로 4:13-18

2. 왕의 오심: 준비된 자들은 놀랄 것이 없음 5:1-11

Ⅳ. 마지막 조언 5:12-28

A. 지도자들에 대한 존경 5:12, 13

B. 공동체 안의 평강 5:13

C. 빈궁한 자를 도움 5:14

D. 성도들에게 보편적으로 5:15-28

1. 모든 이를 향한 선행 5:15

2. 항상 기뻐하기 5:16

3. 쉬지 말고 기도하기 5:17

4. 범사에 감사하기 5:18

5. 하나님의 은혜 받기를 권고함 5:19-22

6. 마지막 인사 5:23-28

| 장별 핵심 메시지 |

제1장 감사와 기원

❀ 모범적인 교회(1–10)

데살로니가 교회는 별로 책망할 것이 없고 칭찬과 감사의 조건이 넘치는 모범적이요 은혜로운 교회였다.

첫째: 믿음의 역사가 있는 교회

성경은 "믿음이 없으면 아무것도 할 수 없느니라"라고 하였고, "행함이 없는 믿음은 죽은 것이라"라고 하였다. 우리는 믿음으로 하나님의 자녀가 되었고 구원의 영역 안에 들게 된 것이다. 그러므로 구원받은 백성은 믿음으로 살아야 한다. 믿음으로 행한 사람과 행함이 없는 거짓 믿음은 생명과 사망이라는 차이가 있다.

둘째: 사랑의 수고가 있는 교회

사랑은 가장 큰 은사로 사랑을 싫어하는 사람은 없다. 그런데 사랑은 받는 즐거움이 아니라 주는 기쁨이다. 사랑은 주는 것이기 때문에 반드시 수고가 있어야 한다. 수고가 함께하는 사랑이 참 사랑이다. 수고가 없는 말만의 사랑은 거짓 사랑이다. 그리스도를 사랑한다면 그리스도를 위하여 수고하는 것이 있어야 한다.

셋째: 소망의 인내가 있는 교회

누구에게나 소망은 있다. 어떤 사람은 낮고 천한 물질에 대한 소망이 있고, 어떤 사람은 높고 귀한 소망이 있는데 이를 이루는 데는 인내가 필요하다. 세상의 소망을 이루는 데도 인내가 필요하다. 인내가 없으면 아무것도 이루지 못한다.

결론(結論)

우리들의 교회는 믿음으로 일하고, 서로를 사랑하며, 소망으로 세상을 이기는 교회가 되어야 한다.

제2장 복음전도

❋ 바울의 선교 회고담(1–12)

바울은 빌립보에서 당한 박해와 고난을 상기하면서 어떤 반대에도 굴하지 않고 선교하였음을 말했다.

첫째: 바울의 선교 동기

바울은 데살로니가에서 선교할 때에 허영, 탐욕 그리고 이름을 파는 일과 같은 잘못된 동기나 목적에서 나온 것이 아니라 하나님을 위하여 진리를 전한 것이라고 하였다. 또한 그는 하나님께로부터 인정받고, 하나님의 영으로 전도하고, 하나님을 기쁘시게 해드리려는 선교 동기가 확실했다. 사람을 기쁘게 하는 것이 전도자에게 큰 유혹인데 바울은 이것을 뿌리치고 다만 하나님을 기쁘시게 해드리려고 선교하였기에 아첨의 말을 하지 않았고 탐심의 탈을 쓰지 않았다.

둘째: 바울의 선교 자세

바울은 데살로니가에서 선교할 때 자신을 위해 무엇을 얻으려는 마음은 조금도 없었으며 어떻게 해서든지 저들로 하여금 하나님 보시기에 합당한 사람이 되도록 하는 데만 힘썼다고 했다. 그래서 바울은 그가 사랑하는 데살로니가 사람들을 위하여 유모가 어린아이를 기름과 같이 했고, 그들에게 누를 끼치지 않기 위하여 밤낮으로 일하면서 자비량 전도를 했고, 아비가 자녀에게 하듯 했으며, 그들을 위해서라면 목숨까지도 주기를 즐겨하는 마음으로 선교했다고 전했다.

결론(結論)

실로 우리를 위해 생을 주신 그리스도의 자취를 따랐던 바울처럼 오늘 우리도 이런 뜨거운 사랑으로 선교해야 할 것이다.

제3장 디모데의 보고를 듣고 감사

❋ 교회의 실정 조사(1–10)

바울은 디모데로 하여금 교회의 실정을 파악하는 동시에 적절한 도움을 주려고 데살로니가로 보낸다.

첫째: 데살로니가 교회를 향한 바울의 관심

바울은 데살로니가를 떠나온 후 그들을 잊을 수가 없었으며 기회만 있으면 가보기를 원하였다. 그러나 자신은 가지 못하고 디모데를 보낸다. 특히 데살로니가에 박해가 있다는 소식을 듣고 그 시험에 넘어가는 사람이 생겨 애써 전도한 모든 수고가 헛되지 않을까 걱정하는 등, 모든 관심이 거기에 있었다.

둘째: 데살로니가 교인들에 대한 바울의 사랑

사랑하지 않는 사람이 멀리 떠나 있으면 그에 대해 궁금증도, 근심할 일도 없다. 그러나 바울은 데살로니가 교인들을 사랑하였기에 실정을 알아보고 도우려고 자기 믿음의 아들인 디모데를 보냈다. 오늘 우리는 우리가 전도한 사람들의 동태에 대하여 이만큼 깊은 관심을 기울이고 있는가?

셋째: 데살로니가로부터 온 기쁨의 소식

디모데로부터 바울은 참으로 기쁜 소식을 받았다. 데살로니가 교인들이 믿음에 굳게 서서 살고 있으며 사랑의 생활을 하고 있는 동시에 멀리 떨어져 있는 바울을 생각하고 또 바울이 그들을 만나 보기를 간절히 원하는 것처럼 데살로니가 교인들도 바울 보기를 원하고 있더라는 소식을 들려주었다. 이에 바울의 기쁨은 컸던 것이다.

결론(結論)

우리는 교회의 어려운 일에 관심을 가지고 협력하여 해결하고 기뻐하는 자가 되어야 한다.

제4장 재림에 대한 신앙생활

❁ 부활과 재림의 문제(13–18)

본문에서는 본서 기록 목적의 중요한 요소 중 하나인 주의 재림을 취급했다.

첫째: 데살로니가 교인들의 의구심

데살로니가 교인들이 궁금하게 여긴 문제는 예수님께서 재림하시면 살아남은 이들은 그대로 예수님과 함께 승천하겠지만, 이미 죽은 이들은 무덤 속에 있으며 육체가 썩어졌으니 어떻게 되겠느냐 하는 것이었다. 그들은 그날의 영광에 동참할 수 있을까 염려했다.

둘째: 바울의 답변

바울의 대답에는 큰 원칙이 보인다. 만일 사람이 그리스도 안에서 살다가 그 안에서 죽으면, 비록 그가 죽었어도 예수 안에 있으며 그와 함께 부활할 것이다. 예수님과 그를 사랑하는 자와의 관계는 아무도 끊을 수 없다. 그 관계는 시간도 죽음도 초월한다. 살아서나 죽어서나 그를 예수에게서 끊을 것이 없다.

셋째: 주님의 재림 광경

주께서 처음 오실 때에는 말구유에 조용히 오셨으나 다시 오실 때에는 놀라운 영광과 위엄으로 오실 것이다. 우선 엄위와 권능의 호령으로 임할 것이다. 주의 재림이 죄인들에게는 무서운 심판이지만 구원을 받은 성도들에게는 최대의 기쁜 소식이다. 이 소식을 알리기 위해 하나님의 나팔은 요란하게 울려 퍼진다.

결론(結論)

우리도 그리스도와 함께 살고 죽고 부활하리라는 신앙을 가져야 한다.

제5장 제반 교훈과 결론

❀ 성도의 생활(12-28)

바울은 데살로니가 교회를 위한 여러 가지 훈계와 경고 끝에 오늘의 생활에 충성할 것을 권했다.

첫째: 받들며 돕는 생활(12-15)

돌보기에 수고하고 다스리기에 힘쓰며 권면하여 우리 마음을 돕고 지도하는 사람을 받들라는 것이다. 교우끼리 몇 가지 도울 일은 ① 규모 없는 자를 경계하라. ② 힘없는 자들을 붙들어 주라. ③ 참고 선을 행하라. 이렇게 지도자를 받들고 어렵고 약한 이들을 돕는 생활을 할 때 하나님의 영광은 우리를 통해 나타날 것이다.

둘째: 하나님의 뜻을 이루는 생활(16-22)

바울은 "항상 기뻐하라, 쉬지 말고 기도하라, 범사에 감사하라"라고 했다. 이 셋은 거룩한 생활의 기본 요소이다. 이 세 가지 일이 될 수 있다면, 모든 것을 갖춘 것이나 다름없는 그리스도인이다. 이렇게 하므로 날마다 하나님의 뜻을 이루는 삶에 충실하고, 성령을 소멸치 않고 좋은 것을 취하는 성도의 삶이 된다.

셋째: 하나님의 보호를 받는 생활(23-24)

끝으로 바울은 뜻 깊은 기도로 권고를 마쳤다. "평강의 하나님이 친히 너희로 온전히 거룩하게 하시고 또 너희 온 영과 혼과 몸이 우리 주 예수 그리스도 강림하실 때에 흠 없게 보전되기를 원하노라"(23). 하나님은 우리 은혜의 보고이며 축복의 근거이다. 그러므로 하나님의 보호를 받는 영혼은 축복이 있다.

결론(結論)

주님의 뜻 안에서 올바른 삶을 살 때에 그 대가로 축복이 채워진다.

데살로니가후서

서론

<table>
<tr><td>주 제</td><td colspan="3">다시 오실 그리스도를 대망하는 성도의 인내</td><td>저 자</td><td>바울</td><td>기 록
장 소</td><td>고린도</td></tr>
<tr><td>기 록
연 대</td><td colspan="3">(데살로니가전서 기록 몇 달 후인)
A.D. 51년경</td><td>대 상</td><td colspan="3">데살로니가 교인들과
세계 각지의 신자들</td></tr>
<tr><td>대 지</td><td colspan="3">핍박받는 자들에 대한 격려</td><td colspan="2">주의 날에 대한 설명</td><td colspan="2">교회를 향한 권면</td></tr>
<tr><td rowspan="2">구 분</td><td>1:1</td><td>1:5</td><td>1:11</td><td>2:1</td><td>2:13</td><td>3:1</td><td>3:6 3:18</td></tr>
<tr><td>성장에
대한 감사</td><td>박해받는
자들을
격려함</td><td>축복기도</td><td>재림의 징조</td><td>믿는 자가
받을 위로</td><td>인내</td><td>구별된
삶</td></tr>
<tr><td>요 절</td><td colspan="7">“형제들아 굳건하게 서서…가르침을 받은 전통을 지키라”(2:15)</td></tr>
</table>

데살로니가후서 이해

고린도에서 데살로니가 교인들에게 보낸 바울의 두 번째 편지인 본서는 A.D. 51년경, 첫 번째 편지를 띄운 지 얼마 안 되어 기록되었다.

데살로니가 교회의 대다수를 차지하고 있던 신실한 성도들에 대한 찬사와 격려의 메시지와 함께 그리스도의 재림과 재림을 대망하는 성도들이 생활 가운데 구현해야 할 성결한 삶을 기록한 첫 편지의 사상이 보다 진전된 형태로 나타난다. 두 번째 편지는 그러한 칭찬의 글 위에 덧붙인 애정 어린 충고와 권면의 글을 받고서도 그 내용을 곡해하여 잘못된 종말관을 유포함으로써 바르지 못한 행동을 자행하는 일부 완고한 자들에 대한 엄격한 권계의 메시지라 할 수 있다.

본서는 내용상 두 부분으로 나눌 수 있는데 그 전반부인 1장은 신실한 자들의 모범 된 삶에 대한 칭찬과 격려를, 후반부인 2, 3장은 바울이 말한 '갑작스런 재림'(살전 5:3)을 '즉각적인 재림'이라고 곡해한 일부 완고한 자들의 그릇된 가르침에 대한 경계와 그에 대비한 성도들의 교리적, 실천적 무장을 다루고 있다.

특히 본서는 재림 이전에 나타날 여러 전조들을 구체적으로 예시함으로써 성도들이 그릇된 종말론에 휩쓸려 극단적인 양태의 삶에 빠지지 않도록 안전판의 역할을 해주고 있다는 점에서 매우 교화적이라 할 수 있다.

주의 오심이 가까워 올수록 재림의 시기와 방법에 관한 갖가지 위해한 가르침이 횡행하게 마련인 바, 본서는 그러한 예언적 혼란기를 겪는 현대 교인들에게 말세를 대비한 참된 종말론적 신앙관과 삶의 지향점을 제시해 주고 있다.

기록 목적

본서는 데살로니가전서를 기록한 지 얼마 되지 않아 새로운 상황에 대처하기 위해 쓰여졌다. 이는 그리스도 재림에 관한 그의 가르침을 잘못 이해하는 자들이 데살로니가 교회 내에 있었기 때문이다. 이 같은 중요 교리에 대한 곡해는 실생활에서 적잖은 문제를 일으켰는데, 그로 말미암아 어떤 이들은 세상에 종말이 임했다고 생각하여 일하기를 멈추는 등 난처한 상황을 만들어 냈다(3:6, 11). 그래서 바울은 이들을 꾸짖고 바르게 세워주기 위해 본서를 기록했다.

기록 배경

데살로니가후서가 기록될 때의 그 교회 상황은 바울이 데살로니가전서를 기록할 때의 상황과 거의 비슷했다. 그러므로 이 편지가 기록된 것은 데살로니가전서가 기록된 때로부터 불과 수개월 후였던 것으로 보인다. 그리고 그동안 바울은 실라와 디모데와 더불어 여전히 고린도에서 사역하고 있었다(1:1). 아마도 바울은 자신의 첫 번째 편지가 데살로니가 교회에 전달되었다는 소식과 함께 그 교회에 새로운 발전이 있었다는 소식을 접한 후 성령의 감동 아래 이 두 번째 편지를 쓸 마음을 갖게 된 것으로 보인다.

내용 분해

Ⅰ. 일반적인 편지의 시작 1:1-4

- A. 기록자 1:1
- B. 수신자 1:1
- C. 인사 1:2
- D. 감사 1:3, 4

Ⅱ. 교리 1:5-2:12

- A. 재림의 결과 1:5-12
  - 1. 의인들에게: 합당한 자로 여기심 1:5, 10-12
  - 2. 불의한 자들에게: 형벌을 선포함 1:6-9
- B. 재림의 징표 2:1-12
  - 1. 배도 2:1-3
  - 2. 불법한 자 2:3-5
  - 3. 막는 자 2:6
  - 4. 거짓 기적들 2:7-12

Ⅲ. 권고 2:13-3:16

- A. 견고하기를 2:13-17
- B. 기도하기를 3:1-5

C. 게으르지 말 것을 3:6-13

D. 훈련을 3:14, 15

E. 평강을 3:16

Ⅳ. 마지막 말 3:17,18

A. 친필 3:17

B. 은혜를 구함 3:18

| 장별 핵심 메시지 |

제1장 바울의 감사와 기원

❀ 고난 중의 위로(1–9)

데살로니가 교회 신자들이 겪는 큰 핍박과 고난을 위로하기 위해 바울은 편지를 썼다.

첫째: 데살로니가 교회의 문제

데살로니가 교인들은 고난 속에서 주님의 재림을 고대하는 마음이 간절해졌다. 이에 주의 재림이 임박했으니 이 세상의 삶이 무가치하다고 여기면서 일상생활을 팽개쳐버리는 사람들도 생겨나게 되었다. 바울은 핍박과 고난 중에 있는 신자들과 그릇된 종말론으로 인하여 어려움을 당하는 교회를 위해 이 편지를 쓴 것이다.

둘째: 바울의 격려

바울은 데살로니가 신자들에게 감사하다고 말함으로써 그들을 격려하였다(3-4). 감사 내용은 핍박 속에서도 그들의 믿음이 점점 자라고, 사랑은 더욱 풍성해졌으며, 고난 가운데서도 잘 인내하였다는 세 가지이다. 이 세 가지는 진정 그리스도인들과 살아 있는 교회가 갖추어야 할 표징들이다.

셋째: 성도들의 소망

바울은 그리스도의 재림 시에 공의로운 심판이 있을 것이라는 약속을 상기시킴으로써 격려한다(5-9). 그리스도께서 다시 오시면 성도들을 핍박하던 대적자들은 심판과 형벌을 받고, 신앙 때문에 고난당한 성도들은 하나님 나라의 안식과 영광을 누릴 것이다. 이 하나님의 신실한 약속을 부여잡는 성도가 되어야 한다.

결론(結論)

성도가 고난 속에서도 자신을 잃지 않고 바른 신앙을 유지하는 것은 매우 중요하다.

제2장 주의 재림과 말세에 대한 양상

❁ 거짓 가르침에 대한 교훈(1–12)

바울은 본문에서 종말에 대한 바른 교훈으로 데살로니가 교인들을 권면하고 있다.

첫째: 성도를 미혹한다

신자들은 어떠한 거짓 가르침에도 미혹되어서는 안 된다(3). 주의 재림은 오직 하나님께서 정하신 때에 임할 것이다. 그날에 대한 많은 주장들이 있으나 인간의 추측에 근거한 교훈들은 신자들을 미혹케 할 뿐이다. 성경에 근거한 사실 외에는 모두가 잘못된 것이다. 그들을 따라서는 안 된다.

둘째: 하나님의 진리에서 멀어지게 한다

주님이 재림하시기 전에 반드시 진리에서 떠나는 배도의 일들이 생길 것이며, 참된 신앙을 적대하는 불법의 사람들이 먼저 나타날 것이다(3). 이는 적그리스도로서 스스로 하나님이라 칭하며 복음의 진리에서 많은 사람들을 떨어지게 할 것이다(4-7). 적그리스도는 주 예수의 강림의 날에 멸망당할 것이다(8).

셋째: 반드시 심판하신다

마지막 때에 이 같은 거짓 주장들과 미혹케 하는 적그리스도의 활동은 왜 나타나는가? 이는 진리를 믿지 않고 불의를 좋아하는 모든 자들을 심판하시고자 함이다(11-12). 성도의 믿음은 정금같이 연단되어야 한다. 그 연단은 환난과 핍박뿐만 아니라 미혹케 하는 거짓 교훈과 유혹을 이김으로도 주어진다.

결론(結論)

종말에 대한 관심은 필요한 것이다. 그러나 잘못된 종말관은 주의해야 한다.

제3장 규모 있는 생활에 대한 교훈

❆ 성도의 경계(13–15)

본문에서 바울은 세상을 살아가는 성도가 경계해야 할 일들에 관해 언급하고 있다.

첫째: 선을 행하다가 낙심치 말아야 한다

전도나 구제, 봉사 등 일을 하다 보면 낙심하게 되는 경우들이 있다. 하지만 선을 행하는 사람들은 이와 같은 애로점들을 극복해야 한다. 우리의 봉사는 사람에게 대한 것이 아니라 하나님께 대한 것이므로 사람들로 인하여 낙심한다는 것은 올바르고 합당한 태도라 할 수가 없다.

둘째: 권고를 버리는 자들과 사귀지 말아야 한다

권고를 버리는 사람들, 경계의 말에 관심을 갖지 않는 사람들이 있다. 이들은 아무것도 알지 못하는 교만한 사람들인데, 성도들은 이런 사람들과의 교제를 금해야 한다. 악인들과 교제하는 것은 악을 따라가는 첩경임을 명심해야 하겠다. 이런 사람들이 많은 교회는 여러 가지 심각한 문제들로 인해 진통을 겪을 수밖에 없다.

셋째: 아무도 원수같이 여겨서는 안 된다

우리에게 합당치 못하게 행하는 사람들일지라도 우리는 그들을 원수같이 여겨서는 안 된다. 하나님께서 우리의 죄를 사하시고 용서하셨듯이 우리도 이같이 해야 한다. 항상 형제같이 권해야 한다. 그리스도를 본받아 원수까지도 사랑하는 것이 우리의 도리임을 잊어서는 안 된다.

결론(結論)

악한 자들에게 둘러싸여 살아가는 성도들은 한시라도 방심하거나 게을리해서는 안 된다.

디모데전서

서론

주 제	목회자의 경건과 책임			저 자	바울	기록장소	마게도냐
기록 연대	A.D. 63-65년경			대 상	디모데		
대 지	디모데에게 권면함			디모데에게 주는 교훈들			
구 분	1:1	2:1	3:1	4:1	5:1	6:1	6:21
	거짓 교훈을 권면함	공중 예배에 관하여	직분 맡은 자에 관하여	참된 교훈을 지킬 것	목회자와 성도의 관계	목회자의 자질	
요 절	"네가 네 자신과 가르침을 살펴 이 일을 계속하라"(4:16)						

디모데전서 이해

A.D. 63-65년경 바울이 로마 감옥에서 1차로 석방되어 동방을 여행하던 중 기록한 본서는 디모데후서, 디도서와 함께 '목회 서신서'로 불린다. 이들 세 편지는 바울의 생애 말기에 그를 대신해 에베소와 그레데 교회에서 목회하고 있던 디모데와 디도에게 보낸 글이다. 한편 이들이 목회 서신으로 분류된 것은 형식상으로는 사적 서신이지만, 내용상으로는 전반적으로 교회 치리에 관한 공적 가르침을 담고 있기 때문이다.

그중 가장 먼저 기록된 본서도 사도 바울의 뒤를 이어 에베소 교회에서 목회하고 있던 사역자 디모데에게 당시 횡행하던 영지주의에 대해 경계시키고, 교회의 조직과 감독을 중심으로 한 이단에 대한 경계, 교인들에 대한 윤리적 권면 등 목회상의 제반 문제에 대한 지침을 시달하는 데 목적이 있다.

바울은 1장을 통해 먼저 영지주의 거짓 교사들의 잘못된 가르침을 지적하고 이들을 각별히 경계할 것을 권면하며, 2-5장을 통해 공중 예배와 교회 치리 전반에 관한 지침들을 항목별로 구체적으로 제시한다. 전체적으로 본서는 신학적·교리적인 측면보다는 도덕적·실천적인 측면이 강조되는 특징을 지닌다.

성격이 소심하고 나이가 어린 디모데로서는 에베소 교회를 목회하는 데 많은 어려움과 고통을 겪어야 했다. 이에 바울은 부성애가 넘치는 위로와 격려로서 어떤 도전과 위협에도 굴하지 말고 그리스도인의 삶의 자세를 견지함으로써 자신의 목회 사역을 꿋꿋하게 해나갈 것을 권하고 있다.

비단 디모데와 같이 목회 일선에서 일하고 있는 교역자뿐 아니라 어떤 형태로든 하나님의 일에 깊이 관여돼 있는 모든 성도들에게 본서는 하나님의 일의 원리와 실천에 관해 더 없이 좋은 지침서다.

기록 목적

바울은 4차 전도여행 기간 동안에 자신은 마게도냐로 가면서 디모데에게 에베소 교회를 돌아보도록 명했다. 이 서신의 주된 목적은 에베소 교회의 교리적 잘못과 실제적 문제들을 다루는 난관 가운데 있는 디모데를 격려하는 것이다. 그리고 디모데에게 목회적 의무들과 교회 지도자들의 자격과 의무 등에 관해서 가르침을 주기 위한 것이었다.

바울은 디모데후서 여러 곳에서 디모데를 준엄하게 질책하고 훈계했다. 바울 자신의 임종이 임박했음을 생각해 볼 때, 이 서신의 저작 목적은 분명하다. 바울은 디모데가 올 수 있다고 생각하지 않았다. 그러나 바울의 열망은 그가 죽기 전 디모데가 그의 의사를 전달받았으면 하는 것이었다(딤후 4:6). 그런 의미에서 이 서신은 '바울의 마지막 연가'라고 말할 수 있다.

기록 배경

우상 숭배와 타락한 이방 문물이 번성하던 에베소에 교회가 세워진 것은 바울의 전도 여행 결과였다(행 19장). 그리고 에베소 교회가 개척되던 때부터 약 3년간 바울과 함께 사역한 사람이 바로 디모데였다. 바울은 이후 여러 곳으로 전도여행을 다니면서 에베소 교회에 일기 시작한 내분을 진정시키기 위해, 함께 다니던 디모데로 하여금 에베소에 남아 교회를 돌보도록 하였다. 바울은 디모데 앞으로 보내는 본 서신을 통해 젊은 목회자 디모데를 격려하고 목회에 대한 실제적 교훈을 제시한다.

바울과 바나바는 1차 선교 여행에서 루가오니아의 도시 루스드라에서 설교했으며 박해 가운데서도 성공을 경험했다. 로이스라는 이름의 유대 여성과 그녀의 딸 유니게는 이 사역을 통해서 그리스도께 돌아왔을 것이다. 유니게는 이방인 남성과 결혼해서 디모데를 낳았으며 디모데는 독자였을 것이다. 디모데는 분명히 유대교의 교육을 받았지만 그 아버지는 디모데에게 할례를 행하지 않았다. 시작부터 바울과 디모데 사이에는 가까운 관계가 형성되었다. 바울이 2차 여행 중 루스드라로 돌아왔을 때 디모데는 지역 교회에 속하여 그곳과 이고니움의 지도자로 추대 받고 있었다. 바울은 성령의 감동을 받아서 디모데를 자신의 사도 무리에 들였다. 2, 3차 전도여행 도중, 디모데와 바울은 서로 깊이 결합되었다. 그리고 디모데와 에라스도가 에베소에서 마게도냐로 파견되는 등, 때때로 디모데에게는 보조적인 전도 임무가 부과되기도 했다(행 19:22).

내용 분해

Ⅰ. 서론 1:1-20

A. 인사 1:1, 2

B. 디모데가 할 일 1:3–11

C. 감사 1:12–17

D. 할 일을 다시 말해 줌 1:18–20

Ⅱ. 교회에 관한 가르침 2:1-3:16

A. 교회의 예배 2:1–15

B. 교회의 직분 3:1–3

C. 진리와 관련한 교회의 기능 3:14–16

Ⅲ. 목회자의 의무에 관한 가르침 4:1-6:10

A. 교회 전체를 향하여 4:1–16

B. 교회 안의 다양한 계층을 향하여 5:1–6:10

Ⅳ. 마지막 권고 6:11-21

A. 믿음을 지키고 선한 싸움을 싸우라 6:11–16

B. 부한 자들에게 그리스도의 주장 전하기 6:17–19

C. 진리 지키기 6:20, 21

| 장별 핵심 메시지 |

제1장 거짓 교훈에 대한 경계와 교훈

❋ 경계의 목적(1–5)

본문에서 바울은 그리스도인들에게 요구되는 세 가지 덕을 언급하고 있다.

첫째: 청결한 마음

그리스도인들은 무엇보다도 마음이 청결해야 한다. 주님은 산상보훈에서 마음이 청결한 자가 하나님을 본다(마 5:8)고 말씀하셨다. 부패하고 타락한 마음, 죄 된 옛 본성을 가진 사람들은 하나님을 기쁘시게 할 수 없으며, 그리스도인의 역할도 충실하게 하지 못한다. 변화된 마음, 청결한 마음이 하나님을 기쁘시게 한다.

둘째: 선한 양심

사람의 양심은 여호와의 등불과도 같아서 깊은 속을 살피며 선과 악을 분별한다. 때문에 성도들은 마땅히 선한 양심을 갖도록 해야 한다. 악한 양심, 화인 맞은 양심은 하나님을 거슬러 반역하게 한다. 성도라 하면서 속여 취하고 거짓말을 일삼거나 악을 행하는 사람들은 양심에 문제가 있는 사람들이다.

셋째: 거짓 없는 믿음

성도의 믿음은 진실한 것이어야 한다. 거짓된 믿음, 외식적이고 형식적인 신앙은 능력도 없고 하나님을 기쁘시게 하지도 못한다. 역사하는 믿음은 거짓이 없는 진실한 믿음뿐이다. 성도는 언제든지 하나님 앞에서 진실해야 한다. 그분은 거짓말하는 자들을 용납하는 법이 없으시다.

결론(結論)

파수꾼이 잠잠하면 위기에 대처할 수 없듯이 목회자는 부지런히 경계하여 성도를 안전하게 지켜야 한다.

제2장 일반인들에 대한 태도

❋ 여성에 대한 교훈(9–15)

본문은 사도 바울이 디모데에게 여성에 대한 교훈을 주는 내용을 언급하고 있다.

첫째: 속사람이 단정해야 함

여성들이 아름답게 가꾸는 것은 흠이 되지 않는다. 하지만 외모보다 더 중요한 것이 속사람이기 때문에 그리스도인들은 외모보다 먼저 속사람이 단정하도록 힘써야 한다. 고급 화장품을 바르고 값비싼 의상과 액세서리들을 갖추는 것보다 정숙함과 겸손함이라는 속사람에 대한 원숙한 인격을 갖추는 것이 귀한 일이다.

둘째: 일절 순종함으로 조용히 배워야 함

아내들의 남편에 대한 의무는 순종이다. 사라가 아브라함을 주라 칭하며 순종했듯이, 하나님은 아내들이 남편들에게 순종할 것을 명하신다. 남녀는 인격적으로 하나님 앞에서 동등하며 차별이 없으되, 부부 관계는 사랑과 복종이라는 신비로운 조화를 통해서만 올바르게 유지된다.

셋째: 정절로써 믿음과 사랑과 거룩함에 거함

여인의 멋은 아름다움과 순결에 있다. 아름다움은 외형이요 순결은 내면의 멋이다. 한 남편의 아내로서 무엇보다 중요한 것이 사랑과 정절이다. 이것을 부정하면 가정은 파괴되고 만다. 그러므로 아내들은 정절로써 믿음과 사랑과 거룩함에 거해야 한다.

결론(結論)

믿음의 아내들은 신앙으로 남편을 잘 내조해 행복한 가정을 이루어 나가야 한다.

제3장 교회 직분 자격론

❀ 집사의 선택(8–13)

본문은 교회가 집사들을 선택할 때에는 하나님께서 명하신 기준에 따라야 함을 교훈한다.

첫째: 자격을 갖춘 사람을 선택해야 함

집사를 선택하는 데 있어 주의할 것은 본인의 의사가 아니라, 자격을 갖췄는지의 적합성 여부이다. 아무리 스스로 원하고 간절한 마음이 있을지라도 주께서 요구하시는 자격을 갖추지 못했다면 그는 집사가 되기에 부적합한 사람이므로 선택될 수 없다. '믿음과 성령이 충만하고, 칭찬 듣는 사람'을 선택해야 한다.

둘째: 모든 일에 충성된 자를 선택해야 함

집사는 모든 일에 충성된 자라야 받을 수 있는 직분이므로, 일을 잘 하도록 만들기 위해서 직분을 준다는 것은 옳지 못한 생각이다. 교회는 일꾼들을 선택함에 있어서 충실한 사람들을 선택하도록 해야만 복이 되고, 하나님을 기쁘시게 할 수 있다. 우리의 신앙 및 생활의 규범이 되는 유일한 것은 성경뿐임을 명심하자.

셋째: 자기 집을 잘 다스리는 자라야 함

"수신제가치국평천하"라는 말이 있듯이 가정생활에 충실한 자가 하나님의 집에서도 충실할 수 있다. 자기 집이나 자녀들을 잘 다스리지 못하여 비난 받는 사람들에게 주의 일을 맡기게 되면 주의 거룩한 이름이 모독을 받게 된다. 성직은 인간이 임의로 결정하는 것이 아님을 알아야 한다.

결론(結論)

우리 교계에서 정치 일꾼이라는 불경건한 용어가 사라지도록 교회들이 직분을 소중히 행해야 한다.

제4장 목회자 디모데에게 당부

❁ 임직자의 사명(1–15)

본문은 주께서 부르시고 맡겨주신 임직자의 사명에 관해 언급하고 있다.

첫째: 모든 믿는 자에게 모본이 되어야 함

목사나 장로 임직이 된 사람들은 무엇보다도 모든 믿는 자들에게 모본이 되도록 힘써야 한다. 주님께서 우리에게 모본이 되시고, 바울이 주님을 본받아 모든 믿는 자들에게 모본이 되었듯이 임직자들 또한 그리해야 한다. 주께서 이를 위해 직분을 주셨다는 사실을 명심하자. 항상 생활에서 성도들의 모범이 되어야 한다.

둘째: 주가 주신 은사를 따라 섬겨야 함

임직자들에게는 주가 주신 각자의 은사가 있게 마련이며, 이를 따라 충성하도록 힘써야 한다. 전도자로서의 사명, 목회자로서의 사명, 섬기는 자로서의 사명 등 각자의 사명에 충실해야 질서와 조화가 유지되며, 하나님께서 영광을 받으신다.

셋째: 진보를 모든 사람에게 나타내야 함

임직자들은 믿음의 진보를 모든 사람에게 나타내 보이도록 힘써야 한다. 임직자가 진보를 보이지 못하면 성도들의 진보를 기대할 수가 없다. 항상 지도자의 모범은 그를 따르는 자들에게 진보가 있게 한다는 사실을 명심해야 한다. 그러므로 주장하는 자세가 아니라 모본을 보이는 임직자들이 있는 교회가 성장하는 법이다.

결론(結論)

임직자들은 주의 뜻이 무엇인지 올바르게 분별하고 맡겨주신 사명을 잘 감당하도록 최선을 다해야 한다.

제5장 성도들에 대한 자세

❁ 명부에 올릴 과부(9-10)

과부라 하여 모두가 똑같이 취급되는 것은 아니었다. 본문은 교회가 구제할 과부들에 관해 언급하고 있다.

첫째: 나이가 육십이 넘은 사람

나이가 육십이 넘었다는 것은 두 가지 의미를 갖는데, 하나는 노동력이 없으므로 도움을 받아야만 살아갈 수 있다는 것이요, 다른 하나는 정욕을 좇아 살지 않게 된다는 것이다. 젊은 과부들은 정욕을 절제할 수 없어 범죄할 위험이 크지만 육십이 넘은 사람들에게는 이런 염려가 없다. 정욕을 좇는 자들은 주의 이름을 더럽힌다.

둘째: 한 남편의 아내였던 사람

도덕적으로 윤리적으로 무흠했던 사람이라야 교회의 명부에 올릴 수 있다는 것이다. 이는 복음적인 용서 및 구제의 원리와 상충하는 것처럼 보이기도 하지만, 교회의 거룩함과 권위를 유지하기 위해서는 결코 무시될 수 없었다. 따라서 음행 전력을 가진 사람들을 명부에 올려서는 안 되었다.

셋째: 선한 행실의 증거가 있는 사람

자녀를 양육한 것을 비롯하여 나그네를 대접하고, 성도들을 위해 봉사하는 등 선한 행실의 증거가 있어야만 명부에 오르게 된다. 하나님은 모든 사람에게 행한 대로 갚아 주시는 분이시므로 우리 모두는 삼가서 악에 치우침이 없도록 해야 한다. 우리의 모든 행위는 선악 간에 주님께서 기억하신다.

결론(結論)

안나처럼 성전을 떠나지 아니하고 금식하며 기도로 섬기는 과부들은 그 칭찬을 잃지 않을 것이다.

제6장 경건의 삶에 관한 교훈

❁ 자족하는 마음(8-10)

본문은 어떤 형편에서든지 자족하는 바울을 통하여 자족하는 마음에 관해 교훈하고 있다.

첫째: 자족하는 마음을 가져야 함

바울은 모든 일에 자족하기를 배웠기 때문에 풍부에도 처할 줄 알고 비천에도 처할 줄 알게 되었다. 성도는 자족하는 마음을 가져야 한다. 먹을 것과 마실 것이 있으면 족한 줄 아는 마음을 가진 사람이 하나님의 나라를 소망하는 사람이요, 주의 일을 위해서 희생과 봉사를 할 수 있는 사람이다.

둘째: 부하려 하는 자들의 위험성

부를 싫어하는 사람은 아무도 없다. 하지만 부가 인생의 성공 여부를 평가하는 기준이 아님은 물론, 인생을 위대하게 만들어 주지도 못한다. 주님을 찾아왔던 청년 관원이 “나를 좇으라”는 주의 요구에 응할 수 없었던 것은 바로 ‘부’라는 장애물 때문이었다. 따라서 성도들은 과도하게 부하려는 마음을 버려야 한다.

셋째: 돈을 사랑하는 일의 위험성

"돈이 일만 악의 뿌리"(딤전 6:10)라고 말씀한다. 돈을 사랑하는 것은 현대인들의 특성이다. 황금만능주의라는 말이 보여주듯이 현대인들은 돈을 사랑하며 돈을 위해 무슨 일이든지 하려고 한다. 성도는 돈에 대한 애착을 버려야만 미혹을 받지 않는 법이다. 돈에 집착하는 사람들은 예수까지도 돈과 바꾸게 된다.

결론(結論)

우리는 예수 그리스도로 말미암아 어떠한 형편에서든지 자족하며 살자.

디
모
데
후
서

서론

주 제	목회자의 고난과 인내			저 자	바울	기록장소	로마
기록 연대	A.D. 66-67년경			대 상	디모데		
대 지	현재의 시련을 인내함			미래의 시련을 이김			
구 분	1:1	1:6	2:1	3:1	4:1	4:6	4:22
	디모데의 신앙에 감사함	디모데의 책임을 상기시킴	신실한 사역자의 성품	말세에 고통의 때가 이름	말씀을 전파할 책임	임박한 바울의 죽음	
요 절	"너는 모든 일에 신중하여 고난을 받으며"(4:5)						

디모데후서 이해

본서는 죽음을 앞둔 바울의 마지막 서신으로 A.D. 66년경 그의 두 번째 로마 투옥 중에 기록되었다.

교회를 치리하는 공임자로서 알고 지켜야 할 목회상의 제반 규준을 다룬 디모데전서와는 달리 본서는 하나님 앞에 복음 선포의 사명을 부여 받은 복음 사역의 역군으로서 갖춰야 할 개인적인 영성과 인품을 다루고 있다. 따라서 본서는 교리적, 원리적인 측면보다는 신앙 일선에서 승리의 삶을 영위하는 데 필요한 영적 무장, 즉 실천적인 측면에 초점을 맞추고 있다.

바울은 먼저 1, 2장을 통해 복음의 역군으로서 정신적, 도덕적, 영적으로 자신을 준비시킬 것을 독려한 후 3, 4장을 통해 어떤 난관에 부딪히더라도 그 소중한 사명을 포기하지 말고 완수할 것을 강권한다. 특히 군사, 경기자, 농부 등의 비유를 통해 묘사된 복음 역군의 참된 모습(2:1-13)은 복음 사역이 탁상공론이 아니라 생사를 건 영육 간의 고투를 통해 이루어지는 고난의 길임과 반드시 그에 상응하는, 아니 그 이상의 상급이 하늘로부터 주어지는 가장 확실한 투자임을 강하게 일깨워 준다.

바울은 이러한 가르침을 단순한 이론상의 체계가 아닌 30여 년간의 피땀 어린 삶의 여정이 실린 '온몸의 실천'으로써 호소하고 있다. 요컨대 자신이 평생을 담보로 한 이 진정어린 서신은 그것을 대하는 모든 그리스도인들의 심령 속에 성도의 지상 최대, 최후의 사명이 복음 선포임을 감명 깊게 심어 준다.

기록 목적

바울은 선한 싸움을 마치고 이 세상을 떠나려고 할 때에 사랑하는 동역자이며 믿음의 아들인 디모데를 보고 싶어 했다. 그는 자신의 과거를 회고하면서 끝까지 믿음을 지킨 것을 말하였고, 디모데가 그리스도의 영적 군사로서 모든 시련을 인내로 이겨낼 것을 권고하였다. 또한 디모데가 이방인의 좋은 사도로서 거짓 이단을 배격하고 바른 신앙을 확립하며 복음 진리를 사수하고, 신앙 훈련에 의해 교회를 강화하고 복음을 전파할 것을 촉구하기 위해 본서를 기록하였다.

기록 배경

바울은 사도행전을 기록한 직후에 로마 감옥에서 풀려났으며 추가적으로 에베소, 마게도냐, 그레데, 드로아 등을 돌며 전도여행을 계속했다. 아마도 멀리는 스페인까지 여행했을 것이다. A.D. 64년경 네로의 박해 기간 동안에 바울은 드로아에서 갑자기 체포되어 다시 로마로 압송되기에 이른다. 네로 황제의 박해로 로마에서 두 번째 투옥되었을 때 상황은 첫 번째 경우와 상당히 달랐다. 이전에는 그가 직접 빌린 집에 머물면서 방문자들을 자유롭게 맞을 수도 있었다. 하지만 이제 그는 지하 감옥에 갇혀서 친구들을 만날 수도 없이 죽음을 내다보고 있다(4:6-8). 바울은 그의 사역이 끝나가고 있음과 순교의 때가 가까워 오고 있음을 느끼는 가운데 차고 습하고 모든 환경이 열악한 로마의 옥중에서 디모데에게 보낼 그의 마지막 서신을 기록한다. 이 편지를 기록하던 시점에 오직 누가만이 바울과 함께 있었다. 본서의 기록 연대는 A.D. 66년에서 67년경으로 추정된다.

내용 분해

Ⅰ. 서론 1:1-5

A. 인사 1:1, 2

B. 감사 1:3-5

Ⅱ. 어려움 앞에서 신실함 1:6-14

A. 그리스도인이 경험하는 것의 특성 때문에 1:6-8

B. 복음의 위대함 때문에 1:9-11

C. 바울의 모범 때문에 1:12-2:13

Ⅲ. 버려짐 앞에서 신실함 1:15-2:13

A. 오네시보로의 예 1:15-18

B. 디모데의 사역의 특성 2:1-7

C. 그리스도의 구속적 사역 2:8-13

Ⅳ. 거짓 앞에서 신실함 2:14-4:8

A. 교리적인 거짓 2:14-26

B. 현실적인 거짓 3:1-4:8

Ⅴ. 결론 4:9-22

A. 가르침 4:9-13

B. 경고 4:14, 15

C. 설명 4:16-18

D. 인사 4:19-21

E. 축도 4:22

| 장별 핵심 메시지 |

제1장 디모데의 믿음을 칭찬하고 격려함

❃ 감사의 기쁨(1–5)

디모데에게 보낸 바울의 두 번째 서신은 인간애가 서린 유언장과 같다.

첫째: 복음 사역에 대한 감사

바울은 본문에서 다른 서신과 같이 인사의 말씀에 하나님의 주권적인 뜻에 따라 사도가 되어, 그리스도 예수 안에 있는 영원한 생명의 복음을 전할 사역을 맡은 감격을 담은 인사를 하였다. 이 같은 인사는 복음에 대한 그의 열정과 사명을 감당하는 감사와 기쁨을 표현하는 것이다.

둘째: 자신의 신앙에 대한 감사

박해가 심한 상황이었음에도 불구하고 이 편지 서두의 내용은 감사로 일관되어 있다(3). 바울은 '청결한 양심'으로 하나님을 계속 섬길 수 있는 기회를 주신 것과 구약 성경 안에서 풍부한 영적인 유산을 받게 하신 것, 기도할 수 있는 특권을 주신 것을 하나님께 감사하였다.

셋째: 디모데에 대한 감사

충성되고 사랑하는 동역자를 주신 것, 그리스도 안에서 교제를 나누는 즐거움을 주신 것(4), 그의 사역을 통해서 디모데 안의 믿음이 깊이 뿌리박히고 계속해서 장성해 가는 증거가 나타나는 것(5) 등에 대해 하나님께 감사했다. 우리도 이생의 복음을 후손들에게 유산으로 물려주어 대대로 감사하며 살도록 해야 한다.

결론(結論)

바울은 어려운 가운데 감사했다. 하나님께서는 감사하는 자에게 기쁨을 주신다.

제2장 인정받는 일꾼

❁ 주의 사역자(20-26)

그릇에는 여러 종류가 있다. 주의 일꾼도 여러 종류가 있다.

첫째: 주께서 정하신 사역자

그릇은 성경에서 단순히 교회 교인들을 나타내는 것이 아니라 교회의 선생을 암시하고 있다. 예수님은 회심한 사울에 관하여 아나니아에게 말씀하시기를 "이 사람은 내 이름을 이방인과 임금들과 이스라엘 자손들 앞에 전하기 위하여 택한 나의 그릇이라"(행 9:15)라고 하셨다.

둘째: 쓰임 받는 사역자

"누구든지 이런 것에서 자기를 깨끗케 하면 귀히 쓰는 그릇이 되어 거룩하고 주인의 쓰심에 합당하며 모든 선한 일에 예비되리라"라고 하였다. 그 집의 주인은 오직 한 조건만을 주장한다. 그가 사용하는 그릇들은 깨끗해야 한다. 그러므로 "불의에서 떠날지어다"(19)라고 하였다.

셋째: 감싸주는 사역자

주의 종은 어떤 논쟁도 하지 말라는 것이 아니라 어리석고 무식하여 인생을 낭비하는 변론을 버리라는 말이다(23). 주의 종의 기본적인 특성은 온유함을 지니는 것과 위임받는 사람들에게 진리를 가르치며 잘못도 교정해 주어 마귀의 올무에서 벗어나 하나님의 뜻을 좇게 해야 하는 것이다.

결론(結論)

주의 종은 깨끗한 그릇이 되어 주인이 기쁘게 쓸 수 있어야 한다.

제3장 말세와 성도의 각성

❋ 경건하게 살라(1-12)

바울은 디모데에게 마지막 날들의 성격에 관해 알려주고 나서 어떻게 대처할 것인가를 가르쳤다.

첫째: 고통의 때를 대비해야 한다

본문은 말세가 고통의 때라고 말씀한다. 여러 가지 상황이 적그리스도가 주도하는 대로 움직여서 성도들을 괴롭게 할 것이기 때문이다. 악한 세력은 득세하여 막강한 힘을 가지고 세상을 휘저으며 성도를 고통에 몰아넣을 것이다. 그래서 준비되지 못한 사람은 좌절하게 된다.

둘째: 만연될 악에 대비해야 한다

본문에서는 말세에 활동할 거짓되고 부도덕한 교사들에 관해 언급하고 아울러 그 당시 사람들 속에 만연되어 있던 열아홉 가지 악을 지적하며 그런 사람들을 멀리하라고 권하고 있다(5).

셋째: 바울을 본받다

디모데는 바울의 '행실', '생활에 있어서의 목표', '믿음', '참음', '사랑', '인내' 등을 따라다니며 보았다. 디모데는 먼저 그 핍박과 고난들을 목격했으며 그다음에는 자신도 그것들을 감당해야 한다는 것을 깨달았다. 바울은 자신보다 하나님을 더 사랑하고 섬김으로써 경건하게 살고자 노력했다. 디모데는 이를 본받아야 했다.

결론(結論)

성도들은 마지막 날을 대비하여 항상 경건한 삶을 살아야 한다.

제4장 바울의 순교적 각오와 마지막 교훈

❁ 특별한 권면(9–15)

바울은 임박한 죽음에 직면한 가운데서 비교적 가벼운 부탁과 사정에 대해 디모데에게 들려주고 있다.

첫째: 바울의 외로움(9–12)

임박한 죽음을 앞에 두고 있는 사도 바울은 그의 사랑하는 디모데를 대면하여 위로받고 싶었다. 그 이유는 복음을 전하는 자의 고독을 알려 주며, 디모데가 어떤 배신을 당해도 전도인의 직무를 다하게 하도록 격려하기 위함이었다. 여러 사람이 각기 자기의 길로 자신의 관심을 좇아 떠나갔다.

둘째: 바울의 부탁(13)

바울은 디모데에게 드로아를 통해서 오되 겉옷과 책을 가져올 것을 부탁하였다. 그것은 바울이 추운 감옥 안에서 더 추워질 것을 대비하기 위해서였고, 디모데에게 읽는 것에 착념하라고 권고하였을 뿐만 아니라 자신이 스스로 그렇게 행하기 위해서였다. 전도자가 자기의 일을 스스로 준비하고 책임지는 모습을 볼 수 있다.

셋째: 악인에 대한 경고(14–15)

구리장색 알렉산더는 아마 황제 법정에서 바울을 고소한 사람 중 하나로 재판관들이 보는 앞에서 바울의 변명을 트집 잡아 심히 대적한 사람인 것 같다. 바울은 그가 떠벌린 통렬한 반박을 생각하며 "주께서 그 행한 대로 저에게 갚으시리라"라고 부언하였다. 그리고 디모데에게 "너도 저를 주의하라"라고 부탁하였다.

결론(結論)

복음을 전하는 길은 외로운 길이요, 반역자들이 괴롭히는 십자가의 길임을 알아야 한다.

디
도
서

서론

<table>
<tr><td>주 제</td><td colspan="2">바른 교훈을 전파하라</td><td>저 자</td><td>바울</td><td>기록장소</td><td>마게도냐로 추정</td></tr>
<tr><td>기록연대</td><td colspan="2">A.D. 66년</td><td>대 상</td><td colspan="3">헬라인 개종자 디도</td></tr>
<tr><td>대 지</td><td colspan="3">장로의 임명</td><td colspan="3">교회의 질서</td></tr>
<tr><td rowspan="2">구 분</td><td>1:1</td><td>1:10</td><td colspan="2">2:1</td><td>3:1</td><td>3:15</td></tr>
<tr><td>장로들의 임명</td><td>거짓선생들을 징계함</td><td colspan="2">참된가르침을 베풂</td><td colspan="2">선한 행실을 행함</td></tr>
<tr><td>배 경
(장소,시대)</td><td colspan="6">고린도(추정)/A.D. 66년 초</td></tr>
<tr><td>요 절</td><td colspan="6">“열매 없는 자가 되지 않게 하기 위하여…좋은 일에 힘쓰기를 배우게 하라”(3:14)</td></tr>
</table>

디도서 이해

디도서는 바울이 그레데 섬에 남아 목회하고 있는 젊은 동역자 디도에게 보낸 편지로서 디모데 전·후서와 함께 목회서신으로 불린다. 특히 본서는 내용상으로 디모데전서와 비슷하며 목회서신 중 가장 이론적이며 신학적이다.

본서는 A.D. 66년 초경에 바울이 로마 법정에서 무죄 판결을 받아 자유의 몸이 된 후에 동방 교회들을 방문해 나가던 기간 중 마게도냐에서 쓴 것으로 추정된다.

당시 그레데는 그 주변에 만연했던 천박한 사회 풍습에 물들어 도덕적으로 문란한 상태에 놓여 있었을 뿐 아니라, 거짓 교사들에 의해 은혜의 복음이 잘못 해석되어 구원은 일상생활의 행위와 무관하다는 생각이 성도들을 지배하고 있었다. 그런 연고로 바울은 어려운 상황에서 외롭게 고군분투하는 디도를 격려하고, 장로로서의 그의 권위를 강화시켜 줌으로 그레데 교회의 질서를 바로잡고, 그곳에 바른 신앙관을 정립시키기 위해서 율법학자 아볼로와 세나 편에 이 편지를 부친 것이다.

본 서신은 두 부분으로 구분되는데 유대주의 거짓 교사들의 교리적 왜곡과 그레데인들의 도덕적 탈선을 염두에 둔 1장의 소극적인 경계의 교훈과, 성도와 교회가 마땅히 추구해야 할 의로운 삶에 대한 2, 3장의 적극적인 교화의 교훈이 그것이다.

이렇듯 거짓 교사들에 대한 경계 그리고 말씀에 기초한 올바른 신앙과 실천을 강조하고 있는 본서는 A.D. 60년대 지중해의 한 섬에 존재했던 그레데 교회뿐 아니라, 2000여 년이 지난 오늘날 우리들에게도 교회 생활 및 사회생활에 관한 다양하고 소중한 규범들을 생동감 있게 계시해 주고 있다.

기록 목적

신약 시대에 그레데인들은 저급한 수준의 도덕성을 가진 것으로 유명했다. 그들은 정직하지 못하고, 게으르며, 먹는 것을 탐하는 자들로 알려졌다(1:12-13). 그리하여 바울은 그들 가운데 사역하고 있는 디도에게 다음과 같이 지시하기 위해 이 편지를 썼다. (1) 그레데의 교회들 가운데 장로들(즉 목사들)을 세우는 일을 포함하여 미처 마치지 못한 일을 마무리 짓도록 하기 위해(1:5), (2) 그레데의 교회들로 하여금 믿음과 진리를 아는 지식과 경건한 삶 가운데 자라도록 돕게 하기 위해(1:1), (3) 거짓 선생들의 입을 막게 하기 위해(1:11), (4) 아데마나 혹은 두기고가 도착하면 즉시 니고볼리로 와서 자신과 합류하도록 지시하기 위해서이다(3:12).

기록 배경

본 서신은 디모데전·후서와 함께 바울의 목회서신에 속하며, 기록 시기는 디모데전서와 거의 같은 시기로 여겨진다. 주후 64년경 바울은 그레데 섬을 방문하여 복음을 전하고 디도로 하여금 그곳에서 교회를 설립하고 감독하는 일을 하도록 위임하였다.

디도는 헬라인이었으며 바울을 통해 회심했던 것이 분명하다. 디도가 할례를 받지 않았다는 사실을 보면(갈 2:3) 그가 유대교와 아무런 연관이 없었음을 알 수 있다. 바울은 자신과 함께 예루살렘까지 여행했으며 3차 전도여행 중 자신의 대리로 고린도 교회에서 봉사한(고후 7:6, 7, 8:6, 16) 디도를 칭찬했다(갈 2:1-3).

그 후 그레데 교회는 구원의 필수 조건으로 할례를 주장하는 잘못된 유대주의의 영향을 받게 되었고, 그리스도의 복음의 진리는 점차 왜곡되어 갔다. 또한 도덕적으로 타락한 헬라 문화의 영향으로 나태와 방종에 빠진 성도들이 많았다. 이에 바울은 그레데 교회에서 목회하는 디도를 격려함과 동시에 여러 문제들을 해결하기 위한 목회 지침을 주고자 본서를 기록했다.

내용 분해

I. 서론 1:1-5

A. 바울의 직분, 소망, 기능에 대한 선언 1:1-3

B. 인사 1:4

C. 디도를 보냄 1:5

II. 장로들에 관한 가르침 1:6-16

A. 그들의 자격 1:6-9

B. 올바르게 다스려야 할 필요 1:10-16

Ⅲ. 그리스도인의 행실에 관한 가르침 2:1-3:7

A. 그들 가운데에서 2:1-15

B. 외부 세상을 향해서 3:1-7

Ⅳ. 마지막 가르침 3:8-11

A. 영적인 진리를 가르칠 것 3:8

B. 불화를 피할 것 3:9-11

디
도
서

| 장별 핵심 메시지 |

제1장 인사와 교회제도

❋ 교회의 장로의 자격(1-9)

바울은 디도에게 장로로 장립 받는 사람의 도덕적인 자격에 대해 세부적인 윤곽을 제시했다.

첫째: 가정적 자격

장로는 사회적으로 책망할 것이 없어야 한다. 사회적으로 책망 받지 않으려면 바른 행실과 덕이 있어야 한다. 그 구체적 요건으로써 한 아내의 남편 즉 첩을 두기나 성적으로 문란하지 않아야 하며 그 자녀가 방탕한 생활을 하지 않아 사람들에게 손가락질 받지 않아야 한다.

둘째: 인격적 자격

장로는 다섯 가지 도덕적, 영적 자격을 갖추어야 한다. 그것은 제 고집대로 하지 않고, 급히 성내지 않고, 술을 즐기지 않아야 하고, 구타하지 않아야 하고, 더러운 이(利)를 탐하지 않아야 한다. 성격이 급하거나 고집이 센 사람은 다른 사람과 화합하지 못한다. 술과 폭력과 더러운 이(利)는 일반인도 삼가야 할 것들이다.

셋째: 교리적 자격

장로는 교회의 지도자이다. 성도들은 그의 가르침에 따라 신앙생활을 하기 마련이다. 지도자가 잘못되면 성도들이 모두 잘못되기 때문에 지도자는 교리적으로 건전해야 한다. 그래야 성도들을 잘 가르치고 인도할 수 있다. 오직 성경대로 믿는 신앙이어야 한다. 또한 바른 교훈으로 훈계할 수 있어야 한다.

결론(結論)

목자는 양을 돌볼 수 있을 뿐만 아니라 이리들을 쫓을 능력도 있어야 한다(white).

제2장 교인을 교훈하는 방법

❀ 바로 선 교회(1-15)

사도 바울은 바른 교훈에 있어서 반드시 선한 행실이 열매를 맺어야 한다는 사실을 강조하고 있다.

첫째: 자신을 바로 세우라

바울은 교인들에게 윤리적 행위에 대한 바른 교훈을 줄 수 있도록 디도 자신의 의무를 상기시킨다. 그리고 연령별로 각 소집단들을 위해 바람직한 인격과 행실에 대해 진술하고 있다. 노년기의 남자는 삶이 온전해야 하며, 노년기의 여자는 행실이 거룩해야 하고, 젊은 여자들은 가정에 성실하고, 젊은 남자들도 근신해야 한다.

둘째: 하나님의 은혜 안에 거하라

사람은 자기 자신을 구원할 수 없다. 구원은 예수님의 삶과 죽음과 부활을 통해서 하나님의 은혜로 나타난 것이다. 변화도 성화도 영원한 구원도 하나님의 은혜가 원동력이 되는 것이다. 교회는 이 같은 확실한 신앙 고백이 있어야 한다. 사람이 자기 자신을 신뢰할 때 교만하게 되고 넘어지게 되는 것이다.

셋째: 그리스도의 재림을 기대하라

우리가 기대하는 것은 '복스러운 소망과 영광의 나타나심'이다. 우리가 받는 모든 축복의 절정은 우리 주님의 재림의 영광에 참여하는 것이다. 예수님의 구속으로 깨끗하게 된 사람들은 이제 그분의 '친백성'이 되었다. 주의 재림을 열망하는 신자는 주님의 뜻을 널리 펴는 선한 일을 함으로써 최선을 다하려고 노력할 것이다.

결론(結論)

바로 선 교회는 성도가 자신을 바로 세우고 하나님의 은혜 안에 거하며 주의 재림을 기대하는 교회이다.

제3장 성도의 사회생활에 관한 권면

❋ 경건한 삶의 조건(8–11)

값없이 의롭게 되고 영생의 소망을 따라 후사가 된 성도들은 마땅히 경건하게 살아야 한다.

첫째: 말하라(8)

굳세게 말하라는 말은 강조해서 확증하면서 살아가라는 말이다. ① 선하며: 하나님을 믿는 자들의 최선은 구원의 복음을 말하는 것이다. 이로써 구원을 얻는 사람이 많아질 때 그것은 선한 일이 된다. ② 아름다우며: 좋은 말, 즉 남을 구원하게 하고, 잘되게 하고, 영원히 살게 할 복음을 전하는 것이 가장 아름다운 일이다.

둘째: 피하라(9)

경건한 자는 어리석은 변론을 피하고(딤전 6:4), 족보와 율법에 대한 논쟁을 피해야 한다. 이것은 그리스도인에게 무익하고 헛되기 때문이다. 특히 그리스도인들은 사회생활을 하는 데서 세상 사람들과 함께 할 일과 피해야 할 일을 잘 파악하여 성도답게 살아야 한다.

셋째: 멀리하라(10–11)

경건한 자는 부패한 자와 스스로 정죄한 자와 죄를 짓는 자를 멀리해야 한다. 죄악을 멀리할 수 있는 지혜가 있어야 하며, 세상의 정욕과 유혹과 안목의 정욕과 명예욕이 우리를 유혹할 때 우리는 말씀으로 물리쳐야 한다. 이것들을 멀리할 수 있을 때, 하나님께 영광을 돌리는 삶이 되는 것임을 알아야 한다.

결론(結論)

경건한 삶의 조건은 말을 조심하고 죄악을 피하며 악한 것을 멀리할 수 있어야 한다.

빌레몬서

서론

주 제	용서의 책		저 자	바울	기록장소	로마
기록연대	A.D. 62년경		대 상	빌레몬		
대 지	빌레몬에 대한 칭찬		오네시모를 위한 바울의 간구		빌레몬에 대한 바울의 간구	
구 분	1절	8절	12절	17절		25절
	빌레몬의 사랑	오네시모의 회심	새로운 관계	바울의 사랑		
요 절	"갇힌 중에서 낳은 아들 오네시모를 위하여 네게 간구하노라"(10절)					

빌레몬서 이해

빌레몬은 소아시아의 르쿠스 계곡에 살던 한 부유한 그리스도인의 이름이다. 그에게는 오네시모라는 노예가 있었는데, 그 노예가 어느 날 재산을 훔쳐 달아났다가 뜻밖에도 로마에서 바울을 만났다. 거기서 그는 복음을 듣고 새 사람이 되었다. 그렇지만 노예 제도가 편만했던 당시에는 도망친 노예가 붙잡히면 사형을 당할 수도 있었다. 이에 바울은 그리스도인인 주인 빌레몬에게로 오네시모를 돌려보내면서 그를 용서하고 받아들일 것과 복음 전파를 위해 일할 수 있도록 허락해 줄 것을 당부하기 위해서 옥중에서 붓을 들었다. 이 편지가 바로 빌레몬서이다.

본서는 바울의 여러 서신들 중 가장 짧으며 극히 개인적인 성격을 띠고 있다. 하지만 본서 속에는 비록 노예 신분일지라도 그리스도 안에 있으면 한 형제이므로 사랑 안에서 서로 용납하고 받아들여야 한다는 사랑의 윤리가 감동적으로 그려져 있다. 또한 이러한 바울의 권면 속에는 기독교의 참된 정신적 지주가 곧 화해와 용서라는 사실이 함축되어 있다. 그리고 이 화해와 용서의 정신은 죄로 인해 영원히 죽을 수밖에 없는 인류를 구원하시려고 자기 몸을 던져 대속의 죽음을 택하신 그리스도의 참된 용서와 신적 사랑에서 기인한다.

요컨대 본서는 그리스도의 은혜를 체험한 사람은 누구나 형제의 잘못을 무조건적으로 용서해야 할 책임이 있음을 다시 한번 조용히 일깨워 준다.

기록 목적

본 서신을 쓰게 된 동기는 그 내용으로 추측할 수 있다. 오네시모라는 종이 주인 빌레몬에게 잘못을 저질렀는데, 아마도 돈을 훔쳐 도망했을 것으로 추측된다(18절). 당시의 로마법에 의하면 도망친 종에게 호의를 베푼 사람은 그 종의 주인에게 손해 본 만큼의 대가를 지불해야 할 책임이 있었으므로, 바울은 보증인으로 나서며 빌레몬에게 오네시모로 인하여 생긴 손해를 배상해 주겠다고 약속했다(19절).

본서는 단지 인간적인 동기에서 시작된 한 종의 생명을 위한 요구가 아니다. 바울의 간절한 권면 가운데 면면히 흐르는 것은 기독교적 사랑이며(12절), 빌레몬이 바울의 복음 전파를 통해 구원을 받았으므로 그가 이미 바울 자신에게 빚진 자임을 강력히 상기시켜 준다(19절). 따라서 그 특징적 어조는 다음과 같이 나타나고 있다. '사랑으로서'(9절), '내 마음이 그리스도 안에서 평안하게 하라'(20절), '그를 영접하기를 내게 하듯 하고'(17절). 바울의 권면은 빌레몬이 바울의 요청을 들어줄 것이라는 강한 기대(21절)와 재방문 계획을 알리는 것으로 끝맺고 있다(22절).

기록 배경

사도 바울은 3차 전도 여행(행 18:23-21:16)을 마친 후 예루살렘을 방문했다가 유대인들의 소동으로 체포되어 2년 이상의 호송 기간을 거쳐 로마 감옥에 투옥되었다. 이때 바울은 골로새의 유력자였던 빌레몬에게서 도망한 종 오네시모를 만났다. 빌레몬의 재산을 훔쳐 달아났던 오네시모는 바울을 만나서 회심하고 바울을 따르던 상황이었다(1:10-12). 당시 로마의 노예법은 가혹해서 주인은 노예에 대하여 무제한적인 권한을 가졌고, 도망한 노예는 주인의 의사에 따라 죽일 수도 있었다. 바울은 오네시모로 하여금 그의 곁에 미물며 사역을 돕게 하고 싶었지만, 먼저 빌레몬의 허락을 받는 것이 옳다고 여기고 본 서신을 기록하여 빌레몬에게 보낸 것이다. 옥중 서신으로 분류되고 있는 본 서신은 골로새서와 같은 연관을 가지고 있으며 기록 연대와 장소가 같은 것으로 보인다.

내용 분해

Ⅰ. 인사 1-3

Ⅱ. 빌레몬에 대한 감사 4-7

A. 개인적인 칭송 4

B. 칭찬할 만한 성품 5-7

Ⅲ. 오네시모를 위한 바울의 간청 8-21

A. 받아들이기를 간청함 8-16

B. 돈을 갚을 것을 약속 17-19

C. 순종에 대한 확신 20, 21

Ⅳ. 개인적인 이야기 22-25

A. 놓이기를 바람 22

B. 인사 23, 24

C. 축도 25

| 장별 핵심 메시지 |

제1장 사랑과 용서

❋ 거듭난 자(8-25)

오네시모의 생애를 통해서 거듭난 자에 대하여 살펴보도록 하자.

첫째: 거듭나기 전 사람

오네시모는 빌레몬의 가정에 종으로 있던 사람으로 그가 믿기 전에는 무익한 사람이었다. 주인에게 유익을 끼치지 못한 사람이니 쓸모가 없었다. 믿지 않은 자들은 인간의 주인 되신 하나님과 교회에 무익할 수밖에 없다. 그리고 떠난 사람이었나. 그는 주인에게서 도망갔으니 마땅히 사형에 해당한다. 아간이 하나님을 떠남으로 사형에 처하게 된 것과 같다. 또한 그는 종이었다. 우리가 믿기 전에는 죄의 종이요 믿은 후에는 하나님의 종이다. 그리고 불의한 자였다. 그가 주인의 재산을 손해 보인 불의한 자인 것같이 하나님을 떠난 자는 불의한 자이다. 그의 최후는 사망이다.

둘째: 거듭난 후의 변화된 사람

① 유익한 사람이 되었다. 하나님과 사람들에게 다 유익한 사람이 되었다. ② 바울 사도의 심복이 되었으니 그는 그전같이 불의한 자가 아니다. 믿을 만한 인품으로 변화되었다. ③ 영원히 두게 되었다. 그는 잠시 떠났으나 거듭나서는 영원히 같이 거할 사람이 되었

다. ④ 사랑 받는 형제이다. 지난날에는 종이었으나 거듭나서 하나님의 자녀가 되었으니 같은 형제가 된 것이다. 이는 하나님의 은혜요 축복이다.

결론(結論)

거듭난 자는 오직 예수 그리스도 안에서 새로운 피조물로 하나님의 자녀가 된 자이다.

히브리서

서론

<table>
<tr><td>주 제</td><td colspan="4">영원한 대제사장 예수 그리스도</td><td>저 자</td><td>미상</td><td>기록장소</td><td colspan="2">미상</td></tr>
<tr><td>기 록
연 대</td><td colspan="4">A.D. 60년대 후반</td><td>대 상</td><td colspan="4">개종한 유대교인들로 추정됨</td></tr>
<tr><td>대 지</td><td colspan="3">그리스도의 성품</td><td colspan="3">그리스도의 사역</td><td colspan="3">그리스도인의 신앙</td></tr>
<tr><td rowspan="2">구 분</td><td>1:1</td><td>1:4</td><td>3:1</td><td>4:14</td><td>8:1</td><td>9:1</td><td>10:19</td><td>12:1</td><td>13:1 13:25</td></tr>
<tr><td>선지자보다 뛰어난 그리스도</td><td>천사보다 뛰어난 그리스도</td><td>모세보다 뛰어난 그리스도</td><td>제사장직</td><td>언약의 중개자</td><td>희생제물</td><td>믿음의 확신</td><td>믿음의 인내</td><td>사랑의 권고</td></tr>
<tr><td>요 절</td><td colspan="9">“우리에게 큰 대제사장이 계시니…곧 하나님 아들 예수시라”(4:14)</td></tr>
</table>

히브리서 이해

본서는 그 저자와 수신자를 명확히 알 수 없다. 다만 그 내용으로 보아 본서가 복음을 듣고 기독교로 개종한 유대인들로 하여금 어려운 박해의 상황 속에서도 꿋꿋이 복음을 변호하고 박해를 이길 수 있도록 하기 위해 기록되었다는 사실만은 확실히 알 수 있다.

본서가 기록된 A.D. 60년대 후반 경에 사도 바울의 복음이 널리 확산되자 유대인들은 심한 위기감을 느꼈다. 그래서 이방인 신자들에게는 직접 무어라 말할 수 없으므로 유대인 신자들을 향하여 심하게 비난을 퍼붓고 유대인 사회에서 내쫓을 뿐만 아니라, 심지어 로마 당국과도 결탁하여 모진 박해를 가해왔던 것이다. 이에 유대인 신자들은 고난에 못 이겨 그리스도의 재림 약속에 회의를 느끼고

심지어는 신앙을 포기하고 유대교로 다시 돌아가기까지 하였다. 그래서 저자는 기독교가 유대교보다 우월하며 복음이 율법보다 우월함을 확고히 논증하고 성도들로 하여금 고난을 이기고 믿음의 순결을 지키도록 격려하게 되었다.

따라서 본서는 다른 서신서와 달리 설교와 논문의 중간 형태를 취하고 있으며, 내용상 유대교에 대한 기독교의 변증서라 할 수 있다. 곧 구약은 신약의 성취를 대망하며, 신약은 구약에 의해서만 사실 여부가 확인되므로 신약과 구약은 떼려야 뗄 수 없는 관계로 연결되어 있다는 것을 보여 준다. 또한 구약과 신약의 연결은 예수 그리스도에 의해 이루어져 있음을 보여 준다.

본서는 크게 세 부분으로 나눌 수 있다. 첫째는 1-4장까지로서 온 우주에서 천사, 구약의 모세보다 뛰어나신 그리스도의 우월성과 그리스도를 믿는 믿음의 귀중함이 언급되고 있는 부분이며, 둘째는 5-10장까지로 멜기세덱의 반차를 좇은 영원한 대제사장으로 아론의 대제사장직보다 우월한 그리스도의 제사장직 사역을 다루는 부분이고, 셋째는 11-13장까지로 그리스도를 믿는 성도들이 구약 성도들의 믿음과 인내를 본받아 믿음의 주요 온전케 하시는 이인 그리스도를 바라봄으로써 더욱 견고한 믿음 가운데 거할 것과 떨어지지 말 것을 촉구하는 부분이다.

한편, 오늘날에도 유대교는 구약의 종교이고, 기독교는 신약의 종교라는 그릇된 견해들이 존재하는 바, 기록된 지 1900여 년이 지난 오늘날에도 본서는 기독교의 훌륭한 변증서로서 그 역할을 완벽히 수행해 낼 것이다.

기록 목적

본서의 기록 목적은 초대교회의 신앙이 아직 자리를 잡지 못하고 있음을 파악한 데서 기인한다. 당시의 상황으로는 기독교 초기의 열정적인 시기가 지나갔고 어떤 자들은 공적인 예배에조차 참여하지 않았으며(10:25, 39), 참다운 교육이 이루어지지 않았다. 더욱 심각한 것은 믿는 자들 중에 어떤 이들은 주위의 환경으로 인해 그리스도의 복음에서 떠나 배교할 위험에 처해 있었다(6:4-6). 여기서 가장 강조하고 있는 바는 그리스도의 우월성과 믿음의 위대함을 부각시키는 것이다.

기록 배경

본 서신의 수신자들은 직접 예수께 복음을 받은 것이 아니고, 그의 제자들에게서 받았다. 그들은 신자가 된 지 오래되었으나 아직 성숙한 신앙에는 이르지 못한 상태였다(5:11-14). 또한 그리스도께서 속히 재림하실 것이라 믿던 처음의 소망이 점차 약해지기 시작했다(10:37). 급기야는 기독교를 버리고 유대교로 돌아가려는 배교의 위기에 놓여 있었다(1:1, 3, 3:12, 13, 6:1-6, 10:26, 38). 뿐만 아니라 그들 중에는 열심이 식어 무이기를 폐하는 자들도 있었으며(10:25), 환난을 당하여 점점 뒤로 물러가는 자도 있었고(10:32-39), 여러 가지 이단 사상에 미혹되어 신앙을 잃는 자도 있었다(13:9).

내용 분해

Ⅰ. 예수 그리스도의 위격의 우월성 1:1-4:13

A. 선지자들보다 나은 예수 1:1-3

B. 천사들보다 나은 예수 1:4-2:18(첫 번째 경고: 등한히 여기는 것에 대한 경고 2:2-4)

C. 모세보다 나은 예수 3:1-19

D. 여호수아보다 나은 예수 4:1-13(두 번째 경고: 불신앙에 대한 경고 4:1-3, 11-13)

Ⅱ. 예수의 사역의 우월성 4:14-10:18

A. 아론보다 나은 예수 4:14-6:20

1. 이해와 긍휼 4:14-5:4
2. 멜기세덱의 반차를 좇음 5:5-6:20(세 번째 경고: 성숙하지 못한 것에 대한 경고 5:11-6:20)

B. 멜기세덱의 반차를 좇은 예수의 제사장직은 아론의 것보다 낫다 7:1-8:5

1. 아론이 멜기세덱에게 십일조를 바쳤다 7:1-10
2. 아론의 제사장직은 어느 것도 완전하게 못한다 7:11-22
3. 아론의 제사장직은 죽었다 1:23-28
4. 아론의 제사장직은 그림자로서 섬겼다 8:1-5

C. 예수께서는 더 나은 언약의 중재자이시다 8:6-10:18

1. 더 나은 언약 8:6-13
2. 옛 언약의 성전과 희생 9:1-10
3. 새 언약의 성전과 희생 9:11-10:18

Ⅲ. 믿음의 삶의 우월성 10:19-13:25

A. 믿음의 온전한 확신에 대한 부르심 10:19-11:40

1. 믿음의 견고함에 대한 부르심 10:19-39(네 번째 경고: 되돌아가는 것에 대한 경고 10:26-39)
2. 믿음에 대한 설명 11:1-3
3. 믿음의 영웅들 11:4-40

B. 믿음의 인내 12:1-29

1. 예수의 인내 12:1-4
2. 징계의 가치 12:5-29(다섯 번째 경고: 하나님을 부인하는 것에 대

한 경고 12:25-29)

C. 사랑에 대한 권고 13:1-17

1. 사회적 차원에서의 사랑 13:1-6

2. 종교적 차원에서의 사랑 13:7-17

D. 결론 13:18-25

| 장별 핵심 메시지 |

제1장 선지자나 천사보다 높으신 그리스도

❀ 뛰어나신 주(7–14)

예수 그리스도는 누구와도 비교될 수 없는 독특한 분이시다. 본문은 뛰어나신 주님에 관해 언급하고 있다.

첫째: 주의 다스리심은 영원함

이 세상의 모든 나라들은 흥망과 성쇠를 거듭하지만 우리 주의 통치는 영원하고 변함이 없으시며, 그 나라는 쇠하지도 망하지도 않는다. 따라서 주를 거부하고 패역함을 좇아서 행하는 사람들은 소망을 가질 수도 없고 형통하지도 못한다. 주의 뜻을 이해하고 범사에 주의 뜻을 좇아서 행하도록 힘쓰자.

둘째: 주는 의와 공평으로 행하심

이 세계의 권력 구조라든가 처세들은 얼마든지 불의와 불공평의 소지가 있지만 우리 주는 모든 일을 의와 공평이라는 불변의 법칙에 따라서 행하신다. 때문에 불의를 행하는 사람들이나 편견을 좇는 사람들은 칭찬을 받지 못한다. 우리 성도들은 모든 일을 의와 공평이라는 근본 원리 위에서 행하도록 힘쓰자.

셋째: 주는 만물의 창조자이심

예수 그리스도는 비록 우리와 같은 죄인의 몸을 입으셨으되 죄와는 전혀 무관하신 분이시며, 피조세계에 오셨으되 피조물이 아니라 만물을 창조하신 로고스이시다(요 1:1-3). 따라서 우리는 주께 대한 경외심과 아울러 우리를 향하신 놀라운 은혜와 사랑을 합당히 행하도록 힘써야 한다.

결론(結論)

우리의 시선을 가난한 목수의 아들 예수에게 뿐만 아니라 영원하신 왕 그리스도께도 맞추도록 하자.

제2장 구원을 이루신 그리스도

❀ 십자가 사건의 목적(10–18)

본문은 히브리 기자를 통하여 십자가 사건의 목적을 언급하고 있다.

첫째: 마귀를 이기심

아담과 하와의 범죄함으로 "먹는 날에는 반드시 죽으리라"(창 2:17)는 말씀대로 사망을 면치 못하게 됐다. 그 이후로 마귀는 사망의 세력을 잡아 어둠의 역사를 지배해 왔으나, "여자의 후손이 네 머리를 상하게 할 것이요"(창 3:15)라는 예언대로 예수께서 마귀의 역사를 파괴하시고 부활하셔서 사망 권세를 이기셨다.

둘째: 종들을 놓아주심

사람들은 죽음이 무서워 일생 동안 마귀에게 얽매여서 종노릇하고 있다. 그러나 예수 그리스도를 통해 얽매였던 모든 세력과 사슬에서 해방된다. 즉 구원을 받는다. "아들이 너희를 자유케 하면 너희가 참으로 자유하리라"(요 8:36)라고 하셨다. 자유는 곧 해방이다.

셋째: 백성의 죄를 속하심

십자가의 죽으심은 아브라함의 자손을 붙들어 주려 하심인데, 그것이 바로 십자가 대속의 죽으심을 통해서 백성의 죄를 속하심이다.

죄를 속하심으로 마귀를 무력하게 만들고 종에서 해방시키시고 하늘나라 백성으로 깨끗하게 하심이니 속죄함이 없이는 아무도 죄에서 깨끗하게 될 수 없다.

결론(結論)

십자가 사건은 사단의 세력을 물리치시고 죄인들을 구원하기 위하여 속죄의 피를 흘리신 것이다.

제3장 모세보다 우월하신 그리스도

❃ 예수를 생각하라(1–6)

예수님이 모세 정도의 위치가 아니라는 사실을 본문은 증거한다.

첫째: 그의 충성을 생각하라

우리가 모세의 충성을 과소평가할 필요는 없다. 그가 훌륭한 지도자였으며 자신의 맡은 일에 충성했다는 사실을 인정한다. 그러나 예수님은 사환으로 충성한 모세 정도가 아니라 아들이면서 죽기까지 복종하셨다(빌 2:7-8). 그것이 곧 십자가의 죽으심이다. 우리는 그의 충성을 생각하며 우리의 맡은 일에 충성을 다해야 한다.

둘째: 그의 영광을 생각하라

모세에게도 영광이 있었다. 모세가 율법을 받아서 내려왔을 때 사람들이 얼굴의 광채 때문에 눈이 부셔 그를 쳐다볼 수 없게 되자 수건으로 자신의 얼굴을 가렸다(출 34:29-35). 그리고 이스라엘의 지도자로서 영광도 있었다. 그러나 모세의 영광은 예수님께서 십자가의 고난 뒤에 받으신 부활과 승천의 영광에 비교할 수 없다.

셋째: 그의 존귀함을 생각하라

모세도 존귀함이 없는 것은 아니다. 지도자와 하나님의 사명을 받은 자로서 존귀하나, 예수님은 하나님의 아들이시며 하나님 우편에 앉으시는 존귀한 분이시다. 그러므로 우리는 예수 그리스도의 존귀함을 귀히 여겨 그를 높이고 경배하며 찬양하는 일을 계속할 수 있어야 한다.

결론(結論)

그리스도가 존귀하듯 그리스도를 따르는 모든 성도는 존귀하며 예수님을 높이고 찬양해야 한다.

제4장 믿음으로 얻는 안식

❋ 하나님의 안식(4)

안식일의 주인은 예수 그리스도이시다. 본문은 안식에 대하여 말씀하고 있다.

첫째: 제칠일 안식일

창세기 2장 2절에 하나님께서 창조를 마치고 쉬셨다고 하였고, 예수님께서는 이 안식일이 사람을 위해 있는 것이라고 말씀하셨다. 안식일은 사람들에게 꼭 필요하다. 이날을 복되고 거룩하게 하심으로 하나님과 교제하며 섬기는 날로 정함은 우리를 위함이다. 안식일은 축복된 날이다.

둘째: 가나안 안식

이스라엘 백성들은 애굽에서 나와 40년간 광야를 헤매면서 오로지 젖과 꿀이 흐르는 약속의 땅 가나안만을 희망하고 견디어 왔다. 그곳을 정치적, 사회적, 경제적 안식을 누릴 수 있는 땅으로 믿었고, 여호수아는 그곳으로 백성을 인도하였다. 그러나 그곳이 진정한 안식은 되지 못했다.

셋째: 하나님의 안식

제칠일 안식이나 가나안 안식은 영원한 하나님의 안식이 아니고,

다만 그것의 그림자에 불과하다. 진정한 안식은 하나님의 백성들에게 남아 있다. 그것은 예수 그리스도 복음을 통해서 믿는 자들에게 주어지는 안식이다. 영원한 안식은 믿는 모든 자가 누릴 안식이다. 하나님께 순종함으로 안식을 누리는 백성이 되자.

결론(結論)

성도들은 주일마다 하나님이 주시는 안식과 복으로 영적 생활을 풍요롭게 하고 있다.

제5장 대제사장이신 그리스도

❀ 대제사장의 자격(1–10)

대제사장에게는 언제나 영육간의 자격이 요구되고 있다. 그것은 진정한 사역자의 자질을 위해서이다.

첫째: 참되어야 한다

만일 대제사장의 자격이 수준 미달이라고 하면 어떤 죄인일지라도 신앙고백을 하지 않을 것이다. 그래서 제사장은 신앙 공동체의 지도자급에 속한 인격자여야 한다. 그리고 그 공동체 안에서 참된 진실을 밝혀야 한다. 그러나 주 예수께서는 언제나 진실하셨다. 영육 간에 흠이 없으셨다.

둘째: 하나님의 부르심을 받아야 한다

"이 존재는 아무나 스스로 취하지 못하고 오직 아론과 같이 하나님의 부르심을 입은 자라야 할 것이니라"(4절)고 말씀한다. 제사장은 하나님의 임명을 필요로 한다. 중보 사역은 하나님의 권위하에서 출발해야 하기 때문이다. 예수께서는 하나님의 부르심에 의하여 사역을 시작하신 우리의 대제사장이시다.

셋째: 멜기세덱의 반차를 좇는 제사장이어야 한다

인간의 반차를 좇은 고라와 웃시야는 벌을 받았다. 하지만 평강의 왕 멜기세덱은 예수 그리스도의 모형이었고, 그분은 살렘 왕으로서 왕과 제사장을 겸임하였다. 처음과 끝이 없는 자이시며, 축복하신 분이심을 알아야 한다. 그리고 친히 하나님께로부터 "멜기세덱의 반차를 좇은 대제사장"이라고 칭함을 받았다.

결론(結論)

신앙인의 진정한 대제사장은 오직 예수 그리스도뿐이시다.

제6장 영적 성장과 진보

❋ 그리스도인의 소망(9-20)

그리스도인의 소망은 영혼의 닻이다. 영혼의 닻은 거센 풍랑과 바람이 일어나도 결코 흔들리지 않는다.

첫째: 영적 풍성함에 있다

아브라함은 믿음의 소상이며, 큰 소망을 받은 신앙인이다. 그는 영적인 완전함에 이르는 길을 알았다. 그것은 멜기세덱의 반차를 좇는 일이며, 하나님께서 주신 약속의 말씀을 믿는 일이었다. 그리고 약속의 기업을 받아들이는 일이었다. 결국 바다의 모래알처럼, 하늘의 뭇별처럼 축복과 소망이 이루어졌다.

둘째: 죄로부터 해방된 인식이다

성도의 죄는 소망을 잃어버리는 일이다. 이것은 하나님과의 단절을 가져오고 방만함이 생긴다. 곧 사단의 유혹이 뒤따른다. 그래서 그리스도인의 최후 소망은 죄 없는 영원한 안식이다. 안식은 안식일에 드리는 제사에서 나타나며, 영혼의 능력 속에서 나타나게 된다.

셋째: 영원한 천국을 지배하는 일이다

주님께서는 천국을 침노하는 자의 것이라고 말씀하셨다. 또한 천국은 믿음의 소망이다. 그리고 위대하신 대제사장이신 예수님을 따라가야 한다. 그리스도께서는 십자가를 통해서 천국을 지배하게 하셨다. 그러나 천국의 길은 낙타가 바늘귀로 들어가는 만큼이나 어렵다. 따라서 그리스도인의 소망은 십자가의 약속에 있다.

결론(結論)

그리스도인의 소망은 예수 그리스도를 통한 구원과 천국의 시민이 되는 것이다.

제7장 멜기세덱과 그리스도의 제사장직

❁ 멜기세덱(1–10)

멜기세덱의 어원은 두 가지인데 하나는 왕이라는 뜻이고 또 하나는 의롭다는 뜻이다.

첫째: 살렘 왕이다

살렘은 '화평, 평강'이라는 어원을 가지고 있다. 구약 솔로몬의 이름도 같은 어원을 지녔다. 거룩한 시온성인 예루살렘도 마찬가지이다. 이는 곧 하나님의 거룩함이 임하는 장소나 사람에게 붙여진 은혜로운 이름이다. 그래서 멜기세덱은 평강과 은혜가 충만한 분이다. 이분은 아브라함에게 십일조를 받는 분이다.

둘째: 지극히 높으신 하나님의 제사장이시다

이분은 아론의 자손과는 다르다. 태어난 날도 없고 죽은 날도 없다고 하였다. 또한 영원히 살아 계신다고 하였다. 이는 바로 예수 그리스도를 가리키고 있는데, 예수님의 세 가지 직은 '왕, 선지자, 제사장'이시다. 그는 지금 하나님 우편에 계신 대제사장이시다. 지극히 높으실 뿐만 아니라 전 우주적 대제사장이시다.

셋째: 십일조의 원조이시다

성도의 십일조는 신앙의 기본이다. 또한 복의 원천이다. 말라기 선지자도 복의 창고에 저장된다고 했다. 아브라함은 이 복을 처음 저축한 자요, 처음으로 십일조의 복을 받은 자이다. 이 복은 낮은 자가 높은 자에게 축복을 얻는 소망이다. 따라서 신앙의 십일조는 계속해서 신약 시대에까지 이르고 있는 것이다.

결론(結論)

왕 중의 왕이시며 죄가 없으신 평화의 왕 예수께 영광과 찬양을 드리자.

제8장 새 언약의 중보자 되신 그리스도

❁ 이것을 기록하라!(1-13)

그리스도의 제사 직분은 새 언약이다. 새 언약은 더 좋은 약속이다. 곧 하늘에 있는 모형과 그림자이다.

첫째: 유다 십으로 새 언약을 세우는 기록

그리스도의 혈통은 하나님께서 맹세하신 유다 지파에서 나온 것이다. 유다 지파의 새로운 계약은 피조물의 자유의지와 하나님의 영원한 약속인 구속의 역사이다. 유다는 다윗의 뿌리로 되었고, 다윗은 먼 훗날 그리스도를 혈통으로 잇게 하였다. 곧 중보자 예수님을 탄생시킨 약속의 언약이다.

둘째: 더 아름다운 직분에 대한 기록

그리스도의 초림은 구세주였지만, 재림의 그리스도는 재림주 곧 하나님이시다. 즉 율법적인 대제사장직을 떠난 복음적인 대제사장은 축복의 근원자요, 구원자요, 영원자요, 새 중보자요, 사역자요, 능력자요, 은혜로운 자이시다. 그래서 주께서는 '자신의 백성'을 위해서 기록을 요구하셨다.

셋째: 성소와 참 장막을 베푸시는 기록

구약의 제사장직과 장막 모형은 하늘의 것을 모방한 것에 불과하다. 단지 예수 그리스도의 대제사장직을 모방한 형상이다. 그래서 하늘의 새 예루살렘을 사모하라고 하였다. 왜냐하면 진정한 안식처인 새 땅, 새 예루살렘만이 그리스도가 베푸시는 영광된 장소이기 때문이다. 그래서 주께서는 이러한 점을 기록하라고 하셨다.

결론(結論)

성도는 하나님께서 주시는 새 언약과 새 예루살렘에 대한 기록을 후손에게 전해야 한다.

제9장 구약의 제사와 신약의 제사

❀ 그리스도의 제사직(11-22)

본문은 그리스도의 제사직에 관해 언급하고 있다. 이스라엘의 제사직은 본래 아론의 반차를 따른 것이다.

첫째: 그리스도는 장래 좋은 일의 대제사장

그리스도는 장래에 오실 영광스러운 소망이실 뿐만 아니라, 이미 오신 좋은 일의 대제사장이시다. 좋은 일이란 하늘나라의 상태로 되는 것이며, 거기서 구약과 신약이 성취된다. 그리스도는 모형에 불과한 지상의 장막을 사용하시지 않고, 그 원형인 하늘의 장막을 사역에 사용하셨다.

둘째: 그리스도는 새 언약의 중보

중보란 두 편 사이에 서서 일을 주선하는 사람을 가리키는 것으로, 그리스도는 새 언약의 중보가 되신다. 그분으로 말미암아 우리가 하나님의 새 언약에 참여하게 되었으며, 영원한 기업의 약속을 얻게 되었다. 예수밖에는 길이 없다. 예수로 말미암지 않고는 아무도 하나님의 약속에 참여하지 못한다.

셋째: 그리스도의 피가 우리를 정결케 함

그분의 제사장직은 짐승의 피를 드리는 제사장직이 아니라 단번에 자기 몸을 드려 영원한 속죄를 이루사 단번에 성소에 들어가시는 매우 특별한 것이었다. 그분의 피로 우리가 더러운 행실에서 깨끗함을 얻었다. 다른 것으로는 우리의 죄를 정결케 할 수 없다.

결론(結論)

그리스도는 아론의 반차가 아닌 멜기세덱의 반차를 좇는 제사장이었다.

제10장 제사와 봉사

❋ 하나님이 정하신 뜻(1–9)

하나님의 지혜는 인간의 모든 생각들을 뛰어넘으며 우리의 안력이 미칠 수 없다.

첫째: 율법은 장래 일의 그림자

율법은 완전한 것이 아니라 장래에 올 좋은 일의 그림자에 지나지 않았다. 그러므로 유대인들은 장차 올 그리스도의 좋은 일의 그림자만을 지니고 있었던 것이다. 주께서 제자들에게 비유를 가르치시면서 너희 눈은 봄으로, 너희 귀는 들음으로 복이 있다(마 13:16)고 하신 말씀은 의미가 있다.

둘째: 짐승의 피가 죄를 없애지 못함

매년 드려야 하는 황소의 피와 염소의 피의 제사가 사람을 온전케 할 수 없었다. 즉 온전히 죄를 씻는 제사가 되지 못했던 것이다. 오직 그리스도께서 몸을 단번에 드리심으로 거룩함을 얻었다. 복음으로 얻은 속죄, 믿음으로 되는 의만 온전하다. 율법의 행위나 그 제사로는 아무도 의인이 될 수 없다.

셋째: 하나님의 정하신 뜻

하나님의 정하신 뜻은 그리스도의 제사장직을 세우시는 것이다. 이는 곧 당신이 기뻐하지 않으시는 첫 번째 제사장직을 폐하신 것이다. 우리는 그분이 정하신 방법으로만 그분께 나아갈 수 있다. 다른 어떤 법과 제도가 있을지라도 하나님께 나아가는 길은 오직 그리스도뿐이다.

결론(結論)

그리스도 안에 거하며 그 말씀을 들을 수 있음이 축복인 줄 알고 감사하자.

제11장 선진들의 신앙

❀ 믿음의 영웅(32–40)

하나님은 믿음의 사람들을 귀히 여기신다. 하나님께서는 역사 속에서 그들을 통하여 큰일을 이루셨다.

첫째: 믿음의 영웅들

기드온은 시골 농부에 지나지 않았으나 믿음으로 하나님의 지시대로 모병하고 작전하여 승리하였다(삿 7:2-23). 바락은 믿음으로 여선지자 드보라의 지도에 순종하여 시스라의 군대를 물리쳤다(삿 4:6-18). 삼손은 믿음으로 나실인의 생활을 굳게 지키는 동안 하나님이 주시는 힘을 얻었다(삿 16:28). 입다는 서원한 것이 해로울지라도 지킨 믿음의 사람이었다(삿 11:31-39). 사무엘은 믿음의 기도로 블레셋 군대를 물리쳤다(삼상 7:5-11). 다윗은 믿음으로 나라들을 이기고 의를 행했다(삼상 17:46-49).

둘째: 핍박에도 굴하지 않는 사람들

11장 35절부터 저자는 중요한 전환을 한다. 시련을 당하고 죽은 이들도 많다. 그렇지만 하나님께서는 모세나 기드온이나 다윗과는 또 다른 방법으로 그들을 인도하셨다(35-40). 시련에서 벗어나는 것보다 참고 견디는 것은 더 큰 믿음이라고 할 수 있다. 믿음은 이 세상이 우리를 인정해 주기를 기대하지 않고 오직 하나님이 인정해 주시는 것만을 구한다. 하나님께서는 자기 백성을 구원해야 할 경우에는 그들을 구원하여 영광을 받으시고, 또 그렇지 않을 경우에는 달리 행하신다.

결론(結論)

믿음의 영웅들은 어려운 상황 가운데서도 하나님을 배반하지 않았음을 우리는 본받아야 한다.

제12장 신앙의 경주자

❀ 경주자의 사세(14-17)

우리가 그리스도인으로서 경주를 계속할 때 무엇을 목표로 삼고 달리며 무엇을 조심해야 하는가?

첫째: 화평함과 거룩함을 좇으라

본문은 우리로 하여금 모든 사람과 더불어 화평할 것을 권한다. 평화는 최고선이며 인간이 지닐 수 있는 최대의 행복이다. 이는 하나님에 대한 순종 속에서 찾을 수 있다. 평화는 사람과 사람과의 올바른 관계이다. 이는 사랑과 용서와 봉사로써 맺어지는 관계이다. 화평을 얻는 절대 조건은 하나님께 복종하는 것이다.

둘째: 뒤를 돌아보라

교회 안에 있으나 구원의 은혜에 이르지 못한 자가 있는가 살펴보고 불신앙의 쓴뿌리가 나서 복음을 배신하고 나 자신과 형제를 오염시킬까 경계해야 한다(15). 어떤 죄가 우리에게서 하나님의 은혜를 받지 못하도록 하는가? 영적으로 우리가 부지런하지 못하고 다른 사람에게 원한을 품기 때문이다.

셋째: 최선을 다하라

성적인 부도덕과 세상과 육신을 위해 살아서는 안 된다. 사소한 것에 눈을 팔지 말고 더 큰 것을 위해 살아야 한다. 우리는 하나님의 약속을 소홀히 하고 눈앞에 보이는 현실에 신앙을 버리는 이들이 없는지 살피고 그들을 돌이키도록 최선을 다할 의무가 있다.

결론(結論)

그리스도인의 생활을 지배하고 인도하는 목표는 하나님 앞에 나아가는 일이다.

제13장 성도가 마땅히 해야 할 일

❁ 바른 성도의 삶(1-13)

끝으로 히브리서 기자는 그리스도인이 취할 참된 삶을 요약하고 있다.

첫째: 영적인 교제를 즐거워하라

교제는 형제의 사랑을 근거로 한다. 신자들끼리 서로 형제로서 사랑해야 한다. 옛날 아브라함이 했던 것처럼 나그네를 잘 대접해야 한다. 옥에 갇힌 자들과 고난당하는 자들을 기억하고 돌보아야 한다. 결혼 생활을 정상적으로 하여 가정에서 그리스도의 사랑이 실천되어야 한다. 돈을 사랑하지 말아야 한다.

둘째: 영적 지도자에게 순종하라

과거에 하나님의 말씀을 전해주던 교회 지도자들을 생각하여 그들이 어떻게 살다가 어떻게 죽고 어떤 신앙을 가지고 있었는지를 본받으라는 것이다. 갖은 이단사설이 횡행하고 있으니 그것들에게 현혹되지 말아야 한다. 법규나 제도에 얽매이지 말고 보다 고상한 하나님의 은총을 사모하며 살아야 한다.

셋째: 영적 예배를 나누라

이제는 보이는 예루살렘 성전이나 형식적인 제사가 아니라, 예수님께서 예루살렘 성 밖에서 고난 받으시고 희생하심으로 새로운 삶을 주셨으니 예수님을 통해서 하나님께 예배와 찬양을 드려야 한다. 우리가 바라는 도성은 지상의 예루살렘이 아니고 하늘의 도성, 새 예루살렘이다.

결론(結論)

우리는 입술을 통한 참된 찬양과 고백으로써 참된 예배를 드려야 한다.

야고보서

서론

<table>
<tr><td>주 제</td><td colspan="2">행함이 있는 믿음</td><td>저 자</td><td>야고보</td><td>기록장소</td><td>예루살렘으로 추정</td></tr>
<tr><td>기록연대</td><td colspan="2">A.D. 62년경</td><td>대 상</td><td colspan="3">유대 그리스도인</td></tr>
<tr><td>대 지</td><td colspan="3">풋대이신 그리스도</td><td colspan="3">그리스도에 대한 복종</td></tr>
<tr><td rowspan="2">구 분</td><td>1:1</td><td>1:15</td><td>2:4</td><td>3:1</td><td>3:5</td><td>4:7 4:18</td></tr>
<tr><td>시험의 목적</td><td>시험의 종류</td><td>믿음의
외적 표출</td><td>인내</td><td>고난당하는 자를
위한 기도</td><td>허물을
용서함</td></tr>
<tr><td>요 절</td><td colspan="6">“영혼 없는 몸이 죽은 것같이 행함이 없는 믿음은 죽은 것이니라”(2:26)</td></tr>
</table>

야고보서 이해

예루살렘 교회의 목회자이며 예수님의 형제인 야고보에 의해 쓰인 본서는 이방 국가에 흩어져 살고 있는 유대계 그리스도인과 세계 각지의 그리스도인들에게 보내는 공동서신 중 하나이다.

야고보서를 기록한 목적은 당시 로마 제국의 가혹한 핍박에 직면해서 믿음과 참 사랑의 교제를 잃어버린 유대계 그리스도인들에게, 주의 재림을 간절히 소망하는 가운데 고난을 이겨내고, 아울러 그들이 소유한 믿음을 행위로써 적극적으로 드러내어 사랑과 화평의 교제를 회복토록 하기 위함이다.

특별히 본서는 ‘믿음을 일상생활에 어떻게 적용해야 하는가’라는 믿음과 행함의 문제를 중점적으로 다루고 있다. 오히려 야고보는 참된 믿음은 반드시 행위를 수반하며, 행위가 수반되지 않는 믿음은 죽은 믿음이라고 단언하고 있다. 이는 어디까지나 행위를 구원의 조건으로 제시한 것이 아니라, 믿음으로 구원함을 받은 자들이라면 당연히 주님이 남기신 사랑의 계명을 따라 이웃 사랑을 실천해야 한다는 뜻이다. 야고보는 이러한 취지하에 성도는 말을 절제하고, 참된 지혜를 사모하며, 주의 뜻을 따라 마음속의 정욕을 제거하고, 사랑과 화평을 좇아야 한다고 말하고 있다. 그리고 환난 가운데 인내하며 타락한 성도들을 바로 세우기 위해 힘쓸 것을 간곡하게 당부한다.

본서는 크게 두 부분으로 구분된다. 첫째는 서론격인 1장 1-8절까지로 흩어진 유대계 그리스도인들에게 시련과 시험 가운데서도 참고 견디라는 문안 인사 부분이다. 둘째는 1장 19절에서 5장 20절까지로서 행함이 따르는 믿음의 특징과 그 삶의 적용을 다루는 부분이다.

본서는 이와 같이 신앙의 실천적인 측면이 교훈조의 문체로 쓰였기 때문에 '신약의 잠언'으로 불리며, 또한 교회 안에서 발생하는 불의와 사회적 불평등을 예리하게 비판하는 동시에 사회적 삶의 문제를 구체적으로 다룸으로써 '신약의 아모스서'라고도 불린다.

우리는 본서를 통하여 진정한 신앙은 단순히 입으로 고백하는 데 그치지 않고 구체적인 삶 속에서 그 신앙의 실체를 드러내는 것임을 깨닫게 된다. 행함이 없는 믿음은 생명의 호흡이 사라진 시체와 같다. 진정 우리의 신앙이 살아 계신 하나님으로부터 온, 살아 있는 신앙일진대 우리는 마땅히 그분과 더불어 호흡하는 가운데 우리의 살아 있는 신앙을 행위로써 세상에 나타내야 할 것이다.

기록 목적

본서의 수신자는 "흩어져 있는 열두 지파"(1:1)이다. 이 용어는 원래 팔레스타인을 제외한 세계 각처에 흩어져 사는 디아스포라 유대인들을 가리킨다. 여기에서는 초대 교회 당시 일어난 대박해 때문에 흩어져 로마 제국의 전 영역에 흩어져 살던 유대인(행8:1)이나 원래 이방 지역에 살다가 개종한 유대인 성도들을 가리킨다고 볼 수 있다(1:19, 2:17). 그들은 팔레스타인 밖에서 살았기 때문에 많은 시련이 있었다(1:2-4). 부자들의 횡포(5:1-6)와 일부 성도들의 형식적 신앙(1:22-27), 사람을 외모로 판단하는 것(2:1-13)과 거친 말(3:1-12), 성도 간의 교제 단절 등으로 말미암아 성도들은 힘겨운 생활을 했고 믿음은 시험을 당하고 있었다.

기록 배경

본 서신은 예루살렘 교회의 감독이자 주의 형제라고 불렸던 야고보(마 13:55)가 세계 각지에 흩어져 살던 유대인 출신 그리스도인들 앞으로 쓴 일종의 공동서신이다. 본 서신이 쓰여질 당시의 그리스도인들은 로마 제국의 극심한 박해로 생명의 위협을 느끼면서도 신앙을 지키기 위해 많은 희생을 치르고 있었다. 그러나 다른 한편으로는 오직 믿음으로 구원을 얻는다는 교리를 확대 해석한 나머지 윤리적인 행위를 등한시하고 율법을 무시하는 풍조도 있었다.

이렇듯 교회 밖에서부터 다가오는 박해의 시험과 교회 안에서부터 생겨나는 믿음의 형식화 및 타락상에 대하여 성도들의 믿음을 굳게 하는 한편 믿음의 실천적인 측면을 강조할 필요가 있는 상황에서 본 서신이 기록되었다.

내용 분해

Ⅰ. 인사 1:1

Ⅱ. 실천적인 종교와 시험 1:2-18

A. 드러난 적대감 1:2-12

B. 내적인 유혹 1:13-18

Ⅲ. 실천적인 종교와 하나님의 말씀 1:19-27

A. 말씀을 들으라 1:19, 20

B. 말씀을 받으라 1:21

C. 말씀에 순종하라 1:22-27

Ⅳ. 실천적인 종교와 인간관계 2:1-26

A. 부정적인 편애 2:1-13

B. 긍정적인 긍휼 2:14-26

Ⅴ. 실천적인 종교와 말 3:1-18

Ⅵ. 실천적인 종교와 세상 4:1-12

Ⅶ. 실천적인 종교와 사업 4:13-5:6

Ⅷ. 마지막 간청 5:7-20

A. 인내 5:7-11

B. 순전한 말 5:12

C. 기도 5:13-18

D. 긍휼 5:19-20

Ⅳ. 실천적인 종교와 인간관계 2:1-26

A. 부정적인 편애 2:1-13

B. 긍정적인 긍휼 2:14-26

| 장별 핵심 메시지 |

제1장 시험에 대한 교훈

❋ 주님 중심의 생활(1-11)

본문에서 야고보는 그리스도 중심의 생활에 대해 권고한다.

첫째: 시험을 만나게 될 때에 기쁘게 여긴다

시험은 누구에게나 아프고 고통스러운 것이나 그리스도 중심의 사람들은 이로 인하여 슬퍼하거나 절망하지 않고 기쁘게 여긴다. 이는 믿음의 시련이 인내를 만들어 내는 줄 알기 때문이며, 또한 그리스도의 고난에 참예하는 것이 영광스러운 것임을 알기 때문이다. 믿음의 사람은 고난을 통하여 그의 영광을 바라볼 줄 안다.

둘째: 올바른 길을 걷고, 풍성하고 넘치는 삶을 영위한다

시냇가에 심은 나무처럼 지혜의 열매를 그 생활 가운데 얻는 사람이다. 기도하되 의심하지 말고 구하자. 의심하는 것은 마음이 나누인 상태를 말하는 것으로, 이런 사람들은 하나님의 응답을 받지 못한다.

셋째: 모든 일의 형편을 잘 알고 있다

우리에게 있는 모든 것은 주께 받은 것이므로 자랑할 것이 못되며, 또한 우리의 부귀나 영화도 풀의 꽃과 같은 것이므로 자랑할 것이 못된다. 우리의 자랑은 오직 그리스도이며, 그의 사랑과 능력이 이 땅 위에 널리 전해지는 것뿐이다. 성도의 신분, 주님과 함께하는 생활만이 자랑할 만하고 귀하다.

결론(結論)

성도는 예수 중심일 때 거룩한 생활이 가능하다.

제2장 성도의 신앙 행위론

❋ 긍휼을 베풀라(10–13)

본문에 "긍휼을 행하지 아니하는 자에게는 긍휼 없는 심판이 있으리라"는 말씀은 산상보훈 팔복 중에 다섯째 복인 "긍휼히 여기는 자는 복이 있나니 저희가 긍휼히 여김을 받을 것이요"(마 5:7)라고 한 말씀과 대조되고 있다. 우리는 본문 13절 말씀에서 세 가지 교훈을 받을 수 있다.

첫째: 인과보응에 대한 교훈

인과보응에 관한 원리는 성경에서 많이 찾아 볼 수 있다. "비판을 받지 아니하려거든 비판하지 말라 너희의 비판하는 그 비판으로 너희가 비판을 받을 것이요 너희의 헤아리는 헤아림으로 너희가 헤아림을 받을 것이니라"(마 7:1-2). "내가 너를 불쌍히 여김과 같이 너도 네 동관을 불쌍히 여김이 마땅치 아니하냐"(마 18:33). "검을 가지는 자는 다 검으로 망하느니라"(마 26:52; 갈 6:7-9). 이처럼 행한 대로 갚음을 당하는 원리를 가르친다.

둘째: 긍휼을 행해야 한다는 교훈

우리는 큰 빚을 진 채무자이나 채권자에게 긍휼함을 입어서 무조건 탕감받는 큰 은혜를 받았다. 그러므로 우리도 다른 사람에게, 특히 내게 빚진 자에게 긍휼을 베풀어야 한다(마 18:23-25). 긍휼을 행하는 일은 해도 되고 안 해도 되고, 내게 유익하면 하고 손해 되면 안 하는 내 권리에 속한 것이 아니라, 반드시 해야 할 의무와 책임에 속한 것이다.

셋째: 긍휼은 심판을 이긴다는 교훈

긍휼을 행하지 않는 자에게는 긍휼 없는 심판이 있다고 하였으니 긍휼을 행하는 자가 심판에서 승리할 수 있다는 것이다. 긍휼이 없는 것은 신앙이 없는 증거니 신앙이 없는 자는 정죄의 심판을 면하지 못한다. 그러나 참된 신자는 무자비하게 행할 수 없다. 그것은 그에게 믿음이 있다는 증거다. 그는 긍휼 없는 심판에 처하지 아니한다. 반드시 한번은 심판의 과정을 거쳐야 하니 긍휼을 베풀어 심판에서 승리하도록 하자.

결론(結論)

하나님께서 주관하시는 세상은 인과보응의 원리하에 움직이고 있다. 성도는 긍휼하심을 입은 자이므로 긍휼을 의무로 알고 선을 행함으로 무서운 심판을 이기는 생활을 해야 한다. 많은 사람에게 긍휼을 베푸는 성도가 되자.

제3장 참된 지혜

❃ 서로 다른 두 지혜(13–17)

본문은 우리가 가져야 할 참된 지혜와 가져서는 안 될 악한 지혜에 대해 교훈한다.

첫째: 참된 지혜의 행위

훌륭한 지혜는 그 행함을 통하여 입증된다. 선행의 증거가 없는 지혜는 참되지 못하며, 지혜가 있음을 증거하기에 미흡하다. 특별히 참된 지혜를 소유한 사람은 선을 행함으로 이를 입증하게 된다. 성도는 그리스도께서 우리에게 지혜가 되심을 증거하기 위해(고전 1:30)

그분의 삶을 본받도록 해야 한다.

둘째: 세상적인 지혜

소유해서는 안 되는 지혜는 세상적인 지혜이다. 이것은 정욕적이고 마귀적이다. 누구든지 자신 속에 독한 시기와 다툼이 있으면 회개해야 한다. 이런 것들이 바로 세상적인 지혜이며, 이 지혜를 가진 사람들이 있는 곳에 요란과 악한 일이 있게 된다. 교회 안에서 야기되는 불미스러운 문제들도 이들로 말미암은 것이다.

셋째: 위로부터 난 지혜

성결과 화평, 관용, 양순, 긍휼, 편벽과 거짓이 없는 마음은 위로부터, 곧 하나님께로부터 난 지혜요, 우리가 힘써서 행해야 하는 선행의 근간이다. 이 지혜를 가진 사람들이 교회 안에 많아야만 교회가 제구실을 하게 된다. 불행하게도 현대 교회에 이기심과 금욕주의가 나타나고 있는데 경계해야 한다.

결론(結論)

수께서 주시는 참된 지혜로 가정을 먹이고 교회를 섬기며 나라를 살찌워야 한다.

제4장 지도자들에 대한 경계

❋ 정욕의 함정(1–12)

함정이란 눈이 보이지 않도록 설치해 둔 올무를 가리키는 말이다.

첫째: 세상과 벗이 되어서는 안 된다

세상과 짝하는 행위는 하나님과 원수가 되는 두려운 결과를 가져온다. 성도는 그리스도께서 핏값으로 사신 몸의 지체들인데, 세상과 짝함으로 하나님의 원수가 되는 어리석음을 범해서는 안 된다. 우리 몸은 우리 자신의 것이 아니라 주께서 값을 지불하고 사셨으므로 하나님께 영광을 돌리는 도구가 되어야 한다.

둘째: 교만은 멀리하고 겸손해야 한다

하나님께서 가장 미워하시는 것이 교만이다. 천사라도 자기 지위를 지키지 않을 때 그분은 가차 없이 벌을 내리셨다(사 14:12-17). 성도는 교만을 경계하고 멀리하며, 겸손해야 한다. 그분은 겸손한 자들에게는 은혜를 주시지만, 교만한 자들은 미워하시고 대적하시기 때문에 형통케 되지 못한다.

셋째: 피차에 비방하는 것을 금해야 한다

누구든지 함정에 빠지면 스스로의 힘으로 벗어나는 것은 거의 불가능하다. 헐뜯고, 비방하고, 중상하는 것은 마귀적인 속성이다. 성도는 언제든지 입법자와 재판자가 하나님이라는 사실을 알아 분량 밖의 자랑을 하는 일이 없도록 조심해야 한다. 마귀를 위해 예비된 것은 영원한 지옥불이다.

결론(結論)

우리가 조심하고 경계해야 할 마귀의 전초기지 가운데 하나가 바로 정욕이다.

제5장 인내와 믿음의 기도

❋ 주님의 재림(7-11)

예수님의 재림은 미래의 영광스런 보상이다. 왜냐하면 하나님 나라에 영원히 들어가기 때문이다.

첫째: 완성된 구원관이 있어야 한다

신앙은 믿음을 요구하고 믿음은 현실과 미래를 확실하게 한다. 만일 하나님께로 향한 믿음과 선행이 흔들린다면 주님의 재림에 대한 불순종으로 보아야 한다. 이는 마치 마른 땅에 물이 고이는 원리와도 같은 이치이다. 그래서 사역자에게는 굳은 신앙이 요구되는 것이다. 그것을 가르치지 않으면 안 된다.

둘째: 길이 참아야 한다

사도 바울도 "인내는 연단을, 연단은 소망을 이루는 줄 앎이로다"라고 하였다. 곧 인내는 십자가의 표본이요, 근본이 되는 신앙 요소이다. 또한 이런 신앙 요소는 하나의 열매를 맺게 하는데, 이 열매는 신선하고 시원한 이른 비와 늦은 비를 맞은 후에야 결실을 맺는다. 이처럼 성령의 열매는 오랜 시간이 지나야만 이루어진다.

셋째: 사역을 감당해야 한다

진정한 사역자는 항상 기쁨이 충만하다. 그는 확실한 미래의 축복을 바라보고 있다. 뿐만 아니라 귀한 열매를 만들 줄도 안다. 왜냐하면 주님의 자비와 긍휼을 잘 알기 때문이다. 그래서 하나님과 친숙하기를 원하게 된다. 또한 가까이 오고 계시는 주님의 재림에 대하여 분명히 알려 주어야만 한다.

결론(結論)

사역자는 인내와 고난 중에도 형제 사랑과 성령의 역사를 통해 주님의 재림을 사모해야 한다.

베드로전서

서론

주 제	고난에 대한 그리스도의 태도		저자	베드로	기록장소	로마	
기록 연대	A.D. 62-64년경		대상	소아시아 부근에 흩어져 있던 그리스도인			
대 지	신자의 구원		신자의 복종		신자의 고난		
구 분	1:1	1:13	2:13	3:13	3:18	4:7	5:1 5:14
	신자의 구원	신자의 성결	위정자, 직장, 가정, 인생의 모든 문제에 대한 태도	고난 당할 때의 행실	고난에 대한 그리스도의 모범	근신에 대한 명령	고난 중의 사역
요 절	"너희 믿음의 확실함은…칭찬과 영광과 존귀를 얻게 할 것이니라"(1:7)						

베드로전서 이해

네로 황제에 의한 본격적인 기독교 박해가 시작되기 얼마 전, 소아시아에 흩어져 살고 있는 그리스도인들에게 각별한 애정을 품었던 사도 베드로는 그들의 장래를 염려하지 않을 수 없었다. 그는 곧 붓을 들었다. 그리고 곧 닥쳐올 핍박이 어떠할지라도 그들이 소유한 복된 믿음과 소망을 포기하는 나약함을 보이지 않도록 격려에 격려를 더하면서 이 소중한 서신의 지면을 채워 나갔다.

본서에서 베드로는 구약의 내용들과 예언들을 예수 그리스도의 빛, 즉 새로운 빛 아래서 새로운 의미로 부각시켜 기독교의 기본 교리를 설명하는 한편 고난 가운데 살아가는 성도들에게 참된 소망과 위로를 주고 있다.

이렇듯 열정적인 사도 베드로의 성도를 향한 사랑이 듬뿍 담긴

이 서신은 그리스도의 부활로 말미암아 놀라운 영생의 소망을 주신 하나님을 찬미함으로써 시작된다. 이어 개인적인 생활을 위한 권면으로 들어가 행실을 깨끗이 하고, 사랑과 화목을 도모함으로써 참 성도다운 삶을 세상에 나타낼 것을 권고한다. 이어서 곧 닥쳐올 핍박에 대비하여 그리스도의 십자가만을 생각함으로 어떠한 고난에도 굴하지 않고 끝까지 믿음과 성도 간의 사랑을 굳게 지킬 것을 촉구하는 내용으로 끝맺는다.

본서를 내용상으로 구분해 보면 크게 두 부분으로 나뉜다. 첫째는 1장 1절에서 3장 12절까지로 그리스도인의 구원과 그에 따른 삶을 다루는 부분, 둘째는 3장 13절에서 5장 14절까지 그리스도인들이 이 땅의 나그네로서 당하는 고난을 참고 인내하라는 권면 부분이다.

이와 같이 외부의 박해에 대비해 성도들에게 참된 소망과 위로를 주고 있는 본서는 '소망의 서신'(the Epistle of Hope) 또는 '격려의 서신'이라고 불리기도 한다.

이 소망의 서신을 통하여 우리는 시련이란 성도들에게 주어지는 하나의 특권이요, 필연적인 연단 과정임을 깨닫게 된다. 왜냐하면 이러한 시험과 시련을 통해서만 성도는 그 고통 뒤에 숨어 있는 하나님의 크신 뜻을 깨닫고 그분을 더욱 신뢰하게 되는 신앙의 성숙을 경험할 수 있기 때문이다.

따라서 우리는 고난에 직면할 때 침체되지 말고 그리스도의 고난에 동참하게 됨을 기뻐하는 마음으로, 또한 우리에게 주어질 영광스런 상급을 고대하는 마음으로 기꺼이 고난을 감수해야 할 것이다.

기록 목적

수신자는 그리스도를 믿기 때문에 박해를 받고 있는 소아시아 각 주(본도, 갈라디아, 갑바도기아, 비두니아)의 교회들과 그 성도들이다(1:1).

당시 로마 제국의 지배 아래 있었던 소아시아 교회들은 사도 베드로가 세웠을 것으로 추측되는데, 바울이 세운 지역과 중복되지는 않을 것이다. 왜냐하면 바울은 남의 터 위에 교회를 세우지 않는다는 확신이 있었기 때문이다.

소아시아에 있는 교회들은 계속 부흥하고 발전했지만 유대인들과 로마 제국의 핍박은 더욱 심해져 갔다. 이에 베드로는 독자들에게 복음의 진리와 종말의 소망, 그리스도의 은혜와 구원의 교리를 다시금 확인케 함으로써 박해 중에서도 힘과 용기를 가지고 믿음을 지키며 올바른 신앙을 영위함과 동시에 신앙을 증거하도록 하기 위해 본서를 기록하였다.

기록 배경

베드로는 소아시아에 흩어져 사는 그리스도인들에게 편지를 보낸다. 그들은 그리스도께 순종한다는 이유로 세상에서 거절당하고 고난을 받는 이들이었다(4:1-4, 12-16). 베드로는 그들에게 하늘의 유업이 있을 것을 상기시킨다(1:3-5). 베드로는 그들이 시험당하는 중임을 알고 있었기에 그들을 '흩어진 나그네'라고 일컬었다(1:1). 이 말은 구약에서 포로 생활을 하던 이스라엘을 연상하게 하는데, 소아시아에서 나그네처럼 살아가던 그리스도인들에게도 적용 가능한 표현이다(1:17, 2:11). 이들 대부분은 거듭난 이방인들이었다. 이들은 전에는 하나님의 백성이 아니었고(2:10) 이전에 살던 삶은 방탕과 술 취함과 우상 숭배의 삶이었다(4:3). 그러므로 1세기 유대인들의 삶을 묘사한다기보다는 이방인의 삶을 묘사하는 구절이라고 볼 수 있다.

전승에 따르면 베드로는 A.D. 63년에 로마의 네로 황제가 로마를 불바다로 만든 후 기독교를 극렬하게 박해하기 시작한 시기에 순교당했다. 이 서신은 베드로가 생을 마감하기 얼마 전에 쓰인 것으로 보인다. 그럼에도 여전히 "왕을 존대하라"(2:17)라고 말한 것으로 보아 베드로전서가 쓰인 시점은 A.D. 60년대 초반으로 짐작된다.

내용 분해

Ⅰ. 도입 1:1, 2

A. 인사 1:1

B. 수신자 1:2

Ⅱ. 세상 속에서 성도의 신앙과 소망 1:3-2:10

A. 다시 오실 그리스도를 소망하는 기쁨 1:3-12

B. 소망으로 인한 의로운 삶 1:13-2:3

C. 하나님의 사람들에게 허락된 새로운 삶 2:4-10

Ⅲ. 일상에서 성도의 지킬 도리 2:11-5:11

A. 타인을 향한 복종과 존중 2:11-3:12

B. 그리스도를 위한 고난 3:13-4:19

C. 고난 중에서도 지킬 겸손한 섬김의 자세 5:1-11

결론 5:12-14

A. 본 서신의 공저자, 실루아노 5:12

B. 인사 5:13

C. 축복과 권고 5:14

| 장별 핵심 메시지 |

제1장 문안 인사와 권면

❋ 흩어진 나그네(1-9)

본문에서 베드로는 순교할 위기에 처했음에도 성도들이 누릴 영광을 바라보며 감사와 찬미를 드리고 있다.

첫째: 모든 인생은 나그네이다

본문에서 특별히 그는 흩어진 나그네에 대해서 언급하고 있다. 그들은 외로운 나그네의 삶을 사는 가운데 많은 위험과 박해와 시련을 당했던 자들이었다. 그래서 베드로는 그들에게 위로와 안위의 말씀을 증거하고 있다. 특별히 기독 신자는 순례의 행진을 하고 있는 것이다.

둘째: 그리스도인은 외국인이다

그리스도인은 현재는 비록 이 세상에 살고 있지만 이 세상에 속해 있지 않다. 그는 하늘나라 시민이요 하늘나라를 위해 존재하고 있으며 그 나라를 위해 힘쓰고 애쓰고 수고하는 자이다. 그래서 그는 비록 몸은 이 땅에 살고 있을지라도 신분상으로는 하늘나라에 속해 있는, 잠시 체류하는 외국인이다.

셋째: 그리스도인은 흩어져 있는 나그네이다

인간의 마음은 가까운 공동체 속에 속해 있을지라도 외로움과 고독을 느끼기 마련이다. 그러나 예수 그리스도를 믿는 신실한 신자들은 더 이상 외로움을 느끼지 않는다. 비록 그의 삶이 나그네의 삶이라고 해도 주님이 그와 함께하시기 때문이다. 세상에서는 환난과 고난을 당하나 하늘나라에서는 위로와 상급을 받게 될 것이다.

결론(結論)

우리는 흩어진 나그네로 본향을 바라보며 산다. 그러므로 세상 염려에 얽매이지 말아야 한다.

제2장 신자의 신분과 의무

❋ 그리스도인의 의무(11–17)

그리스도인은 천국의 시민이지만(빌 3:20) 이 땅에서는 나그네와 행인의 의무 이행에 충실해야 한다.

첫째: 세상 정부에 대한 그리스도인의 견해

본문 13절 말씀에서 "주를 위하여 순복하라"는 베드로의 권면이 나온다. 이는 세상 정부에 대한 그리스도인의 입장을 천명하고 있는 것이다. 바울은 로마서 13장 1절에서 "위에 있는 권세들에게 굴복하라 권세는 하나님께로 나지 않음이 없나니 모든 권세는 다 하나님의 정하신 바라"라고 말했다. 그리스도인들이 이 땅에서 세상 정부와 제도에 순복하는 목적은 주를 위해서이다. 세상이 평안한 가운데 복음을 널리 전파해야 할 의무가 우리에게 주어져 있기 때문이다.

둘째: 세상 정부에 대한 그리스도인의 의무

일반적으로 말해 의무란 복종과 충성과 기쁨으로 순종하는 것이다. 하나님께서 이 세상 제도를 세우심으로 악행하는 자를 징벌하고 선행하는 자를 포상하게 하셨다(14). 그러므로 그리스도인은 그 질서 속에 순응해야 하며, 국가에서는 정치 지도자에게, 가정에서는 부모에게, 회사에서는 상사에게 순종해야 할 의무가 있다. 하나님께서는 이 세상이 혼란과 무질서 속에 파괴되기를 원하지 않으신다. 그리스도인들에게 세금이 매겨졌을 때에는 이의 없이 그것을 지불해야 하며 봉사를 요구할 때에는 그에 협력해야 한다.

결론(結論)

그리스도인은 세상 권세에 복종할 의무가 있으며 질서를 따라 복음을 증거해야 한다.

제3장 신자가 소유해야 할 도덕

❀ 부부의 의무(1–7)

초대 교회 당시에 불신 남편을 둔 여신자가 행해야 할 가정 내에서의 부부간의 합당한 도리에 대해 말한다.

첫째: 아내들의 의무

베드로는 "아내 된 자들아 이와 같이 자기 남편에게 순복하라"라고 권면하였다. 당시 로마 사회에서는 여러 가지 이유로 이혼이 빈번하게 발생했다. 특히 유대인과 이방인 사이의 이혼, 그리스도인과 비그리스도인 사이에 이혼이 많았다. 그러나 베드로는 그런 그리스도인 아내들에게 남편에게 잘 대하라고 하였다. 3절에서는 "너희 단장은 머리를 꾸미고…아름다운 옷을 입은 외모로 하지 말라"라고 하였다. 아내들은 남편들에 대하여 정결하고 순복함으로 감명을 주어야 한다.

둘째: 남편들의 의무

베드로는 7절에서 "지식을 따라 너희 아내와 동거하라"라고 했다. 이는 곧 성경적 가르침에 근거하여 아내를 성적 욕구의 대상으로서가 아니라 사랑의 대상으로 대하라는 말씀이다. 남녀가 모두 그릇에 비유되지만 여자는 더 연약한 그릇이므로 남편은 아내를 잘 보살펴 주고 보호해 줄 의무가 있다. 이렇게 부부간의 의무를 다할 때 행복한 가정이 될 것이며 하나님의 영광이 그 가정을 통하여 나타날 것이다. 아내를 사랑할 줄 모르는 남편은 자기 이웃을 사랑하라는 계명을 어기는 자이다.

결론(結論)

부부의 의무는 정절과 사랑으로 나타난다. 아내는 정절로, 남편은 사랑으로 집안을 가득 채워야 한다.

제4장 불 같은 시련과 성도의 각오

❀ 만물의 마지막에(7–11)

본문에서 베드로는 고난에 대처하고 있는 신자들이 지켜야 할 사항을 말하고 있다.

첫째: 예비하는 삶을 살아야 한다

베드로가 "만물의 마지막이 가까웠다"라고 말한 것은 당시 그리스도인들에게 위로와 용기를 부여하기 위한 것이었다. 세상 사람들은 '먹고 마시고 취하자'라는 속된 슬로건하에 살지만, 그들은 언제 죽을지 언제 심판받을지 모르는 가련한 인생들이다. "정신을 차리고 근신하여 기도함으로써" 준비하는 삶을 살아야 한다.

둘째: 사랑하는 삶을 살아야 한다

사도 바울은 고린도 교인들을 향해서 그리스도인들에게 항상 있어야 할 세 가지, 즉 믿음, 소망, 사랑을 권하였다. 특히 그중에서 사랑이 제일이라고 하며 사랑을 강조하였다. 본문에서 베드로는 고난을 당하여 흩어진 나그네와 같은 신자들을 향하여 "무엇보다 열심히 서로 사랑하라"라고 하였다.

셋째: 봉사하는 삶을 살아야 한다

그리스도인은 받은 바 달란트를 교회를 위하여 하나님의 뜻대로 사용해야 한다. 우리 모두는 하나님께 받은 은사가 있다. 이 은사를 자신을 과시하기 위한 수단이 아닌 하나님의 영광을 위한 수단으로 사용해야 한다. 그러므로 자기 달란트를 따라서 기쁘게 열심히 봉사해야 한다.

결론(結論)

종말은 최후의 봉사의 기회이고 사랑의 기회이며 축복된 삶을 예비하는 기회이다.

제5장 권고와 맺음말

❋ 겸손한 자가 되라(5-6)

베드로는 본문에서 겸손한 자가 되도록 권고한다. 우리 모두가 귀담아 들어야 할 중요한 교훈이다.

첫째: 젊은이들은 장로들에게 순복해야 한다

사회적인 신분이나 지위의 고하를 떠나서 모든 성도는 교회의 장로, 즉 지도자에게 순복하도록 해야 한다. 이것은 하나님께서 명하신 질서이기 때문에 아무도 이의를 제기할 수 없으며, 이를 거부하는 사람들은 결국 하나님을 거부하는 것이 된다. 주의 종을 합당한 예로 대우하고 따라야 하나님께서 기뻐하신다.

둘째: 장로들도 겸손해야 한다

우리의 목자장이신 주님은 겸손하신 분이요, 또한 우리에게 겸손의 본을 보이신 분이시다. 지도자들은 이 사실을 알아 스스로 높이는 어리석음을 범하지 않도록 조심해야 한다. 겸손은 그리스도께 속한 것이나 교만은 마귀의 성품이다. 겸손의 중요성에 관해서는 아무리 강조해도 지나치지 않다.

셋째: 하나님은 겸손한 사람에게 은혜를 베푸신다

성경은 "겸손은 존귀의 앞잡이"(잠 15:33)요, "교만은 패망의 선봉"(잠 16:18)이라고 경고한다. 하나님께서 교만한 자의 집을 헐어버리신다(잠 15:25)는 것이다. 교만한 사람은 하나님의 원수가 되고, 겸손한 사람은 은혜를 받는다. 은혜 아래 있는 자가 승리하며, 은혜 아래 있는 자가 형통하게 된다.

결론(結論)

우리가 몸담고 있는 교회에 문제가 발생하고 있다면 그것은 남을 탓하는 나의 교만 때문이다.

베드로후서

서론

<table>
<tr><td>주 제</td><td colspan="3">참된 예언과 거짓 선생</td><td>저자</td><td>베드로</td><td>기록장소</td><td>로마</td></tr>
<tr><td>기록 연대</td><td colspan="3">A.D. 66-67년경</td><td>대상</td><td colspan="3">흩어진 유대인과 세계 각지의 그리스도인</td></tr>
<tr><td>대 지</td><td colspan="3">그리스도인의 성숙한 인격</td><td colspan="2">거짓 교사들에 대한 정죄</td><td colspan="2">주의 재림에 대한 확신</td></tr>
<tr><td rowspan="2">구 분</td><td colspan="7">1:1 1:15 2:1 2:4 2:10 3:1 3:8 3:18</td></tr>
<tr><td>그리스도 안에서의 성장</td><td>믿음의 근거</td><td>위험</td><td>멸망</td><td>예증</td><td>기록하는 자들</td><td>주의 날</td></tr>
<tr><td>요 절</td><td colspan="7">“교묘히 만든 이야기를 따른 것이 아니요…친히 본 자라”(1:16)</td></tr>
</table>

베드로후서 이해

베드로전서가 외적인 고난에 대한 위로와 격려의 내용을 다루고 있는 반면, 본서는 교회 안에서 발생한 내적인 문제 즉 배교와 거짓 교사들의 잘못된 가르침에 대한 경고와 영적 성숙을 통한 극복을 그 중심 주제로 하고 있다.

당시 초대교회에는 많은 이단자들이 발생하여 성도들을 잘못된 길로 인도하며 교회를 분열과 파괴의 위기로 몰고 갔다. 이에 성도들의 신앙이 성숙해야 거짓 교사들의 위험을 능히 극복할 수 있다는 사실을 깨달은 베드로는 본서를 통해 하나님의 말씀 위에 기초한 견실한 신앙관을 견지함으로써 간계한 이단의 가르침으로부터 자신을 보호할 것을 간곡히 당부하고 있다.

본서는 크게 세 부분으로 구분된다. 첫째, 1장으로서 간략한 인사와 축복으로 본서를 시작하는 베드로는 하나님의 부르심을 받은 성도는 택함을 받은 자에 합당한 삶을 살기 위해 힘써 노력해야 한다고 권고한다. 둘째, 2장으로서 베드로는 거짓 교사와 거짓 선지자들을 겨냥하여 그들의 그릇됨을 통렬히 지적함과 동시에 그들이 받을 심판과 멸망을 선포한다. 그리고 셋째는 3장으로서, 그리스도의 재림이 임박했음을 상소한 후 베드로는 주의 재림에 대비하는 거룩하고 경건한 삶을 살 것을 촉구한다.

본서가 누차 권면하고 있는 바와 같이 우리는 그리스도를 아는 단계에만 머물러서는 안 된다. 그 말씀을 마음 가운데 새기고 실생활에 적용해야만 그리스도의 장성한 분량까지 성장할 수 있으며, 그렇게 될 때만이 거짓 교사의 유혹을 물리칠 수 있기 때문이다. 아울러 우리는 주의 재림을 기다리는 자로서 "이 모든 것이 이렇게 풀어지리니 너희가 어떠한 사람이 되어야 마땅하뇨 거룩한 행실과 경건함으로 하나님의 날이 임하기를 바라보고 간절히 사모하라"(3:11, 12)는 본서의 메시지를 결코 잊어서는 안 될 것이다.

기록 목적

저자는 3장 1-4절에서 자신의 저술 목적을 밝힌다. 즉 그는 그리스도의 재림에 대해 비웃거나 조롱을 일삼는 자들이 나타나서 신자들을 미혹하기 때문에 그들에게 예언자들의 말씀과 사도들의 가르침을 상기시켜 재림에 대한 확신을 심어주기 위해 이 글을 쓴 것이다. 베드로는 이와 같은 목적의식에 따라 죽음을 앞둔 자의 유언 형식으로 주님의 재림이 확실히 있을 것이라고 강조한다. 본서는 재림에 대한 그릇된 견해를 시정하기 위한 목적 외에도 이단자들에게 미혹되지 말 것을 권면함과 동시에 그들에 대한 심판을 예고하기 위한 목적으로도 집필된 것이다(2:1-22).

기록 배경

우리는 인사말 속에서 이 편지의 기자가 바로 시몬 베드로(시몬은 그의 본명이며, 베드로는 예수께서 그에게 주신 새 이름이다)임을 발견한다. 그는 뒤에서 이 편지가 같은 독자들에게 보내는 두 번째 편지임을 밝힌다(3:1). 이로써 우리는 이것이 그가 소아시아(오늘날의 터키)의 신자들에게 보내는 두 번째 편지라는 사실을 알게 된다(벧전 1:1). 베드로가 바울과 마찬가지로 A.D. 68년 6월에 죽은 네로 황제의 칙령에 의해 죽임을 당한 사실을 감안할 때, 그가 이 편지를 쓴 것은 로마에서 처형을 당하기 직전인 A.D. 66-67년경이었을 가능성이 가장 높다(1:13-15).

고대와 현대의 일부 학자들은 베드로전서와 베드로후서 사이의 주목할 만한 유사성을 간과했다. 도리어 그들은 두 편지 사이의 차이를 강조하면서 베드로가 이 편지의 기자가 아니라고 주장했다. 그러나 두 편지 사이의 내용과 어휘와 강조점과 문체의 차이는 두 편지를 기록할 당시 베드로와 독자들이 처해 있던 상황의 차이에 의해 쉽게 설명될 수 있다. (1) 이 편지의 수신자들이 처한 상황은 세상의 외적인 박해 위협으로부터 거짓 선생들에 의한 교회 내부의 내적인 타협의 위협으로 바뀌었다. 베드로는 이런 거짓 선생들이 교회 진리의 기초를 훼손하면서 신자들을 그리스도를 따르는 참된 목적으로부터 이탈시키도록 내버려두어서는 안 된다는 사실을 강조하기 위해 이 편지를 썼다. (2) 베드로가 처한 상황 또한 달라졌다. 그가 첫 번째 편지를 쓸 때는 헬라어에 능통한 실라의 도움이 있었다(벧전 5:12). 그러나 이 편지를 쓸 때는 그의 도움을 받을 수 없었던 것으로 보인다. 그리하여 이 편지를 쓸 때 베드로는 그 자신의 갈릴리식의 투박한 헬라어를 사용하거나 혹은 실라보다 헬라어에 덜 능통한 대필자의 도움을 받았던 것으로 보인다.

내용 분해

Ⅰ. 인사 1:1, 2

Ⅱ. 참 가르침과 거짓 가르침 1:3-2:3

A. 덕을 추구하는 삶 1:3-11

B. 베드로의 유언 1:12-15

C. 예언의 말씀과 거짓 교사들 1:16-2:3

Ⅲ. 거짓 교사들의 폭로와 그들의 운명 2:4-22

A. 거짓 교사들의 멸망 2:4-10

B. 거짓 교사들에 대한 묘사 2:10-22

Ⅳ. 마지막 때에 미혹하는 자들에 대한 경고 3:1-18

A. 마지막 때에 조롱하는 자들 3:1-7

B. 성도와 하나님의 날 3:8-18

| 장별 핵심 메시지 |

제1장 신앙 성숙에 대한 권면

❋ 보배로운 믿음(1–11)

본문에서 보배로운 믿음을 아름답게 가꿀 수 있는 방법을 상고해 보자.

첫째: 그리스도의 의를 힘입음이다

믿음은 그리스도가 십자가에서 대속하신 의의 공로로 인함이지(롬 3:24-25), 사람의 공로나 노력이 아니다(롬 4:1-2). 이 믿음은 하나님이 주신 약속이요(4), 우리는 믿음으로 구원받고, 믿음으로 하나님을 기쁘시게 하고, 믿음으로 의롭다 함을 얻었으니 성경은 이 믿음을 금보다 더 귀한 보배(벧전 1:3)라고 말씀한다.

둘째: 보배로운 믿음은 성장하는 믿음이다

아무리 귀한 보배라도 닦고 꿰어야 진짜 보배인 것처럼 믿음도 보배처럼 더욱 아름답게 빛내야 한다. 그러기 위해 ① 영광과 덕으로 부르신 하나님을 알고(3), ② 예수님의 성품을 닮아가고(4), ③ 더욱 힘써 덕, 지식, 절제, 인내, 경건, 형제 우애, 사랑을 공급해야 한다. ④ 그리고 열매를 맺어야 한다(8).

셋째: 보배로운 믿음은 그 안에서 즐거워한다

① 믿음으로 죄 사함 받은 사실을 기억하고, ② 더욱 믿음을 굳게

하며, ③ 영원한 하나님의 나라를 바라보면서 즐거워하는 사람이다. 우리가 죄인 되었을 때 그리스도께서 십자가에 죽으심으로 죄 사함을 받았고 영원한 하나님의 나라가 우리에게 주어졌다. 그러니 항상 범사에 즐거운 마음으로 사는 것이 보배로운 믿음이다.

결론(結論)

믿음의 보배를 보화로 여기고 날마다 변화된 삶의 주인공이 되자.

제2장 거짓 선지자에 대한 경고

❋ 이단에 대한 심판(1-6)

사도 베드로는 본서의 본론에 들어와서 교회의 외적 핍박과 내적 교훈과 이단에 대해 밝히고 있다.

첫째: 이단에 대한 훈련

이단의 사설을 가르치는 이들은 거짓 선지자, 거짓 선생들로 멸망케 할 사상을 비밀히 끌어들이고, 자기를 구속하신 그리스도의 은혜를 부인하게 하였다. 이들의 행동은 스스로 파멸하는 길이요, 진리를 훼방하는 것이니 사단의 길인 것이다(계 20:10). 결단코 이들의 죄는 주 앞에 핑계할 수 없다.

둘째: 거짓 선생들의 활동 이유

① 탐심을 가지고 있다: 탐심은 계명을 범하는 것이고(출 20:17), 모든 죄의 근원이 되는 것이다(롬 7:7-8). ② 지은 말을 가지고 전한다: 하나님이 주신 말씀과 가르침이 아닌 자기의 경험과 지식으로 전한다. ③ 사람을 상품화한다: 양떼를 하나님의 백성으로 여기지 않고 상품화하니 심판받을 수밖에 없다(3).

셋째: 하나님의 심판

하나님은 교회를 허물고 하나님의 나라를 훼방하는 이들을 심판하신다. ① 천사가 범죄할 때 하나님은 지옥의 심판을 받게 하셨다(4; 사 14:12-20). ② 노아를 그 가족과 함께 건져 내시고, 경건치 아니한 이들을 홍수로 심판하셨으며(5; 창 6-8) ③ 소돔과 고모라가 성적으로 타락할 때 유황불로 심판하셨다(창 19:1-28).

결론(結論)

하나님의 교회는 말씀 위에 굳건히 서서 이단에 휩싸이지 말고 믿음을 굳게 하여 악한 세력을 이겨야 한다.

제3장 주의 재림과 성도의 준비

❁ 마지막 때의 삶(8-13)

바른 신앙을 가진 사람은 바른 생활을 해야 한다. 과연 어떻게 사는 것이 성도의 바른 삶인가?

첫째: 영원하신 하나님을 잊지 말아야 한다

주님께서는 하루가 천 년 같고 천 년이 하루 같다(시 90:4)고 말씀하셨다. 이는 하나님의 영원하심과 인간의 유한함을 드러내는 말씀이다. 성도는 영원하신 하나님과 함께 사는 영생을(요 17:3) 누릴 것을 바라보며 하나님을 의지하고 살아야 한다. 결코 자신의 유한성에 얽매이지 말아야 한다.

둘째: 전도를 지속해야 한다

주님의 재림이 지연되는 것은 이유가 있다. 주님은 오래 참으사 아무도 멸망치 않게 하시려는 뜻이 있으시기 때문이다. 예수 믿어 구원받은 성도가 이 땅에 더 살아남아 있어야 하는 이유는 오직 복음을 전도하여 하나님의 나라 확장을 이루기 위함이다. 모든 교회는 국내 전도뿐 아니라 해외 선교도 해야 한다.

셋째: 하나님 앞에서 살아야 한다

주님이 재림하시면 모든 것이 벌거벗은 것처럼 드러나고 불타 없어진다. 성도는 그날이 아닌 지금 하나님 앞에서 마음을 내어놓고 살아야 한다. 언제 주님이 오실지 모르나(10), 그날이 오면 인간이 쌓은 모든 것은 순식간에 사라진다(10). 그러므로 거룩한 행실과 경건함으로 그날을 사모해야 한다(12).

결론(結論)

우리가 하나님의 자녀로 하나님의 뜻을 좇아 살 때에 많은 사람들을 구원으로 인도할 수 있다.

요한일서

서론

<table>
<tr><td>주 제</td><td colspan="2">하나님과 그리스도인의 교제</td><td>저 자</td><td>사도 요한</td><td>기록장소</td><td>에베소로 추정</td></tr>
<tr><td>기록연대</td><td colspan="2">A.D. 90년경</td><td>대 상</td><td colspan="3">세계 각지의 성도들</td></tr>
<tr><td>대 지</td><td colspan="3">교회의 근거</td><td colspan="3">교회의 실천</td></tr>
<tr><td rowspan="2">구 분</td><td colspan="6">1:1 2:15 2:28 5:4 5:21</td></tr>
<tr><td>교제의 조건</td><td>교제에 있어서 유의점</td><td colspan="2">교제의 특성</td><td colspan="2">교제의 결과</td></tr>
<tr><td>요 절</td><td colspan="6">“우리도 빛 가운데 행하면…모든 죄에서 깨끗하게 하실 것이요”(1:7)</td></tr>
</table>

요한일서 이해

본서는 ‘기독교 교리서’, ‘사랑의 편지’ 등의 별명이 붙어 있다. 이 두 별칭이 보여 주듯이 요한일서의 주제는 성도와 하나님과 교제 및 예수님에 대한 건전한 신학 정립, 그리고 성도 상호간에 있어서의 하나님 사랑의 실천 등으로 압축될 수 있다. 이와 같은 주제를 가진 본서는 내용상 크게 두 부분으로 나누어진다. 첫째는 1, 3장까지로 성도와 하나님과의 교제 및 그 교제 조건을 언급한 부분이며, 둘째는 3-5장까지로, 교제의 실천적 측면으로 성도들의 삶 가운데 사랑을 나타낼 것을 강조한 부분이다.

특히 사도 요한이 이토록 강력하게 이 두 주제를 강조한 데에는 다음과 같은 배경이 있다. 이 편지를 쓴 것이 초대교회가 세워진 지 50년 정도 밖에 안 된 때였다. 초대교회 성도들은 교회가 세워지는 과정에서는 물론이고 이후에도 안팎의 시련에 시달렸다. 밖으로부터는 당시의 집권자들과 이방 문화의 박해가 있었고, 안에서는 각종 이단 사상과 분열이 있었다. 요한은 그중에서도 가장 심각한 교회의 내부적 문제인 이단 사상과 분열 문제에 대한 신앙적이고도 실천적인 해결 방안을 제시하기 위해 펜을 들었던 것이다.

당시 이단의 대표적인 영지주의자들은 이 세상이 하나님에 의해서 창조된 것이 아니라고 주장했으며 예수님은 단순한 역사상의 위대한 성인일 뿐이라고 했다. 구원에 대해서도 특별한 지식 체계가 필요하며 그 지식은 자신들, 곧 영지주의에 있다고 사람들을 유혹했다. 이에 사도 요한은 예수님이 곧 하나님이시라는 것과 믿음으로만 구원받을 수 있음을 단호히 선언했던 것이다. 또한 교회 분열에 대해서 사랑을 실천하여 하나 됨을 이루어야 할 것을 촉구했다.

오늘날의 교회를 볼 때, 몇몇 지역을 제외하고는 외부로부터의 핍박이나 위협으로 인해 어려움을 겪는 교회는 많지 않다. 오히려 평온한 환경 속에서 대부분의 교회가 이단과 분열이라는 문제를 심각하게 앓고 있다. 바로 이러한 시대에 살고 있는 우리에게 요한일서는 참된 신앙생활의 지침을 제시해 준다.

기록 목적

요한은 '하나님의 아들의 이름을 믿는'(5:13) 이들에게 영생에 대한 확신을 주기 위해 편지를 쓴다고 밝히고 있다. 그의 편지를 읽는 독자들은 거짓 교리를 가르치는 거짓 교사들과의 분쟁이 해결되지 않아 자기들의 영적 상태에 대해 의구심이 생기고 있었다. 요한은 이러한 가르침을 '미혹'(2:26, 3:7)이라고 말했으며 그러한 교사들을 '거짓 선지자'(4:1), '거짓말하는 자'(2:22), '적그리스도'(2:18, 3:7)라고 불렀다. 그들은 한때 교회 안에 있던 자들이나 지금은 나간 자들(2:19)로서 그들은 위험한 이단을 전파하기 위해 '세상에 나왔다'(4:1).

당시의 이단은 2세기 영지주의의 선두주자 역할을 했는데 모든 물질은 본질적으로 악하고 모든 영은 본질적으로 선하다고 가르쳤다. 이러한 이원론적 관점으로 거짓 교사들은 그리스도의 성육신을 부정하고 부활도 인정하지 않았다. 진정한 신은 혈과 육으로 이루어진 물질적인 육체에 살 수 없다고 가르치면서, 그러므로 예수께서 입으셨던 인간의 몸은 진짜가 아니라 단지 겉으로 그렇게 보일 뿐이라고 주장했다. 요한은 이와 같은 잘못된 신념에 강하게 대항했다(2:22, 23, 4:3).

기록 배경

예루살렘 멸망(주후 70년) 후 사도 요한이 말년을 보냈던 에베소에서 기록한 것으로 보인다(주후 80-90년경). 당시 초대 교회는 외부적으로 우상을 숭배하던 로마의 도미티아누스(Domitianus, 주후 81-96년)황제의 극심한 박해를 받고 있었다. 또한 교회는 헬라 철학의 영향을 받아 영지주의를 유포하는 거짓 교사들의 활동으로 인해 혼란을 겪고 있었다. 이러한 상황에 처해 있는 교회가 진리의 말씀으로 온전히 서도록 하기 위해 본서를 기록하였다.

내용 분해

Ⅰ. 성육신 1:1-10

A. 인간의 모습으로 오신 하나님 1:1-4

B. 빛이신 하나님 1:5-10

Ⅱ. 의인의 삶 2:1-19

A. 빛 가운데로 걸어가는 인생 2:1-17

B. 적그리스도의 영에 대한 경고 2:18-29

Ⅲ. 하나님의 자녀의 삶 3:1-4:6

A. 의 3:1-12

B. 사랑 3:13-24

C. 믿음 4:1-6

Ⅳ. 사랑의 근원 4:7-21

Ⅴ. 의의 승리 5:1-5

Ⅵ. 영생의 확신 5:6-12

Ⅶ. 그리스도인의 확신 5:13-21

| 장별 핵심 메시지 |

제1장 하나님과의 교제

❁ 진실한 믿음(5-10)

요한은 거짓된 신자들의 타성을 강력하게 지적하고 있다. 그리고 진실한 믿음을 가지라고 권고한다.

첫째: 빛 가운데 행하라

본문은 하나님에 대해 빛이시며 그에게는 어두움이 전혀 없으시다고 말하고 있다. 따라서 성도는 하나님의 모습을 닮은 자이기 때문에 하나님의 빛 된 속성을 드러내야 한다. 성도의 삶을 통하여 사람들에게 하나님의 자녀의 삶이 무엇인지 분명하게 보여야 하며 어두운 죄의 모습을 보여선 안 된다.

둘째: 진리 가운데 행하라

성도는 하나님의 말씀으로 사는 자다. 말씀을 떠나서는 아무 의미도 가지지 못한다. 말씀은 곧 진리이고 성도의 능력이다. 말씀을 붙잡고 사는 자가 악한 세력과 싸워 이길 수 있고 하나님의 영광을 드러낼 수 있다.

셋째: 죄를 자백하라

자신이 죄인임을 거부하는 자들이 있다. 그러나 성경은 모든 사람이 죄인이라고 말한다. 만일 어떤 사람이 죄가 없다고 한다면 그 사람에게는 그리스도와 그리스도의 속죄가 필요하지 않다. 그러므로 죄가 없다 하는 것은 그리스도를 부인하는 결과를 가져온다.

결론(結論)

진실한 믿음은 그의 신앙고백과 행위로 드러난다. 진리 위에 서서 빛으로 드러나는 삶을 살아야 한다.

제2장 적그리스도에 관한 경고

❁ 적그리스도를 알자(18-29)

어떠한 자들이 적그리스도이며 그들의 행동은 어떤 것인가를 알아보자.

첫째: 적그리스도의 출현

예수께서는 제자들에게 종말의 징조를 여러 가지로 말씀해 주셨다. 그중에는 마지막 날에 거짓 선지자가 많이 일어나 많은 사람을 미혹하며 또한 많은 사람들의 사랑이 식어지리라는 말씀이 있었다(마 24:11-12). 과연 이 예언대로 요한 당시에 적그리스도가 출현하였다. 출현할 때는 천사의 모습으로 가장하여 나타난다.

둘째: 잘못된 교리

예수 그리스도께서는 인성과 신성을 동시에 가지고 계신 분이다. 그러나 요한 당시의 영지주의자들은 예수께서 그리스도이심을 부인하였다. 그들은 물질은 근본적으로 악한 것이요 영은 근본적으로 선한 것이라고 생각했다. 그러므로 그들은 인간의 육체와 하나님이 한 몸으로 결합된 존재를 생각할 수 없었다.

셋째: 잘못된 행동

그들은 성도들의 신앙을 굳게 세워주는 자들이 아니라 미혹하는 자들이었다. 결국 그들은 스스로 교회를 떠났다. 요한은 그들이 떨어져 나간 것은 하나님의 백성이 아니었음을 스스로 보여주는 것이라고 말하고 있다. 이처럼 형제 사랑을 실천하지 못하고 분열을 일으키는 것이 적그리스도인들의 행동이다.

결론(結論)

오늘날 우리 교회 안에는 빛의 천사를 가장하면서 오류와 분열을 조장하는 자들이 없는지 점검해야 한다.

제3장 하나님의 자녀의 삶

❋ 의로운 삶이 원천(1–12)

요한은 성도들에게 의롭게 살 것을 가르친다. 과연 성도들이 의롭게 살아야 할 이유는 어디에 있는가?

첫째: 그리스도는 죄가 없으시기 때문이다

예수 그리스도는 우리의 죄를 대신 지신 분으로, 죄가 전혀 없으시다(고후 5:21; 히 4:15). 그는 인간들로 하여금 죄를 짓게 유혹하는 마귀의 일을 멸하셨다. 이처럼 죄가 '없으시고' 죄를 '없게 하시는' 그리스도를 믿는 우리들은 그리스도의 성결하심을 바라보며 의롭게 살아야 한다.

둘째: 하나님의 씨가 성도 안에 있기 때문이다

하나님의 씨는 하나님의 성품이라고 할 수 있다(벧후 1:4). 인간은 하나님의 형상을 따라 창조되었다(창 1:27). 이 형상은 하나님의 성품을 말하는 것이다. 그러나 아담의 타락으로 인해 인간 속에 있는 하나님의 형상이 상실되었다. 이 상실의 회복을 위하여 주님의 구속이 필요하게 된 것이다.

셋째: 물과 성령으로 거듭났기 때문이다

예수께서는 사람이 물과 성령으로 거듭나야만 하나님의 성품을 회복할 수 있다고 가르쳐 주셨다(요 3:1-6). 비록 연약하여 넘어지는 일이 있을지라도 성도는 하나님으로부터 나온 자들이라는 사실을 알기에 죄를 짓는 것을 즐기지 않고 습관적으로 반복하지 않는 것이다.

결론(結論)

재림하실 그리스도를 만나기 소망하는 자마다 그의 깨끗하심과 같이 깨끗한 삶을 살아야 한다.

제4장 거짓 영들의 분별

❄ 영 분별(1–6)

사도 요한은 본문에서 진리의 영과 거짓 영을 분별하는 기준을 말하고 있다.

첫째: 예수 그리스도의 성육신을 시인하는가?

예수께서는 말씀으로 하나님과 함께 계시다가 인간의 형상을 입고 이 땅에 오신 분이다(요 1:14). 그러나 영지주의자들은 이 성육신을 믿지 못하였다. 그들은 예수 그리스도 안에 있는 신성과 인성을 분리하였다. 그래서 인간 예수께서 십자가에 못 박혀 죽으실 때 신성은 죽지 않고 올라가셨다고 주장했다(가현설). 이것은 이단의 주장이며 거짓 영의 주장이다. 요한은 예수 그리스도께서 육체로 오신 것을 시인하지 않는 영은 하나님께 속하지 아니하였고 적그리스도의 영이라고 분명하게 가르치고 있다.

둘째: 사도의 가르침에 순종하는가?

사도 요한을 비롯한 사도들은 예수님의 공생애 기간 동안 그와 함께 생활하면서 그에게서 배우고 그의 행함과 기적과 수난과 부활을 목격한 제자들이다. 그러므로 그들의 가르치심은 당시 어느 누구보다도 권위가 있고 확실한 것이었다. 그렇기 때문에 그 사도들의 가르침에 순종하는가, 순종하지 않는가 하는 판단 기준이 당시에 진리의 영과 미혹의 영을 분별하는 기준이 되었다. 사도들의 가르침은 성경에서 오늘날까지 권위가 있음을 말씀하고 있다.

결론(結論)

성도는 하나님의 말씀을 통하여 미혹의 영을 분별하고 물리칠 수 있도록 해야 한다.

제5장 그리스도인의 승리 생활

❋ 하나님께로서 난 자(1–5)

요한은 이제 하나님께로서 난 자는 믿음이 있는 자요 믿음은 세상에서 승리의 삶으로 인도한다는 것을 가르쳐 주고 있다. 이들의 삶은 두 가지로 요약된다.

첫째: 계명을 지킨다

여기서 계명이란 하나님을 사랑하고 형제를 사랑하는 것이다. 즉 하나님과 형제를 사랑한다는 것은 곧 계명을 지키는 것이다. 그런데 보통 계명이라고 하면 지키기 어려운 것으로 여겨진다. 그러나 주의 계명은 지키기 힘든 것이 아니다. 하나님을 사랑하지 않고 그의 계명을 지키기는 어렵지만 그를 사랑함으로 능히 계명을 지킬 수 있다. 그러므로 예수 그리스도를 믿는 자의 삶은 형제를 사랑하라는 계명을 지키는 삶이다.

둘째: 세상을 이긴다

하나님을 거역하는 죄악 된 세상을 이긴 분은 그리스도이시다. 그분은 죄와 사망의 권세를 이기셨다. 그러므로 그분 안에는 승리만이 있다. 또한 그리스도를 믿는 자도 세상에서 승리하는 권세를 가졌다. 이 권세는 그리스도를 믿는 믿음에서 나온 것이다. 현실을 살아가는 성도들은 예수님을 아들로 믿는 믿음으로 세상을 이겨 나가야 한다. 과거에 세상에서 승리하신 그리스도를 믿음으로, 성도들은 현재의 삶에서 그리고 미래에도 세상을 이기게 되는 것이다.

결론(結論)

하나님께로서 난 자들은 형제를 사랑한다는 계명을 잘 지킨다. 또한 하나님을 거역하는 죄악 된 세상에서 믿음으로 승리의 삶을 살게 된다.

요한이서

서론

<table>
<tr><td>주 제</td><td colspan="3">진리를 지킴</td><td>저 자</td><td>사도 요한</td><td>기록장소</td><td>에베소</td></tr>
<tr><td>기록연대</td><td colspan="3">A.D. 90년경</td><td>대 상</td><td colspan="3">세계 각지의 성도들</td></tr>
<tr><td>대 지</td><td colspan="3">그리스도의 성품</td><td colspan="4">그리스도인의 신앙</td></tr>
<tr><td rowspan="2">구 분</td><td colspan="7">1절 4절 45절 7절 10절 11절 15절</td></tr>
<tr><td>문안</td><td>진리
안에서의
교제</td><td>사랑으로
행함</td><td>거짓 가르침</td><td>거짓 교사
들을 피함</td><td colspan="2">축복</td></tr>
<tr><td>요 절</td><td colspan="7">“우리 안에 거하여…진리를 말미암음이로다”(2절)</td></tr>
</table>

요한이서 이해

요한이서도 역시 예수님의 제자였던 사도 요한이 쓴 편지로서 요한일서의 내용을 보충할 목적으로 쓰였다. 곧 본서는 요한일서의 축소판이라 할 수 있으며 발송자와 수신자, 인사 등이 언급되어 있는 서신 형식에 충실한 개인적 성격의 사신이다.

사도 요한은 이 두 번째 편지에서도 우선 사랑을 몸소 실천함으로써 진리를 행하며 성도들 간에 서로 참된 교제를 나누라고 말한다. 사도 요한은 사랑을 그리스도인들이 가져야 할 여러 덕목 중 하나로서가 아니라 기독 신앙의 진리와 계명의 핵심으로 규정하여 우리에게 가르치고 있다.

그리고 교회 내에 침투해 들어온 영지주의 거짓 교사들과는 상종도 하지 말라고 말한다. 왜냐하면 거짓 교사들은 양의 탈을 쓴 이리처럼 겉으로는 진리를 말하는 것 같으나 결국에는 성도들을 멸망으로 이끌어 가기 때문이다. 당시 영지주의에는 여러 유파가 있었는데 그들의 주장 중 초대교회에 가장 큰 위협이 되었던 것은 예수 그리스도의 인성에 대한 부인이었다. 즉 그들은 모든 육체적인 것은 악하다는 영육 이원론에 근거하여 메시아인 그리스도가 육체를 입는다는 것은 불가능하다고 여겨 성육신을 부인했던 것이다.

오늘날 우리 주위에는 각종 이단들이 만연해 있다. 심지어 성경은 전체적으로 세상 끝날이 다가올수록 더욱 이단이 무성할 것이라고 예언해 주고 있다. 이런 때에 이단들과는 상대조차 하지 말라는 요한이서의 말씀은 오히려 현대의 우리에게 더욱 필요한 말씀이라 하겠다. 또한 우리는 그리스도께서 명하신 삶의 방식대로(1:6) 살고 있는지 늘 돌아보아야 할 것이다. 그리스도인의 삶에 있어서 핵심은 바로 사랑이다.

기록 목적

처음 두 세기(1세기와 2세기) 동안 그리스도의 복음은 여러 지역을 여행하며 사역하는 순회 복음 전도자들과 교사들에 의해 사방으로 퍼졌다. 그리스도인들에게 있어 이런 사역자들을 자신의 집으로 영접하여 그들의 필요를 채우고 사역을 후원하는 것은 통상적인 일이었다. 그러나 거짓 선생들도 이런 습관을 의지했기 때문에, 요한은 '택하심을 받은 부녀'에게 순회 사역자들을 자신의 집으로 영접함에 있어 분별이 필요함을 경고하기 위해 이 편지를 썼다. 요한은 신자들에게 그리스도와 그의 사도들이 가르친 본래적인 교훈과 합치되지 않는 메시지를 가르치는 자들을 후원해서는 안 된다고 경고했다. 그리고 이 편지에서 요한은 자신의 첫 번째 편지에서 정죄했던 거짓 교훈을 또다시 논박한다.

기록 배경

본 서신에서 기자는 스스로를 '장로'라고 부른다(1절). 이것은 1세기의 마지막 20년(즉 A.D. 80년부터 100년까지) 동안 많은 그리스도인들이 사도 요한을 부르기 위해 사용한 존귀의 호칭이었던 것으로 보인다. 또 요한이 아마도 장로 혹은 목사로 에베소 교회에서 섬겼을 수도 있다. 그 기간 동안 그는 나이도 많을 뿐만 아니라 아직까지 생존해 있는 유일한 사도(그리스도께서 자신의 본래적인 메시지를 전파하고 그의 교회를 세우도록 직접 위임하신 자들)로서 매우 특별한 위치에 있었다. 요한은 그리스도께서 지상에 계셨을 때 그의 가장 가까운 제자 가운데 한 사람이었다(요한복음과 요한일서 참조).

요한은 이 편지를 '택하심을 받은 부녀와 그의 자녀들'에게 보낸다(1절), 어떤 사람들은 이것을 상징적으로 해석하면서 '택하심을 받은 부녀'(the chosen lady)는 지역 교회를, '그의 자녀들'은 그 교회의 지체들을, 그리고 '택하심을 받은 네 자매의 자녀들'(13절)은 또 다른 신자들의 무리를 가리키는 표현으로 이해한다. 한편 다른 사람들은 그것을 소아시아 지역(오늘날의 터키)의 교회 공동체들 가운데 한 곳에 있는 특별한 그리스도인 과부를 가리키는 표현이라고 문자적으로 해석한다. 이 경우 그녀의 자녀들(1절)과 그녀의 자매의 자녀들(13절)은 그 지역의 교회들 가운데 잘 알려진 사람들이었을 것이다. 요한의 다른 편지들과 마찬가지로, 이 편지 역시 A.D. 80년대 후반기에서 90년대 전반기 사이에 에베소에서 기록된 것으로 보인다.

내용 분해

Ⅰ. 도입 1-5

A. 인사 1, 2

B. 축복 3

Ⅱ. 충성됨을 칭찬 4

Ⅲ. 권고 5-11

A. 서로 사랑하라 5, 6

B. 잘못된 사상을 거절하라 7-11

Ⅳ. 결론 12, 13

요한이서

| 장별 핵심 메시지 |

제1장 사랑의 실천과 거짓 교사에 대한 경계

❀ 미혹하는 자(7–10)

종말과 관련된 여러 가지 징조들을 가르치면서 주님이 특별히 미혹을 받지 말도록 경계하셨음을 일깨운다.

첫째: 예수께서 육체로 임하심을 부인함

물질 자체를 악하게 보는 사람들에게 있어서 예수의 성육신에 관한 말씀은 받아들일 수 없는 것이었는데, 초대 교회에 이같은 생각을 가진 이단들이 활동하고 있었다. 그들은 성경을 알지 못하는 자들이며, 하나님의 권위와 능력에 대해서도 무지한 자들이다. 하나님의 권위와 능력에 대해서도 무지한 자들이다. 그리스도교의 모든 교리와 가르침은 성경만이 유일한 근거가 된다.

둘째: 예수의 교훈 안에 거하지 아니함

미혹하는 자들은 예수의 교훈 안에 거하지 아니한다. 그들은 예수께 속한 자들이 아니라 미혹케 하는 영과 귀신의 가르침을 좇는 자들이기 때문에 예수의 교훈 안에 거하는 것이 불가능하다. 열매로 나무를 알 수 있듯이 열매로 미혹하는 자, 거짓 선지자들을 분별할 수 있는데 주의 교훈에 거하지 않으면 미혹하는 자들이다.

셋째: 집에 들이거나 인사해서는 안됨

종말과 관련된 징조들을 가르치실 때 주님은 미혹 받지 말도록 경계하셨다. 성도들은 거짓 선지자들, 미혹하는 자들에 대해 단호한 태도를 취해야만 한다. 그들을 집으로 영접해서는 안된다. 그들은 우리의 이웃도 친구도 될 수 없으므로 단호이 끊어버려야 한다. 성도가 마귀에 대해 취할 태도는 대적하는 것뿐이다.

결론(結論)

우리는 주께서 경계하신 말씀을 좇아 미혹하는 자들을 주의하며 살피고 물리치도록 해야 한다.

요한삼서

서론

<table>
<tr><td>주 제</td><td colspan="2">사역에 대한 협력과 반대</td><td>저 자</td><td>사도 요한</td><td>기록장소</td><td>에베소로 추정</td></tr>
<tr><td>기록연대</td><td colspan="2">A.D. 90년경</td><td>대 상</td><td colspan="3">세계 각지의 성도들</td></tr>
<tr><td>대 지</td><td colspan="3">가이오에 대한 칭찬</td><td colspan="3">디오드레베에 대한 책망</td></tr>
<tr><td rowspan="2">구 분</td><td>1절</td><td>2절</td><td>5절</td><td>9절</td><td>12절</td><td>13절 15절</td></tr>
<tr><td>문안 인사</td><td>가이오의 경건함</td><td>가이오의 관용</td><td>디오드레베의 교만</td><td>데메드리오에 대한 칭찬</td><td>축복</td></tr>
<tr><td>요 절</td><td colspan="6">“내 자녀들이…더 즐거움이 없도다”(4절)</td></tr>
</table>

요한삼서 이해

사도 요한의 세 번째 편지인 요한삼서는 가이오라는 한 개인에게 보낸 것으로 형식이나 내용 면에 있어서 완벽한 서신의 형태를 취하고 있다. 따라서 교회 전체를 향해 쓴 요한일서, 요한이서와는 그 성격이나 형식이 다른 별도의 편지라 하겠다.

이 편지에서 요한은 복음 전파를 위해 아무런 보수도 없이 애쓰는 순회 전도자들의 이야기를 하고 있다. 초대교회 당시에는 복음 전파 즉 전도를 위해서 세계 각지를 여행하며 말씀을 가르치는 순회 전도자들이 있었다. 사도 요한은 교인들을 향하여 바로 이 전도자들을 잘 대접하라고 교훈하고 있다. 사도 요한은 주님과 함께 천국 복음을 전하며 떠돌아다니는 생활을 많이 했기 때문에 순회 전도자들에게 따뜻한 환대가 필요하다는 사실을 그 누구보다 깊이 절감했을 것이다. 때문에 그는 성도들에게 소아시아 전역에 걸쳐 그리스도의 복음을 전파하며 여행하는 순회 전도자들을 따뜻하게 맞아들이고, 필요한 물품을 공급하라고 촉구한다. 이는 순회 전도자들을 후원하고 격려함으로써 하나님의 나라를 확장하는 데 일익을 감당할 기회를 가질 수 있기 때문이다.

아울러 이들에 대한 가이오의 선행을 칭찬하는 동시에 순회 전도자들을 교회에서 몰아낸 디오느레베를 책망하고 있다.

이런 순회 전도자들이 오늘날에 더욱 요청되고 있지만, 모든 성도가 다 선교사나 전도 여행자가 될 수는 없다. 또한 이런 전도자들에겐 영·육 간의 후원이 필요하다. 따라서 일반 지도자나 평신도들은 본서의 가이오처럼 이들을 잘 도와주는 후원자로서 주의 사업에 동참해야 할 것이다.

기록 목적

요한이서가 거짓 교사들의 문제를 다루고 있다면, 이 편지에서는 참된 신리를 선파하는 참된 순회 설교자들과 관련된 당부이다. 앞서 요한은 거짓 교사들을 영접하지 못하도록 금했고 여기서는 참된 교사들을 영접하라고 격려한다. 하지만 디오드레베는 요한의 권위에 도전했다. 그가 어떤 교회에 소속되었는지는 알려지지 않았으나 다른 사람들 위에 군림하기를 좋아하던 자였다. 더욱이 그는 순회 선교사들을 영접하기를 거부했고 다른 성도들이 그들을 대접하려는 것까지 방해했다. 혹 교회 중에 순회 교사들을 영접한 자가 있으면 디오드레베는 그들을 파문시키는 일까지 서슴치 않았다. 요한은 순회 교사들을 영접한 가이오를 칭찬하며 디오드레베의 몰인정한 행위를 꾸짖는다.

기록 배경

요한이서, 요한삼서의 유사성은 두 서신이 거의 같은 때에 쓰여졌음을 암시한다(A.D. 90년). 초기 기독교 저작자들은 한결같이 요한의 후기 전도 사역의 근거지가 로마령 아시아의 중심 도시인 에베소였음을 증거하고 있다. 분명히 요한은 많은 전도자들을 파견하여 복음을 전파하고, 아시아 교회가 견고해지도록 지원하였다. 성도들은 전도자들을 집으로 맞아들여 여러 가지 도움을 제공했다.

본서에 수신자로 나오는 가이오라는 이름은 로마 시대에는 흔했으며 이 이름을 가진 사람은 신약 성경에 여기 외에도 세 사람이나 나온다. ① 바울과 동행한 마게도냐 사람 가이오(행 19:29), ② 아시아까지 바울과 동행한 더베 사람 가이오(행 20:4), ③ 고린도에서 전도할 때 호의를 베푼 사람이며 바울에게 세례를 받은 가이오(롬 16:23; 고전 1:14). 그러나 본서에서 언급된 가이오는 아시아에서 살았던 것이 분명하므로 이 세 사람과는 구별해야 한다.

내용 분해

Ⅰ. 인사 1

A. 강건함을 위한 기도 2

B. 진리를 따라서 사는 태도에 대한 칭찬 3, 4

C. 손님을 영접한 것에 대한 칭찬 5-8

Ⅱ. 디오드레베의 교만함에 대한 비난 9-11

Ⅲ. 데메드리오에 대한 칭찬 12

Ⅳ. 끝맺음 13-15

| 장별 핵심 메시지 |

제1장 선행에 대한 권면

❋ 사랑의 목자(1-4)

본문에서 우리는 참으로 아름다운 "사랑의 목자상"을 보게 된다.

첫째: 목자의 관심

목자의 유일한 관심은 양들뿐이다. 그는 높은 지위에 올라 부귀를 누리는 것 따위에는 아무런 관심도 없고 오직 양무리에게만 관심을 집중한다. 이 시대의 목자들이 이와 같아져야 한다. 양들 이외의 다른 것들에 관심이 기울어진 사람들은 이미 타락하기 시작한 것이며, 심각한 문제를 안고 있는 사람이다.

둘째: 목자의 간구

목자의 바람은 성도들의 신앙 상태가 양호하고, 하는 일들이 잘 되며, 육신적으로도 강건함을 유지하여 특별한 어려움 없이 형통한 삶을 사는 것이다. 그러므로 신실한 목회자는 그들을 위해 끊임없이 기도하며 간구하게 된다. 이기적인 바람에 지배되는 목자는 참 목자가 아니라 삯꾼이다.

셋째: 목자의 기쁨

목자의 기쁨은 성도들이 진리 안에서 바로 행하여 하나님을 기쁘시게 하는 것이다. 이것이 목자의 참된 기쁨이 되어야 한다. 더러운 이익을 위해서 일하는 사람들은 섬김을 받으려고만 한다. 주님을 본받아서, 또한 사도들과 경건한 모든 제자들을 본받아서 우리 모두 사랑의 목자가 되어야 한다.

결론(結論)

오늘의 교회들이 새롭게 되려면 하나님께 속한 참 목자들이 많이 나와야 한다.

유
다
서

서론

<table>
<tr><td>주 제</td><td colspan="2">힘써 싸우라</td><td>저 자</td><td>예수의 형제인 유다</td><td>기록 장소</td><td>예루살렘으로 추정</td></tr>
<tr><td>기 록 연 대</td><td colspan="2">A.D. 70-80년</td><td>대 상</td><td colspan="3">유대 그리스도인과 세계 각지의 그리스도인</td></tr>
<tr><td>대 지</td><td colspan="2">목적</td><td>거짓 교사들에 대한 진술</td><td>거짓교사들에 대한 반박</td><td colspan="2">송영</td></tr>
<tr><td rowspan="2">구 분</td><td colspan="6">1절 5절 8절 14절 17절 24절 25절</td></tr>
<tr><td>서론</td><td>과거의 심판</td><td>현재의 특징</td><td>미래의 심판</td><td>성도의 의무</td><td>결론</td></tr>
<tr><td>요 절</td><td colspan="6">“힘써 싸우라는 편지로 너희를 권하여야 할 필요를 느꼈노니”(3절)</td></tr>
</table>

유다서 이해

내용과 문체상 베드로후서와 유사한 유다서는 제목에서 나타나듯이 예수님의 동생인 유다가 쓴 편지이다. 유다가 이 편지를 쓴 시기는 A.D. 70년에서 80년 사이로 추정되는데, 당시 유다는 베드로의 뒤를 이어 예루살렘 교회를 섬기고 있었다.

본서는 대부분의 서신들과 마찬가지로 초대교회 당시 최대 이단인 영지주의에 대해서 언급하고 있다. 다른 서신들, 곧 대부분의 바울 서신들이 주로 이론적인 측면에서 이단의 정체를 파헤친 반면, 본서는 주로 현실에 나타난 이단의 구체적인 실체를 파헤치고 있다. 또한 이 이단들을 비유하는 데 있어서 독특한 면이 있는데, 그것은 곧 암초, 목자, 구름, 나무, 거품 등 다양한 자연물들로 비유하고 있다는 것이다. 한편, 이단의 정체와 그 종말을 이해하는 데 도움이 되도록 구약의 이단이라 할 수 있는 가인과 발람, 그리고 고라의 예를 들고 있다. 이러한 점들은 바로 본서가 갖는 독특한 면이라고 할 수 있겠다.

본서의 저자 유다는 본래 그리스도인들이 얻은 구원에 대하여 일반적으로 기술하려고 했으나, 영지주의자들의 잘못된 이단 사상을 경계하는 입장에서 믿음의 도를 힘써 지키라는 신앙 견지의 글을 교훈과 아울러 쓰고 있다. 특히 유다는 영지주의자들의 육체적 정욕에 따른 생활, 영적 권위의 무시, 원망, 불평 등 비경건한 삶을 지적하며 그리스도인들에 대해 끝까지 신앙을 지키며 정결하게 살아야 할 것을 강조하고 있다.

이와 같은 신앙 견지의 삶과 성결의 삶을 살아야 한다는 교훈은 초대교회 당시나 오늘날에도 마찬가지인 만큼, 현대의 성도들은 이 말씀에 따라 온전한 신앙생활을 해야 한다.

기록 목적

본서의 기록 목적은 전체 그리스도인들을 대상으로 영지주의가 갖는 이원론적 사상 체계의 잘못된 점을 지적하기 위한 것이다. 이와 같은 사고는 성경에서 말하는 창조론과 예수 그리스도의 성육신 사건을 부정하는 것이다. 이들은 그리스도의 몸은 실제가 아닌 외형뿐이라고 주장한다. 왜냐하면 만일 그리스도께서 실제 육신을 가지셨다면 이는 악한 것이기 때문이라는 것이다. 그러나 이러한 견해는 성경과 분명히 위배된다. 여기서 유다는 논쟁적인 어조를 사용하고 있는데 이는 주의 식탁을 더럽히고 굳건하지 못한 신자들을 미혹케 하는 거짓 교사들을 꾸짖기 위해서다.

기록 배경

유다서는 성경에서 가장 짧은 책들 중 하나로서 25절로 되어 있으며 헬라어의 원문상으로는 1,000단어가 훨씬 못되는 내용이다. 신약의 모든 서신들과 같이, 유다 서신도 사도 교회의 어느 지도자가 로마 제국의 전역에 흩어져 있는 교회들에게 보낸 개인적인 편지에서 기원한 것이다.

유다서는 A.D. 2세기 중 교회의 성장이 최후 현상을 맞고 있을 때에 기록되었다. 교회는 헬라 사회의 모든 계층에 퍼져 있었고, 그 당시의 알려진 세계에서는 모든 구석구석까지 스며들어 있었다. A.D. 2세기의 교회가 직면한 위험들은 직접적인 기독교의 박해와 박멸은 아니었다. 로마 제국의 어떤 지역들은 아직도 광범위한 탄압을 받고 있었으나 그보다는 이방의 사상에 동화되어 자멸할 위협이 훨씬 더 컸다. 창조-타락-구속-회복의 주제를 포함한 기독교의 복음이 헬라와 로마 세계에서 유행을 하던 헬라 사상의 형식과 내용에서 충돌하여 복잡한 사상들로 혼재되어 변질될 위험이 있었다. 신약의 후기 서신들은 복음의 메시지가 지닌 순수성과 교회의 확장을 한 번에 위협한 이와 같은 새로운 문제를 다루고 있다.

유다는 상당히 급박해 보이는 어조로 거짓 교사들을 경계하라는 경고의 말을 알려지지 않은 교회 공동체에 전한다. 베드로후서에서와 마찬가지로, 교회 지도자를 자칭하던 이들은 경건치 못한 자들이었다(4, 16, 18). 진리를 왜곡시킨 그들은 심판받을 운명에 처한 자들이었다(4, 15). 요한은 이들을 두고 '꿈꾸는 자들'(아마도 꿈이나 환상 등에 빠진 자들), '물 없는 구름'(12)이라 일컬었으며, 19절에서는 '성령이 없는 자'라고 불렀다. 마지막 표현에서 우리는 이 거짓 교사들이 자기들에게 성령이 있다고 주장했음을 추측할 수 있다(마 7:22, 23). 이들은 영성을 앞세우며 2세기에 활개 친 영지주의 이단의 선두주자였을 것으로 보인다.

내용 분해

Ⅰ. 인사 1, 2

Ⅱ. 교회 안에 들어온 거짓 교사들에 대한 경고 3-19

A. 경고의 이유 3, 4

B. 이전에 경건치 못했던 자들을 상기시킴 5-7

C. 거짓 교사의 특징과 심판 8-19

Ⅲ. 인내의 권고 20-23

A. 믿음의 유지 20, 21

B. 속고 있는 자들의 구제 22, 23

Ⅳ. 축복 24, 25

| 장별 핵심 메시지 |

제1장 거짓 교사들이 받을 심판

❋ 신앙의 암초(8-19)

신앙의 암초는 우리 마음속에 숨겨져 있는 온갖 죄악과 교회에 침투한 거짓 교사를 가리킨다.

첫째: 가인의 사상이 암초이다

가인은 피 없는 제사를 드리고 아우 아벨을 시기하여 죽였다.

(1) 자기의 뜻만 주장하는 교만심-가인의 교만심이란 자기의 의를 주장하여 피 없는 제물을 드려도 되는 줄 아는 교만이다. 이는 십자가를 무시하고 십자가 없이 구원받을 수 있다는 잘못된 생각이다.

(2) 아우의 축복을 시기하였다-아우 아벨이 축복받은 것을 시기하며 미워한 나머지 그 귀중한 생명을 죽이는 데까지 이르렀다. 무서운 시기와 질투심이다.

둘째: 발람의 정신이 암초이다

발람은 선지자로서 발락에게 매수되어 가다가 나귀의 경책을 받았다.

(1) 탐심이 그의 눈을 멀게 하였다. 돈만 주면 무슨 짓이든 감행하려 한 매우 무섭고 위험한 인물이다.

(2) 우상의 제물을 먹게 하였다(계 2:14). 발람은 이스라엘 백성으

로 하여금 이방 우상에게 절하게 하였다(민 25:2-3).

(3) 음행을 조장하였다(민 25:1).

셋째: 고라의 행동이 암초이다

고라는 당을 지어 지도자 모세를 반역하다가 멸망당한 자이다.

(1) 명예심으로 멸망하였다−그는 성막에서 봉사하는 직분자인데 과분하게도 제사장직까지 요구하였다.

(2) 원망심이 많았다−자기 욕심이 만족하지 못할 때 지도자 모세를 원망하다가 넘어지고 말았다.

(3) 당을 지어 반역하였다(민 16:1)−그는 원망 끝에 나아가 당을 짓고 모세를 반역하다가 남에게도 손해를 주고 자신도 250여 명과 더불어 멸망했다.

결론(結論)

현대 교회의 암초는 무엇이며 내 개인의 신앙생활상 암초는 무엇인가? 이를 과감하게 제거하고 안전한 항해를 하도록 노력하자.

서론

<table>
<tr><td>주 제</td><td colspan="5">예수 그리스도의 계시</td><td colspan="2">저 자</td><td>사도 요한</td><td>기록장소</td><td>밧모섬</td></tr>
<tr><td>기 록
연 대</td><td colspan="5">(도미티아누스 치세 말기인) A.D. 95년경</td><td colspan="2">대 상</td><td colspan="3">아시아의 일곱 교회와
세계 각지의 그리스도인</td></tr>
<tr><td>대 지</td><td colspan="5">과거일 현재일</td><td colspan="5">미래에 있을 예언의 성취에 대한 환상</td></tr>
<tr><td rowspan="2">구 분</td><td>1:1</td><td>2:1</td><td>4:1</td><td>6:1</td><td>8:6</td><td>12:1</td><td>15:1</td><td>19:7</td><td>20:1</td><td>21:1 22:22</td></tr>
<tr><td>예수
그리스도</td><td>일곱
교회</td><td>심판자</td><td>부분적
심판</td><td>더욱
처참한
심판</td><td>최후
심판의
준비</td><td>궁극적
심판</td><td>그리스도
의
재림</td><td>천년
왕국</td><td>새 하늘과
새 땅</td></tr>
<tr><td>요 절</td><td colspan="10">“네 본 것과 이제 있는 일과 장차 될 일을 기록하라”(1:19)</td></tr>
</table>

요한계시록 이해

그리스도 중심의 종말론적 예언서인 요한계시록은 성경의 마지막 책이다. 또한 그 내용 역시 세상의 마지막에 대한 내용으로 가득 차 있다. 물론 창세기에서 유다서에 이르기까지 예순다섯 권의 말씀도 언젠가 이 땅의 역사는 끝날 것이며 영원한 새 나라가 있을 것을 부분적으로 이야기하고 있다. 또 새 나라가 있기 이전에 지금까지 이 땅에 살았던 모든 사람들이 하나님의 보좌 앞에서 심판받을 것도 이야기하고 있다. 그리고 이 모든 일들이 예수 그리스도의 재림과 함께 있을 것이라는 사실도 성경의 한결같은 증언이다. 그러나 본서만큼 상세하게 세상 끝날의 징조와 그 후에 있을 새 하늘과 새 땅에 대하여 이야기하고 있는 책은 없다.

본서는 크게 세 부분으로 구성되어 있다. 첫째는 1장으로서 예수 그리스도께서 사도 요한에게 나타나시어 당신의 뜻을 계시하고자 하시는 모습을 담은 부분, 둘째는 2, 3장으로서 이 땅의 인류 역사 기간 동안에 있을 교회의 유형과 역사 및 교훈을 제시하고 있는 부분, 셋째는 4-22장까지로서 장차 이 땅과 하늘에 있을 일을 계시적으로 미리 보여 주고 있는 부분이다.

이와 같이 요한계시록은 예수 그리스도께서 본서 서두에 언급하시고 계시듯이 장차 그분의 신실한 종들, 백성들에게 계시를 보이사 성도들로 하여금 깨어 더욱더 거룩한 가운데 하나님의 말씀대로 살아갈 것을 촉구하고 있는 것이다. 또한 본서는 세상 끝날에 하나님은 새로운 창조의 세계에서 성도들을 다시 회복시키고 자신과 바른 관계를 맺게 하실 것임이 나타나 있다. 요한계시록의 해석은 성경 연구가들에 따라 여러 가지로 차이가 나나, 일반적으로 본서의 대부분 사건들이 미래에 일어날 일을 미리 요한을 통해 예시해 줌으로써 성도들이 주님의 재림을 사모하며 의롭게 살아가도록 한다고 보는 점은 공통적이다.

특히 예수 그리스도께서는 본서를 읽고, 지키는 자에게 복이 있으며(1:3), 의로운 자는 그대로 의를 행하고, 거룩한 자는 그대로 거룩되게 하라고 말씀하신 것처럼(22:11) 성도들이 더욱 의와 거룩 가운데서 주님 오심을 사모하며 주님의 뜻 가운데서 살기를 원하신다. 따라서 현대의 성도들도 항상 깨어서 요한의 "아멘 주 예수여 오시옵소서"(22:20)라는 기도처럼 주님의 오심을 사모하며 거룩하게 말씀대로 살아가야 한다.

기록 목적

요한계시록은 황제의 핍박의 그늘 아래 있는 교회에 보낸 글이다. 국가의 공적 진압은 교회에 닥친 큰 위협이었고 이는 교회 존립에 대한 계속적인 위협이 되었다. 어디서나 느낄 수 있는 불안 때문에 그들은 권면과 경고가 동시에 필요했다. 권면은 그들로 하여금 실망과 그로 인해 믿음에서 떠나는 것을 막기 위함이요, 경고는 외적 공격과 내적인 배교의 위험을 경고하기 위함이었다. 이 두 가지 요소와 그 당시 로마 제국 내에 임한 일반적 상황이 요한계시록에 나타나 있다.

교회에 보낸 권면의 말씀은 그리스도의 재림에 초점을 두었는데 그리스도는 원수를 심판하기 위해, 교회를 위험에서 건지시기 위해, 또한 하나님의 나라를 세우기 위해 재림하신다는 것이다. 각 교회에 보낸 편지마다 그리스도의 출현에 대한 말이 나타나며(2:5, 16, 25, 3:3, 11, 20), '내가 속히 임하리라'(3:11)는 말은 편지 끝에 세 번 반복하여 나타났다(22:7, 12, 20). 요한계시록의 주제는 그리스도의 재림에 대한 준비이다.

기록 배경

요한계시록에 있는 여러 증거들은 이 글이 초대교회의 극심한 핍박의 시기에 쓰였음을 암시한다. 이 핍박은 A.D. 64년 네로 황제가 로마의 상당 부분을 불태운 화재 사건 이후 A.D. 68년 자살하기까지 지속되었다. 이를 볼 때에 이 책은 A.D. 70년 9월 예루살렘 멸망 이전에 쓰였을 것이다. 요한계시록은 앞으로 계속될 믿는 자들을 향한 핍박과 고난에 관한 진정한 예언의 글을 담고 있는데 실제로 수년 후에 핍박은 더욱 강렬해지고 극심해지게 된다. 초대교회 교부들의 저술들을 근거로 해서, 몇몇 학자들은 이 책을 도미티아누스 황제의 임기 말년(A.D. 81-96년경), 즉 요한이 에베소로 도주한 후의 기록물로 보고 있기도 하다.

A. 역사적 배경

요한계시록의 배경은 대체로 로마의 아시아 지방 식민지인 이고니온의 해변 도시들인 것 같다. 그 지방에서 수많은 이방 종교가 번창했는데 그 모두가 기독교의 신학과 윤리와는 반대되는 것이었다. 초대교회는 이방의 우상 숭배를 비난하고 일신론을 주장했으며, 엄격한 도덕적 규범을 고수했다. 이러한 사실 모두가 이방인들의 적개심을 즉시 불러일으켰을 것이다. 그리고 기독교회의 급성장은 이방의 경제적 번영을 위태롭게 했다. 이는 교회 때문에 이방 종교의 신전에 신봉자들이 줄어들었고, 우상을 만드는 사람과 제물용 짐승을 파는 사람들이 생활 근간를 잃게 되었기 때문이다. 이 기간에 네로(A.D. 54-68년)와 도미티아누스(A.D. 81-96년) 황제는 백성에게 예배 못지않게 황제 찬양을 강요하였다. 그리스도인은 황제들에게 그러한 종류의 경의를 드리는 것을 거절하여 죽임을 당하였다.

B. 사회적 배경

이러한 종교적, 사회적, 정치적 압력에 교회는 동일성을 고수하기 위해 저항하지 않을 수 없었다. 요한계시록의 기록자도 이 믿음 때문에 유배된 것이 분명하다. 그러므로 그의 기록이 로마제국의 만연된 부패에 대해 적개심을 나타낸 것은 당연한 일이다. 그 부패상을 "성도들의 피와 예수의 증인들의 피에 취한 자라"(17:6)라고 묘사하였다. 그는 또한 주홍색 진홍색 옷을 입은 창녀로 묘사했다. 요한계시록의 예언들을 당시의 사건에만 국한시킬 수는 없지만 당시 교회 상황을 가늠하게 해 준다.

C. 사회적 배경

교회와 유대주의의 결별은 A.D. 70년 예루살렘 함락 후에 완전히 이루어진 것 같다. 그 당시 교회와 회당은 각기 다른 두 방향으로 발전하게 되었다. 율법 행위와는 관계없이 믿음으로 의롭다 함을 얻는다는 교리는 정통 유대주의 옹호자들과 그리스도인 사회를 분열되게 하였다. 성전 함락은 교회와 유대인의 신앙 중심에 있었던 미미한 관계마저 끊어지게 하였다. 교회의 유대주의자들에 대한 적대감정은 결국 유대주의자를 '사탄의 회당'이라 정죄하기에 이르렀고 양편 사이의 완전한 결별을 초래하게 되었다.

교회 자체 내에서도 아시아의 일곱 교회에 보낸 편지에 나타난 대로 신앙 퇴보의 징조가 있었다. 처음 열성은 식고 음행과 이방 사상이 교사와 일반 성도 사이까지 침투해 타락한 생활이 만연했다. 요한계시록은 당시의 절박한 상황을 묘사하고 독자로 하여금 심판을 위해 재림하실 그리스도를 맞이할 준비를 하도록 경고함으로 그들의 열성을 일깨워 보려고 노력하고 있다.

내용 분해

서언 1:1

Ⅰ. 일곱 교회에 보내는 편지 1:9-3:22

A. 배경: 사람의 아들과 같은 이 1:9-20

B. 편지들 2:1-3:22

Ⅱ. 일곱 인 4:1-8:1

A. 배경 4:1-5:14

1. 하나님의 보좌 4:1-11

2. 어린 양과 두루마리 5:1-14

B. 인 6:1-8:1

1. 첫 번째 인: 흰 말 6:1, 2

2. 두 번째 인: 붉은 말 6:3, 4

3. 세 번째 인: 검은 말 6:5, 6

4. 네 번째 인: 청황색 말 6:7, 8

5. 다섯 번째 인: 재단 아래의 영혼들 6:9–11

6. 여섯 번째 인: 우주적인 재난 6:12–17

a. 첫 번째 막간: 144,000명의 인 맞은 자 7:1–8

b. 두 번째 막간: 큰 무리 7:9–17

7. 일곱 번째 인: 하늘의 침묵 8:1

Ⅲ. 일곱 나팔 8:2-11:18

A. 배경: 금단 8:2–6

B. 나팔 8:7–11:18

1. 첫 번째 나팔: 땅 8:7

2. 두 번째 나팔: 바다 8:8, 9

3. 세 번째 나팔: 강들 8:10, 11

4. 네 번째 나팔: 해 8:12

5. 다섯 번째 나팔: 첫 번째 화–황충 8:13–9:12

6. 여섯 번째 나팔: 두 번째 화– 말탄 자들 9:13–21

a. 첫 번째 막간: 작은 두루마리 10:1–11

b. 두 번째 막간: 두 증인 11:1–14

7. 일곱 번째 나팔: 세 번째 화–하늘에서의 목소리 11:15–18

Ⅳ. 일곱 징조 11:19-15:4

A. 배경: 언약궤

B. 징조들 12:1–15:4

1. 여자, 용, 아들, 미가엘 12:1–17

2. 바다에서 온 용 13:1-10

3. 땅에서 온 용 13:11-18

4. 어린 양과 십사만 사천 14:1-5

5. 네 가지의 선포 14:6-13

6. 마지막 추수 14:14-20

7. 일곱 천사와 어린 양의 노래 15:1-4

V. 일곱 대접 15:5-16:21

A. 배경: 증거의 장막 15:5-16:1

B. 일곱 대접 16:2-21

1. 첫 번째 대접: 땅 16:2
2. 두 번째 대접: 바다 16:3
3. 세 번째 대접: 강들 16:4-7
4. 네 번째 대접: 해 16:8, 9
5. 다섯 번째 대접: 짐승의 보좌 16:10, 11
6. 여섯 번째 대접: 유브라데 16:12 막간: 세 더러운 영 16:13-16
7. 일곱 번째 대접: 만국의 성들 16:17-21

VI. 일곱 광경 17:1-20:3

A. 배경: 광야 17:1-3

B. 광경들 17:3-20:3

1. 붉은 빛 짐승을 탄 여자 17:3-5
2. 여자와 짐승의 불가사의 17:6-18
3. 일곱 음성: 바벨론의 패망 18:1-19:10
4. 왕의 왕과 주의 주 19:11-16
5. 위대한 하나님의 잔치 19:17, 18

6. 전쟁 19:19-21

7. 사탄의 결박 20:1-3

Ⅶ. 일곱 가지 종말의 완성의 광경 20:4-22:5

A. 배경 20:4-10

1. 그리스도와 더불어 왕 노릇 20:4-6

2. 사탄이 속이기 위해 놓임 20:7-10

B. 배경 20:11-22:5

1. 큰 흰 보좌 20:11

2. 마지막 심판 20:12-15

3. 새 하늘과 새 땅 21:1

4. 새 예루살렘 21:2-8

5. 어린 양의 신부 21:9-21

6. 하나님의 임재의 빛 21:22-27

7. 사탄의 결박 20:1-3

끝맺음 22:6-21

A. 증거의 확증 22:6-17

B. 마지막 경고와 보증 22:6-17

C. 축도 22:21

| 장별 핵심 메시지 |

제1장 계시의 근원과 그리스도의 나타나심

❋ 예수 그리스도의 계시(1-8)

본문은 주님께서 요한에게 보여주시는 계시의 내용이다. 그리스도의 계시가 어떠한 것인지 살펴보자.

첫째: 복된 계시이다

예수 그리스도께서 신실한 종 요한에게 창세전부터 영원 후까지 그리고 반드시 속히 될 일을 보여주고 계신다. 이러한 계시의 말씀을 읽고, 듣고, 행하는 사람은 복된 것이다(3). 이러한 축복을 계시록은 계속해서 말하고 있다(14:13, 16:15, 19:9, 20:6, 22:7, 22:14).

둘째: 교회 주인이신 계시이다(4-6)

예수님은 교회의 주인으로서 하실 일을 교회에 알리신다. 주인이 되시기 위해서 그분은 종의 몸을 입고 땅에 오사 십자가에 피 흘려 죄인들의 죽음을 대신하셨고(5), 하늘에 오르셔서 교회를 제사장으로 삼으셨고(6), 장차 교회를 위하여 재림하셔서 신부로 삼으신다(4, 19:6-10).

셋째: 온 인류의 주인이신 계시이다(7-8)

예수님께서 재림하시는 날에는 그분의 얼굴을 모두 대면해야 한다. 예수님을 잘 섬기는 사람도, 십자가에 못 박은 이도 만나게 된다. 잘 섬긴 사람에게는 상이 있고, 그렇지 않은 사람은 애곡하면서

숨으려고 하지만 기회가 없게 된다(7; 빌 2:9-11). 이는 하나님의 영원하신 능력의 말씀으로 성취되는 분명한 사실이다.

결론(結論)

교회, 인류의 주인으로 하실 일을 보여 주신 예수님을 잘 섬겨서 심판 없는 복된 인물이 되어야 한다.

제2장 일곱 교회에 보내는 편지(1)

❀ 죽기까지 충성하라(8-11)

서머나 교회는 주님께 책망 받을 일이 없이, 고난과 역경 속에서도 잘 견디어낸 모범적인 교회이다.

첫째: 이 교회의 주인의 모습(8)

예수께서는 처음이요 나중이신 역사의 주인이신 분이시고, 죽었다가 살아나신 생명의 주인이시고, 구원의 주시다. 그 예수께서 교회의 주인으로 계시기 때문에 교회는 핍박이 와도 넘어지지 않을 뿐더러 영생의 복을 얻게 되는 것이다. 주님의 함께하심은 승리의 보증이며 구원의 확증이다.

둘째: 예수께서는 교회의 형편을 아신다(9)

서머나 교회는 환란과 궁핍 속에서 스스로 위축되고 의기소침하여 낙망할 수밖에 없는 상황에 있었으나 주님 앞에는 부요한 가운데 있었다. 그들에게는 유대인의 훼방도 있었으나, 실제는 사단의 계략이었다. 우리는 우리의 고난을 알아주는 이가 있을 때에 위로받는다. 예수님은 위로뿐 아니라 참으로 도우신다.

셋째: 권고하신다(10-11)

마귀의 간계는 몇 사람을 옥에 가두지만, 생명을 해하지는 못한다. 또한 고난이 있으나 그 기간은 10일이라는 짧은 기간인 것이다.

그러므로 "죽도록 충성하라"라고 하신다. 이는 죽는 날까지 죽을힘을 다해야 한다는 말씀이다. 그렇게 하면 예수께서는 "생명의 면류관을 주리라"라고 약속하신다.

결론(結論)

이 생명의 말씀이 주는 약속을 믿고 끝까지 예수님을 주로 시인하다가 순교의 영광을 얻는 성도가 되어야 한다.

제3장 일곱 교회에 보내는 편지(2)

❋ 이름만 있는 교회(1–6)

본문은 사데 교회의 전반적인 영적 상태를 표현한 것으로 외적으로는 살아 있으나 내적으로 죽은 모습이다.

첫째: 행위의 온전한 것을 찾지 못하셨다(1–2)

주님은 사데 교회가 살았다 하는 이름은 가졌으나 죽은 자라고 말씀하신다. 교회 내에 생명력이 시들해지고 예배나 경건의 형식만 남았음을 지적하신 것이다. 교회가 부흥하고 명성이 자자하다해서 칭찬받는 교회라고 할 수 없다. 그 신앙이 살아 있어야 한다. 경건의 모양만 가지고는 안 된다.

둘째: 회개하도록 권고하셨다(3)

주님은 타락한 교회에 회개를 권고하신다. 기회를 주시는 것이다. 회개하여 살고 죽지 않도록 하라는 것이다. 오늘 우리의 교회들은 주님이 그들에게 주신 회개의 권고를 귀담아 들어야 한다. 이것은 마지막 은총의 기회인 것이며 이를 상실하면 무서운 심판을 감수해야 한다.

셋째: 옷을 더럽히지 아니한 자들도 있었다(4–6)

어느 시대에나 마찬가지이지만 사데에도 형식과 외식에 물들지 않은 사람들이 있었다. 즉 세상에 물들지 않고 그리스도의 사랑과 믿음을 지키며 도덕적으로 깨끗한 자들이 있었던 것이다. 주님은 그들이 흰 옷을 입고 나와 함께 다닐 것이라고 하신다. 우리는 결코 시대적 조류에 영향을 받아서는 안 된다.

결론(結論)

그러므로 우리는 살아 있는 교회가 되도록 항상 살펴야 한다.

제4장 하늘 보좌의 광경

❋ 하나님의 보좌(1–11)

요한 사도는 하늘나라 보좌에 대하여 말하고 있다. 이것은 지상에서부터 하늘나라 보좌로 향한 말씀이다.

첫째: 하나님의 위엄과 권위가 있다(2)

승천 전의 예수 그리스도는 지상의 교회를 왕래하셨지만, 부활하신 예수께서는 천상의 문을 왕래하셨다. 천상의 문이 열려 있음은 두 가지 의미가 부여되는데, 첫째는 하늘의 깊은 이치와 영광이 있음을 알리는 것이며, 둘째는 계시의 문 곧 성령 강림의 문임을 알려주는 것이다.

둘째: 하나님의 영광과 청결이 있다(3)

성자 예수 그리스도의 모습은 초능력적 아름다움을 지니고 있다. 그는 24장로들에게 둘러싸이셨고 승리의 영광인 무지개로 보호받고 계신다. 곧 구약의 12족장과 신약의 12사도로, 은혜를 보이시고 계신다. 특히 보좌에서 나온 빛은 '청결', '영광', '아름다움', '광채', '축복'을 암시하고 있다.

셋째: 네 생물이 있다(6,7,8)

네 생물의 뜻은 일반적으로는 스랍이나 그룹을 가리키고 있는데,

이들은 영적 존재로서, 구약에는 지성소를 지켰고, 날개들은 속죄소 위에 덮였다. 시편에서도 '그룹들 사이에 앉아 계시는 하나님'이라고 하였다. 곧 하늘의 조직 중 하나로서, 하나님 가까이 계시는 실존자로서, 보좌를 지키는 영적인 존재이다.

결론(結論)

성도는 주님의 통치하시는 나라를 확신하며 온전히 살기 위하여 노력해야 하겠다.

제5장 일곱 인으로 봉한 책

❀ 일곱 인을 떼실 분(6-14)

하늘의 영광된 장면은 어린 양에 대한 출현이었다. 특히 어린 양의 개념은 요한계시록의 대단원이었다.

첫째: 어린 양으로 표현된 분이시다(7)

신약의 어린 양은 두 가지로 표현되는데, 첫째는 세상 죄를 지고 가는 십자가의 그리스도이시며, 둘째는 일곱 뿔과 일곱 눈을 가진 어린 양이다. 어린 양은 완전과 온전한 수를 가진 양이고, 모든 땅으로 보냄을 받은 성령으로 비유되며, 능력으로는 아무도 대항할 자가 없는 전지전능한 존재이시다.

둘째: 승리하신 분이시다(12-14)

능력과 지혜와 힘, 존귀가 있는 자만이 승리자로 볼 수 있다. 바로 그리스도만이 이 세상을 이기셨고 승리하셨다. 사도 요한은 이분만이 일곱 인을 뗄 수 있다고 본 것이다. 이분은 수치가 영광으로, 패배가 승리로, 괴로움이 은혜로 바뀐 주인공이시다. 하늘의 문은 승리하신 그리스도만이 지배할 수 있기 때문이다.

셋째: 일곱 뿔과 일곱 눈이 있으신 분이다(6)

일곱 뿔은 전능하고 무시무시한 능력을 표시하며, 일곱 눈은 세상을 가장 공평하게 보는 계시의 눈이다. 특히 일곱 뿔은 이상을 보았고, 약속을 보았고, 일곱 눈은 초능력적이다. 바로 이 뿔과 눈이 예수 그리스도의 영 곧 성령이시다. 성령만이 위대한 계시의 두루마리와 신비의 인을 뗄 수 있는 것이다.

결론(結論)

예수 그리스도께서는 승리자이시며, 위대한 계시의 두루마리와 신비의 인을 뗄 수 있는 분이시다.

제6장 차례로 개봉되는 여섯 인봉

❁ 청황색 말(7–17)

넷째 인을 뗄 때 나타난 짐승은 '청황색 말'인데, 이것은 사망과 음부의 깊은 관계를 표현하고 있다.

첫째: 사망을 의미한다

청황색 말은 공포와 시체를 나타내는 환난으로 보인다. 그런데 오늘날 성도가 기억할 것은 무서운 공포와 고통이 뒤따르더라도 지구의 4분의 3은 관계없다는 사실이다. 곧 사도 요한이 쓴 때는 기근과 온역이 세상을 휩쓸 때이므로 구약적인 표현과 개념이 포함됐다고 볼 수 있다.

둘째: 병마를 의미한다

죽은피는 언제나 세균과 잡균, 불결함이 스며든다. 영원한 십자가의 속죄의 피와는 다른 피다. 속죄의 피는 영원한 효력을 나타내고 있지만 '검과 흉년과 사망과 땅의 짐승의 피'는 더럽고 추하고 고통스럽고 수치와 외로움을 표출하는 피다. 역사적으로 전쟁과 정변으로 인하여 죽어 간 피는 얼마든지 있었다.

셋째: 환난과 재앙을 의미한다

사망이라는 말은 헬라어 '다나토스'로 무서운 온역과 관계가 깊은 낱말인데, 역사상으로 로마 제국에서는 하루 십만 명씩 죽었다는 역사적 기록이 있다. 마찬가지로 전쟁에서는 언제나 비극이 초래되고 있다. 그러므로 오늘날 성도들은 이 미래적이고, 무서운 계시를 바로 알고, 깨달아야만 할 것이며, 재림을 간절히 기다려야 한다.

결론(結論)

성도는 이 세상 어디에도 주님의 권세를 당할 능력이 없음을 확신하고 이 세상을 살아가야 한다.

제7장 인을 받은 십사만 사천 성도

❀ 144,000(1–4)

이 숫자는 완성수 또는 만수로써 예수 그리스도를 믿는 모든 자들을 상징적으로 나타내는 것이다.

첫째: 영적 숫자다

이 숫자는 이스라엘의 각 지파 12,000에 12를 곱한 수를 가리키고 있지만 이는 첫째 하나님의 영원한 수와 세상적인 속된 수와의 연합을 말하며, 둘째 이스라엘 선민의 선택된 영적 의미를 신약적으로 나타내고 있으며, 셋째 하나님만이 나타내실 수 있는 '영적으로 완전한 만수'라고 볼 수 있다.

둘째: 완성된 교리이다

사도 바울은 성도의 인 맞음은 성령 세례가 있어야 한다고 했다. 성령의 은혜가 하나님께 속한 위대한 숫자를 세상에 알리고 있는 것이다. 이 숫자는 기독교를 대표하는 숫자라고 볼 수 있다. 그러므로 참 크리스천은 성령의 인을 맞아야 하며, 인 맞은 자는 분명히 기독자가 되며, 거룩한 교리에 연합된 자라 볼 수 있다.

셋째: 구원될 숫자이다

일반적으로 구약에서 인장은 중요한 소유의 원천을 나타낸다. 이는 하나님의 능력과 권위 아래 속해 있다는 사실을 표증한다. 인 맞은 자는 성령 세례와 물세례와의 깊은 관계를 나타낸다. 곧 성령의 소유물이 된 신앙인은 분명 구원의 문과 깊은 관계를 맺는 것이다.

결론(結論)

성도는 거룩한 구원함에 이르는, 예수 그리스도로 인 맞은 144,000명에 속해야 한다.

제8장 일곱 인을 뗄 때 나타나는 지상의 환난(여섯 나팔)

❄ 심판의 나팔소리(7–13)

본문은 심판을 명하는 나팔소리와 인류가 가장 두려워해야 하는 나팔소리에 관하여 언급하고 있다.

첫째: 하나님이 예비하신 나팔소리

심판의 나팔은 하나님께서 예비하셨다. 이는 인류에게 임할 심판과 재앙을 그분께서 예비하셨음을 말하는 것으로 우리가 어떻게 살아야 할 것인가를 일깨워준다. 하나님께서 작정하신 일은 아무도 변경하지 못하며, 가감이나 수정의 여지가 전혀 없으므로 인류가 어떤 대비책을 쓴다 할지라도 이것을 피하기는 불가능하다.

둘째: 천사들의 손에 들려진 나팔

나팔을 부는 일은 천사들에게 맡겨졌다. 이 세상에 있는 유명한 어떤 교회나 특별한 사람들에게가 아니라 천사들에게 맡겨졌으므로 모든 성도는 하나님의 시간을 분별할 수 있도록 늘 깨어 기도해야 한다. 근신하고 깨어 자기 옷을 지키는 사람은 그날에 부끄러움을 당하지 않게 된다.

셋째: 정해진 시간에 울려 퍼짐

나팔을 부는 시간은 하나님께서 정하셨으므로 우리가 임의로 주관할 수 없다. 때와 기한은 하나님의 절대적인 주권에 속하는 것으로 인간의 생각은 허락되지 않는다. 이 큰 재앙은 피하는 통로를 찾아야 하는데 그 길이 예수 그리스도뿐임을 명심하고 복음을 전하는 일에 모든 힘을 쏟아야 한다.

결론(結論)

성도는 하나님의 심판의 때를 분별할 수 있도록 근신하고 깨어 자기 위치를 지켜야 한다.

제9장 다섯째, 여섯째 천사의 나팔 소리

❀ 하나님의 인(1–12)

본문은 하나님의 인이 얼마나 중요하고 두려워해야 할 것인가를 교훈해 준다.

첫째: 하나님의 인

성경에서 인이란 말은 보증의 의미로 나타난다. 하나님께서는 그리스도인들을 성령으로 인치셨다(엡 4:30). 이는 곧 우리의 영원한 본향이 하늘에 있으며 우리가 그 나라에 속해 있음을 나타내는 보증이다(고후5:5). 따라서 하나님의 인을 맞았다는 것은 그분께 속했다는 보증의 표시다.

둘째: 하나님의 명령이 떨어짐

심판을 향한 하나님의 명령은 아무도 취소할 수 없는 절대적인 것이며, 이 세상의 어떤 힘보다 무섭고 두렵다. 사람이 내린 명령은 충분히 번복이 가능하고 또 이에 대비한 어떤 대책을 세울 수도 있으나 하나님께 대해서는 전혀 불가능하다. 때문에 그분을 거스른 행위는 두려운 일일 수밖에 없다.

셋째: 하나님의 재앙이 임한 자들

황충의 재앙은 이마에 하나님의 인을 맞지 아니한 사람들에게만 임하며, 그들의 고통은 형언할 수 없는 것이다. 그들은 한계 이상의 고통에 봉착하게 되며, 죽음을 피난처로 삼으려 해도 이마저도 허용되지 않는 끔찍한 상황에 처하게 된다. 스스로 하나님의 인이 있는지 끊임없이 확인하자.

결론(結論)

우리는 정신을 차리고 믿음에 굳게 서서 부끄러움을 보이지 않도록 하자.

제10장 강한 천사와 요한이 먹은 책

❀ 생명의 말씀(1–11)

본문은 힘센 천사가 가지고 있는 작은 책에 대한 환상을 말하고 있다. 이 책은 생명의 말씀을 뜻한다.

첫째: 작은 책을 가진 천사(1–7)

천사는 힘이 세고, 구름을 입고 하늘에서 내려온 모습이다. 그 머리 위에는 무지개가 있고 얼굴은 해같이 빛나며 발이 불기둥 같다. 천사가 들고 있는 책은 만민에게 미칠 복음을 뜻한다. 천사는 손에 펴 놓인 작은 책을 들고 있고 발은 바다와 땅을 밟고 있으며 입은 힘 있는 메시지를 외친다.

둘째: 하늘에서 들리는 음성(8–11)

책을 받아먹으라. "하늘에서 나서 내게 들리던 음성이 또 내게 말하여 가로되 네가 가서 바다와 땅을 밟고 서 있는 천사의 손에 펴

놓인 책을 가지라"(8)고 하였다. 작은 책은 곧 하나님의 말씀이다. 생명의 말씀인 작은 책은 인류를 위한 책이다. 또 책 중의 책인 성경을 말한다.

셋째: 작은 책과 요한

사도 요한은 "작은 책을 갖다 먹어 버리라"(9)는 명령에 순종하였다. '먹어 버리라'는 말은 '양식을 삼으라'는 뜻이다. 하나님의 말씀은 그리스도인의 주식이다. 성경은 "사람이 떡으로만 살 것이 아니요 하나님의 입으로 나오는 모든 말씀으로 살 것이라"(마 4:4)라고 하였다. 계시록 10장은 교회의 최후 승리를 예고한다.

결론(結論)

말세를 사는 성도는 작은 책인 성경을 믿음으로 먹어야 한다.

제11장 두 증인의 활동과 일곱째 나팔

❄ 두 증인(6–14)

본래 증인이란 법정 용어이다. 복음의 증인이란 예수의 십자가 죽음, 부활의 사건을 체험한 자이다.

첫째: 두 증인의 권세(3–6)

"내가 나의 두 증인에게 권세를 주리니 저희가 권세를 가지고"(6). 여기서 두 증인은 10절의 두 선지자와 같은 의미이다. 두 증인이 가진 권세는 예언하는 권세, 물이 변하여 피가 되게 하는 권세이다. 애굽 왕 바로 앞에서 모세가 행한 심판 역사와 같이 마지막 때 일어날 심판도 파멸을 가져올 것이다.

둘째: 두 증인의 최후(7–10)

두 증인은 최후에 장렬하게 순교한다. "저희가 증거를 마칠 때에 무저갱으로부터 올라오는 짐승이 저희로 더불어 전쟁을 일으켜 저희를 죽일 터인즉"이란 말은 두 증인이 순교할 것을 예언한 것이다. 교회와 그의 사자들은 마지막 때에 순교할 것을 대비해야 한다. 순교의 각오로 이 땅을 살아가야 한다.

셋째: 두 증인의 최후 승리(11:14)

"삼일 반 후에 하나님께로부터 생기가 저희 속에 들어가매 저희가 발로 일어서니 구경하는 자들이 크게 두려워하더라"라는 말은 복음의 사자들이 죽은 후에 부활할 것을 보여 주고 있다. 교회의 승리는 이 세상의 심판을 의미한다. 지상 교회는 전투 마당과 같다. 그러나 마지막 날에는 승리한다.

결론(結論)

두 증인의 최후는 장렬한 순교로, 전투적 교회에서 전사하는 것이다.

제12장 태양을 입은 여자와 붉은 용

❋ 미가엘과 용의 전쟁(7-12)

미가엘과 용이 싸우는 것은 영적 전쟁을 의미한다. 본문은 용의 2차 도전과 실패를 기록한 내용이다.

첫째: 하늘의 전쟁(7-9)

"하늘에 전쟁이 있으니 미가엘과 그의 사자들이 용으로 더불어 싸울새"라는 말은 미가엘의 군대와 용의 군대와의 싸움을 말한다. 여기 하늘은 '그 하늘 안에서'라는 말이다. 미가엘은 '하나님 같은 자'라는 뜻으로 천사장 또는 이스라엘의 수호천사(단 10:21)를 의미하며, 용은 사단을 의미한다. 이 전쟁은 영계의 싸움이다.

둘째: 천국민의 송가(10)

하늘의 큰 음성은 영광 중에 있는 성도들이 부른 승리의 개가였다. 천국민이 찬송을 부른 이유는 그리스도와 그를 믿는 성도들의 승리로 말미암아 하나님의 구원과 능력과 나라와 그의 권세가 이루어졌기 때문이다. 천상의 성도들은 하나님의 계획과 목적이 성취되었기 때문에 찬양을 부르는 것이다.

셋째: 어린 양의 피(11)

사단은 우리의 죄를 참소하나 그리스도의 피는 우리의 죄를 씻는 능력이 있다. "여러 형제가 어린양의 피와 사기의 증거하는 말을 인하여 저를 이기었으니"라는 것은 마귀가 어떤 참소를 해도 그의 피를 믿는 자는 눈과 같이 깨끗하게 된다는 말이다. 우리는 복음을 증거하여 어린 양의 피의 증거를 받아야 한다.

결론(結論)

오늘의 지상 교회 안에는 주님이 재림하는 날에 즐거워할 자들과 슬퍼하며 가슴을 칠 자들이 있다.

제13장 거짓 선지자에 해당하는 두 짐승

❀ 두 짐승(1–18)

두 짐승의 환상은 적그리스도, 곧 교회를 박해하는 어떤 정체를 상징한다.

첫째: 바다에서 나온 짐승(1–5)

"내가 보니 바다에서 한 짐승이 나오는데 뿔이 열이고 머리가 일곱이라"라고 하였다. 바다는 '그 바다'로 세계 열국을 의미한다. 일곱 머리는 일곱 여자가 앉은 곳이요, 또 일곱 왕을 의미한다. 여기 짐승은 적그리스도를 뜻한다. 거짓 선지자들은 짐승같이 무섭다. 왜냐하면 그들은 큰 세력을 규합하여 있기 때문이다.

둘째: 짐승이 가진 힘(6–10)

짐승이 입을 벌려 하나님을 향하여 훼방하고 또 권세를 받아 성도들과 싸워 이기게 되었다는 것은 사단이 무섭게 도전하는 것을 뜻한다. 성도들은 마귀를 이길 수 없다. 짐승은 권세를 받아 기적을 행하면서 교회와 성도들을 핍박한다. 종말에 적그리스도가 나타나 강압적으로 성도들을 핍박할 것이다.

셋째: 두 번째 짐승(거짓 선지자) (11–18)

두 번째 짐승의 출처는 땅이다. 여기 땅은 하늘과 대조되고 바다와도 대조된다. 두 번째 짐승의 정체는 새끼 양 같다. 두 번째 짐승이 하는 일은 정치권력의 시녀 노릇을 하고, 큰 이적을 행하고 우상을 섬기게 한다. 두 번째 짐승이 일한 결과로 인하여 사람들이 666표를 받게 된다. 666은 짐승의 이름이다.

결론(結論)

두 짐승은 교회를 핍박하는 양대 세력으로 바다와 육지에서 나온 것들이다.

제14장 어린 양의 승리와 마지막 경고

❀ 십사만 사천 명(1–7)

짐승의 표를 받지 아니하고 우상에게 경배하지 아니한 성도들의 희생적인 미래는 하나님이 책임진다.

첫째: 시온산에 선 어린 양(1)

1절에 "내가 보니 보라 어린 양이 시온산에 섰고"라고 기록되어 있다. 시온은 예루살렘의 별명으로, 곧 천국을 의미하며 어린 양은 예수 그리스도를 뜻한다. 예수님을 어린 양이라고 하는 것은 하나님께 드리는 제물을 뜻한다. 예수 그리스도는 제물로 단번에 드려진 후에 천국에서 영원한 왕이 되셨다.

둘째: 시온산에 선 십사만 사천 명(1)

교회는 보이는 교회와 보이지 않는 교회가 있는데, 보이지 않는 교회는 하나님만 아시는 교회로서 144,000명이 모인 신령한 교회이다. 1절에 "그와 함께 십사만 사천 명이 섰는데 그 이마에 어린 양의 이름과 아버지의 이름을 쓴 것이 있도다"라고 하였다. 144,000명은 거룩한 천국 백성을 상징한다.

셋째: 노래하는 십사만 사천 명(2-5)

"하늘에서 나는 소리를 들으니"라는 말은 144,000명의 찬양 소리를 뜻한다. 요한은 하늘의 음성에 관하여 말하기를 "많은 물소리 같고", "큰 뇌성과 같고", "거문고 켜는 소리와 같다"라고 하였다. 이 노래는 십사만 사천 명만 아는 신비한 노래이다. 그 내용은 자신들의 구속을 영원히 찬양하는 것이다.

결론(結論)

영원한 복음의 내용은 '창조주를 경배하라'는 것이다. 그 복음의 본질은 영원하다.

제15장 일곱 대접 재앙의 준비

❋ 일곱 대접 재앙 준비(1-8)

본문은 하나님의 진노와 심판을 상징하는 마지막 일곱 대접의 재앙을 내리기 전 서막을 열고 있다.

첫째: 일곱 천사의 출현(1)

일곱 재앙을 가진 일곱 천사가 하늘로부터 나타났다(1). 하늘로부터 나타났다는 것은 중요한 진리 표현이다. 역사상에 나타난 모든 계시의 출처는 언제나 하늘이다. 역사는 결코 우연의 산물이 아니며 하나님이 주관한다. 일곱 재앙도 하나님이 마지막으로 내리는 무서운 재앙이다.

둘째: 어린 양의 노래(2-4)

일곱 천사가 일곱 대접 재앙을 쏟기 전에 하늘로부터 새로운 노랫 소리가 들렸는데 곧 어린 양의 노래였다. 이 노래는 구원의 노래로 재앙이 쏟아진 후에 그 재앙에서 승리한 성도들이 부를 노래를 앞당겨 들려주신 것이다. 어린 양의 노래 주제는 전능하신 하나님의 구원과 만왕의 왕이며 거룩하신 하나님이다.

셋째: 대접을 인수한 천사(5:8)

인류 역사의 마지막에 심판할 일곱 재앙을 담은 일곱 대접이 일곱 천사에게 전달되는 장면을 볼 수 있다. 일곱 대접은 네 생물 중 하나에 의하여 전달되었다. 네 생물 중 하나는 모든 피조물의 대표이다(4-6). 그들이 시행할 재앙은 하나님의 의로우신 율법을 나타내고 주의 법을 무시하는 자에게 임한다.

결론(結論)

하나님의 진노를 담은 금 대접 일곱이란 인류의 죄에 대한 하나님의 용서 없는 최후 진노를 말한다.

제16장 일곱 대접의 재앙

❀ 진노의 대접들(1-11)

본장의 일곱 대접 재앙은 하나님의 진노가 남김없이 다 쏟아진다는 것을 의미한다.

첫째: 첫째와 둘째 대접 재앙(2-3)

이 재앙의 내용은 독종 재앙이다. 2절에 "악하고 독한 헌데"란 회복할 수 없는 화농과 염증이 계속되는 쓰라림의 병이다. 이 재앙은 불치의 악성종양을 의미한다. 이 재앙을 받을 대상자는 바다라고 하였다. 성경은 바다를 열국으로 상징한다. 앞으로 지상이 죽음의 피

바다가 될 것을 예고하는 것이다.

둘째: 셋째와 넷째 대접 재앙(4-7)

셋째 대접 재앙을 받은 자는 강과 물 근원(4)이라고 하였다. 본래 "강과 물 근원"은 샘물이요 단물이다. 그런데 모든 것이 피로 변하고 말 것이라는 예고이다. 네 번째 임한 재앙은 악인들을 멸하기 위한 것이다. 악인들이란 짐승을 추종하는 자들을 상징한다. 악인들은 666의 표를 받은 자들로 다 멸망할 것이다.

셋째: 다섯째 대접 재앙(10-11)

이 재앙의 대상은 짐승의 보좌이다. 10절에 "그 대접을 짐승의 보좌에 쏟으니"라는 말은 재앙의 대상을 말한다. 여기 "짐승의 보좌"란 적그리스도 국가의 권력의 핵심부를 뜻한다. 이 재앙이 임하면 적그리스도 국가의 백성들의 영역에 암흑이 오고, 사람들이 아파서 혀를 깨물면서 고통을 당하게 된다(10).

결론(結論)

악인은 고통을 받는다고 해도 끝내 회개하지 않으나 택한 자는 환난을 당할 때 즉시 회개하여 은혜와 복을 받는다.

제17장 물위에 앉은 큰 음녀가 받을 심판

❁ 짐승과 음녀의 멸망(6-18)

본문은 여러 짐승들과 음녀의 활동을 통하여 많은 성도가 핍박으로 인하여 괴롭게 되며 적지 않은 피를 흘리게 되는 내용을 다루고 있다.

첫째: 짐승의 상징(6-12)

짐승은 사악한 권력을 상징한다고 할 수 있다. 요한이 환상 가운데 일곱 머리와 열 뿔 가진 '짐승'을 보았다는 것은 의미가 매우 크다

할 수 있다. 왜냐하면 당시 네로를 비롯한 황제들은 매우 난폭했기 때문이다. 특히 네로는 짐승과 같은 존재였다. 새로운 로마를 건축한다는 미명하에 A.D. 64년에 로마시를 불태워 버렸다. 짐승과 조금도 다를 바 없는 자였다. 성도는 한 생명을 천하보다 귀하게 여겨 짐승과 같은 존재로 전락하지 않도록 해야 한다.

둘째: 음녀의 멸망(13-18)

본문에 음녀의 멸망은 어떻게 나타났는가? 놀라운 사실은 사단에게 미움을 받아서 결국은 멸망한다는 내용이다. 이 장면들은 마치 공산주의자들이 동료들을 여러 가지 방법으로 이용한 후에 가치가 없다고 판단될 때에 과감하게 처단해 버리는 것과 같다. 이는 불의한 세상에서 시행되고 있는 방법 중 하나이다. 놀라운 것은 하나님께서는 저들에게도 자기들의 뜻대로 할 수 있는 마음을 허락하셨다는 사실이다.

결론(結論)

우리는 심판은 불의한 자들을 통해서도 이루어진다는 사실을 본다.

제18장 큰 성 바벨론의 멸망

❀ 바벨론의 멸망(1-3)

바벨론이 소돔과 고모라와 같이 멸망당하게 된(사 13:19) 원인이 무엇인지 살펴보자.

첫째: 악한 영들의 지배 때문이다(2)

'더럽고', '더러운', '가증한'이란 표현은 사단의 영들을 지칭하고 있다. 바벨론은 하나님의 영과 반대되는 악령들에 의해 모든 역사가 지배당하고 있었다. 정치, 사회의 혼돈, 경제의 불안정 그리고 타락한 문화 등 시대의 모든 악이 사단에 의해 조성되고 있음을 볼 때 그 나라의 멸망은 자명한 사실이었다.

둘째: 종교적 타락 때문이다(3)

"음행의 진노의 포도주를 인하여 만국이 무너졌으며 또 땅의 왕들이 그로 더불어 음행하였으며"(3)라고 했다. 광적으로 우상숭배에 빠진 바벨론 왕들이 자신을 신격화시킬 뿐 아니라, 하나님께 예배드리는 거룩한 성전에서 공공연하게 행해지는 비종교적인 작태는 분명 하나님의 노여움을 자처하였다.

셋째: 교만과 방종 때문이다(3)

돈만 있으면 못할 것이 없다는 황금만능 사상과 그것을 자기 삶의 세력으로 신봉하던 바벨론이었다. 물질의 청지기로서 하나님의 영광을 위하여 헌신하지 못하고 이로 인해 교만하고, 사치하며, 방종한다면, "자기를 위하여 재물을 쌓아 두고 하나님께 대하여 부요치 못한"(눅 12:21) 어리석은 부자와 다를 바 없다.

결론(結論)

하나님의 영광을 가로채는 인본적인 경향이야말로 영적 타락과 도덕적 타락의 모체가 되는 것이다.

제19장 어린 양의 혼인잔치

❋ 예수 그리스도의 재림(11-21)

첫째: 재림하시는 주님의 모양(11-16)

(1) 백마를 타고 오신다(11). 백마는 승리를 상징함.

(2) 불꽃 같은 눈으로 오신다(2). 이는 사람의 마음을 다 아시므로 불꽃 같은 눈앞에 자기의 비밀을 숨길 자가 없다.

(3) 머리에는 면류관을 쓰고 오신다(12). 면류관은 승리의 영광이니 그리스도의 재림은 승리자의 영광으로 오신다.

(4) 피 뿌린 옷을 입으셨다(13). 이 피는 죄인들이 심판을 받을 때 뿌려진 멸망의 피요 죄인들의 피다(사 63:1-3)

(5) 하늘에 있는 군대가 그를 따른다(14). 재림주의 호위병으로 하늘에 있는 군대가 희고 깨끗한 세마포를 입고 백마를 타고 따른다.

(6) 입에서는 이한 검이 나온다(15). 이 검은 하나님의 말씀(히 4:12)으로 사람의 심령, 골수와 폐부를 쪼개고 해부한다.

(7) 철장으로 다스린다(15). 큰 권세로써 만국을 다스릴 것을 의미한다.

(8) 진노의 포도주 틀을 밟으신다(15). 이는 포도주 틀에서 포도알이 하나도 남지 않고 다 이지러지듯이 죄인들을 하나도 남김없이 심판의 포도주 틀에다 진멸하신다는 것이다.

둘째: 재림주의 심판(17–21)

영광스러운 재림의 모습과 심판의 결과가 어떠한지를 계시하셨다.

(1) 공중의 새들이 모여들고 죄인들은 새들의 밥이 된다.

(2) 짐승(적그리스도)과 거짓 선지자들이 체포되고 이들은 산 채로 유황불 못에 던지움을 당한다.

셋째: 성도들의 준비(7–8)

(1) 크게 기뻐하며 그에게 영광을 돌려야 한다.

(2) 빛나고 깨끗한 세마포 옷을 입어야 한다. 이 세마포는 성도들의 옳은 행실이다.

결론(結論)

예수 그리스도는 승리의 주, 영광의 주, 심판의 주, 만왕의 왕, 만주의 주로 재림하신다. 성도들은 크게 기뻐하며 옳은 행실로 단장하고 기다리다가 오시는 주님을 맞는다.

❀ 심판에 대비하라(11–15)

천국에 대해 알지 못하는 사람들은 죽음 후에 일어날 사건들에 관해 전혀 관심을 갖지 않고 준비하지 않는다.

첫째: 주 앞에서 모든 행위가 드러남

우리의 모든 행위는 이 세계에서는 완전히 감추어진 비밀한 것일지라도 주 앞에서 반드시 드러난다. 주님께는 아무것도 숨길 수가 없는 것이다. 우리는 주의 말씀에 주의하여 그릇 행하게 되는 일이 없도록 조심해야 한다. 주의 말씀을 좇는 사람은 칭찬을 받게 되고, 주의 사랑을 받는 사람이 그릇된 길에서 떠나게 된다.

둘째: 하나님은 공의로 심판하심

하나님은 세상을 심판하심에 있어서 공의를 그 근본 원리로 삼으신다. 따라서 주의 심판에는 편벽됨이나 불의가 있을 수 없음은 물론이고, 불의한 자들이 심판을 피하기란 기대할 수도 없는 노릇이다. 누구든지 선을 행하면 이에 대한 보상을 받게 되고, 누구든지 악을 행하면 이에 대한 보응이 따른다.

셋째: 주를 거부한 자들은 불못에 들어감

예수께 대해 어떤 입장을 취하든지 그것을 강제하는 사람은 아무도 없으되 그 결과는 엄청난 차이를 갖는다. 주를 순종하는 사람들만 축복에 참여하게 되기 때문이다. 우리 성도들은 언제든지 예수의 편에 서서 순종하기를 힘써야 한다. 왜냐하면 우리는 살든지 죽든지 그분께 속해 있기 때문이다.

결론(結論)

심판은 예고되었으나 그때는 아무도 모르므로 대비하는 것밖에 다른 도리가 없다.

제21장 거룩한 성의 광경

❀ 거룩한 성(9-21)

거룩한 성, 곧 하늘의 예루살렘은 이 세계에서 그 어떤 것들과도 비교가 되지 않는 곳이다.

첫째: 견고한 기초 위에 세워짐

거룩한 성 곧 새 예루살렘은 견고한 기초 위에 세워진 것으로서, 영원토록 무너지는 일도, 개축할 필요도 없다. 우리의 신앙도 이와 같아야 하고, 우리 인생도 이와 같아야 한다. 아무리 잘 지은 집이라 해도 기초가 견고하지 못하면 무너지게 되며, 모든 수고가 헛되이 돌아가고 만다.

둘째: 네모반듯하게 세워짐

예루살렘 성은 네모반듯한 구조로 세워졌다. 네모가 반듯하다는 것은 하나님의 공의를 가리킨다. 즉 이 성에 들어갈 수 있는 사람은 의를 좇아서 행하는 사람들, 불의에서 멀리 떠난 사람들이라야 한다는 것이다. 세속을 좇거나 불의와 타협하는 사람들은 거룩한 성에 들어가는 것이 불가능하다.

셋째: 아름다운 보석으로 장식됨

거룩한 성은 빛나는 보석들로 장식되어 있다. 이것은 귀한 성임을 나타내고 이 성에 들어가는 사람들이 하나님 앞에서 귀한 존재, 아름다운 사람들임을 보여준다. 영혼의 구원은 귀하고 값진 것이다. 주께서는 이를 위해 십자가를 지셨다. 우리 모두가 전도 사역에 힘써서 많은 사람이 이 성에 들어가도록 해야 한다.

결론(結論)

거룩한 성은 견고하고 공정하며 보석으로 장식되어 있는 우리들의 본향이다.

제22장 거룩한 성의 축복

❋ 성도가 누릴 복락(1-5)

하나님께서는 당신의 택한 백성들을 구속하시고 새 하늘과 새 땅에서 영생복락을 누리게 하셨다.

첫째: 새 예루살렘의 모습(1-3)

생명수 강이 보좌로부터 흐르고 있다는 것은 새 예루살렘의 축복이 하나님과 어린 양에게로부터 임함을 상징한다. 또한 생명나무가 있는데 이 생명과를 먹을 수 있는 자는(계 2:7) 적그리스도와 거짓 선지자, 사탄과 죄를 이긴 자다. 그리고 인간이 선악과를 먹으므로 저주를 받아 고통 중에 있으나 새 예루살렘에는 저주 대신 축복만이 넘친다.

둘째: 하나님과 어린 양의 보좌(3-4)

하나님과 인간의 중보자요 대속 제물이신 예수님께서 함께하시니 영생복락을 잃어버릴 염려가 없다. ① 그의 종들이 그를 섬긴다-하나님과 어린 양을 구원 받은 백성들이 섬긴다(고전 13:13). ② 그의 얼굴을 본다(4)-하나님의 얼굴을 보는 것은 거룩한 은사요 큰 보상이다(고전13:12). ③ 그의 이름이 저희 이마에 있다(4)-구약 시대 대제사장이 하나님의 이름을 새겨 넣은 금패를 이마에 달고 하나님을 섬겼듯이 새 예루살렘 성도들의 이마에는 하나님의 이름이 새겨질 것이다. 이것은 그들이 하나님의 소유임을 증명해 준다.

결론(結論)

고통과 불행이 다시는 없으며 이제는 하나님이 빛이신 천국에서 세세토록 왕 노릇하게 된다. 아멘.

마치는 글

세계의 역사와 문화, 특히 서양의 역사와 문화는 성경을 모르고는 제대로 이해하기가 어렵다. 프랑스의 대문호 빅토르 위고는 항상 두 권의 책을 들고 다녔는데 하나는 롤 모델인 셰익스피어의 책이었고 다른 하나는 성경이었다고 한다. 《레미제라블》과 같은 소설은 성경의 아가페 사랑을 모티브로 쓰였다.

미국 제16대 대통령 에이브러햄 링컨은 노예해방의 과업을 끝까지 완수할 수 있었던 원동력으로 기도와 성경을 제시한다. 그는 성경이야말로 하나님께서 인간에게 주신 최고의 선물이라고 말했다. 미국 독립선언문을 기초했으며 미국 제3대 대통령을 지냈던 토마스 제퍼슨 역시 자신이 대통령이 될 수 있었던 비결로 어려서부터 늘 읽고 묵상했던 성경을 꼽았다. 그가 독립선언문을 만들 때 성경을 기초로 하였음은 두말할 나위가 없다. 이렇게 세계사에는 성경을 바탕으로 위대한 업적을 이룬 위인도 많고 성공과 행복이라는 두 마리 토끼를 다 잡은 평범한 사람도 많다.

그런 까닭에 성경은 지금도 변함없이 인류 최고의 베스트셀러요 스테디셀러다. 그럼에도 불구하고 이렇게 좋은 성경을 어려운 책이라며 펼쳐볼 생각조차 못하고 있다면 얼마나 안타까운 일인가? 나는 평생을 성경과 함께하는 목사다. 성경을 바탕으로 설교를 하고 심방을 하고 교회와 사역의 방향을 설정하였다. 우월감에 들떠 있을 때도 성경을 읽으며 마음을 안돈시켰고, 열등감에 사로잡힐 때도 성경을 읽으며 다시 용기를 얻었다. 나에겐 그렇게 좋은 성경인데 그저 어렵다고 외면하는 이들을 보면 참 안타까웠다. 그래서 나는 내가 체험한 성경의 그 놀라운 힘을 소개해주고 싶었다. 확실히 말하건대, 목회자로서 평생 성경을 연구해 보니 성경은 결코 어려운 책이 아니다. 다만, 누구에게나 길잡이는 분명히 필요하다.

물론 원 저자인 성령께서 성경을 이해할 수 있는 영을 한껏 부어주시면 성경을 보다 많이, 보다 깊이 깨닫겠지만 성령의 역사 또한 어느 정도 기본적인 성경개관을 갖춘 사람에게 더 크게 일어난다. 성경이 길을 안내하는 나침반이나 내비게이션이라면 이 책은 그 길을 걸어가거나 차로 갈 때 앞을 비춰주는 헤드라이트나 랜턴이다. 그래서 이미 깨달은 사람에겐 더더욱 깊은 확신을 줄 것이고 모르는 사람에겐 길잡이가 되어 줄 것이다. 모르는 곳을 여행할 때는 가이드만 잘 따라가다 보면 어느새 목적지에 순탄하게 도달한다.

이 책도 처음부터 끝까지 읽어보면 성경이 내 삶 속으로 들어오게 되는 기적을 경험할 것이다. 한 사람이라도 이 책 덕분에 성경을 더 가까이하게 되었다는 고백을 듣는다면 저자로서 가장 행복할 것이다.

참고문헌(Bibliography)

ㅣ국내서적

강병도(1988). 《톰슨 성경》 기독지혜사.

강병도(1989). 《호크마 종합 주석》 기독지혜사.

경한수(1994). 《지저스 문답성경》 도서출판 세풍.

경한수(1997). 《지저스 심방설교》 한국기독교말씀사.

고영민(2015). 《원문 번역·주석 성경(신약)》 쿰란출판사.

기독신문사 출판기획부(1997). 《주제별 성경예화집》 기독신문사.

김경섭(1999). 《프리셉트 성경》 도서출판 프리셉트.

김성일(1994). 《성경으로 여는 세계사》 신앙계.

김소영(1984). 《목자성경》 재단법인 대한기독교서회.

김철환(1974). 《엣센스 국어사전》 민중서림.

김호용(1961). 《해설·관주 성경전서》 대한성서공회.

김호용(2000). 《한영성경전서》 대한성서공회.

라이프성경편찬위원회(2000). 《라이프 성경》 기독지혜사.

로고스 편집부(2010). 《로고스 알찬 성경》 로고스출판사.

박기원, 정훈성(1987). 《그라페낱말사전》 성도출판사.

박윤선(1955). 《성경주석 바울서신》 영음사.

박종렬(1981). 《역사의 현장: 사도행전 설교집》 목양사.

생명의말씀사 편집부(2012). 《NEW굿데이성경》 생명의말씀사.

오효권(1990). 《주제별파노라마칼라성경》 은혜출판사.

이병렬(1985). 《이스라엘 역사와 지리》 요단출판사.

이성호(1969). 《신앙난제대사전》 혜문사.

이애실(2015). 《어? 성경이 읽어지네(구약)》 도서출판 성경방.

이애실(2015). 《어? 성경이 읽어지네(신약)》 도서출판 성경방.

이종영(1993). 《비쥬얼 나눔 성경 강해》 제자원.
정형철(1991). 《아가페 성경 사전》 ㈜아가페출판사.
조용기(1985). 《최신판 성구사전》 서울서적.
조용기(1995). 《365 일독성경》 서울말씀사.
조용기(2002). 《마태복음 강해서》 서울말씀사.
조용기(2002). 《은혜로운 주해성경》 서울말씀사.
차경운(1966). 《3000설교사전》 혜문사.
헨리 H. 할레이(1972). 《성서핸드북》 기독교문사.

| 번역서적

김학범(1998). *KING BIBLE* 옮긴이 기독지혜사 번역위원회. 세계기독교문화원.
도널드 C. 스템프스(2018). *FIRE BIBLE*(파이어 주석성경).
레이먼드 브라운(2000). 《히브리서 강해》 옮긴이 김현희. 한국기독학생출판부.
박동순(2019). 《스터디 드라마 바이블》 도서출판 도미누스.
정인찬·잭 헤이포드(2014). *PNEUMA BIBLE* 넥서스.
정형철(1999). 《NIV해설성경》 ㈜아가페출판사.
정형철(2007). 《NIV한영해설성경(개역개정)》 ㈜아가페출판사.
존 스토트(1992). 《사도행전 강해》 옮긴이 정옥배. 한국기독학생출판부.
존 T. 시먼즈(2000). 《날마다 솟는 샘》 도서출판 세복.
필립 얀시·브렌다 퀸(2010). 《필립 얀시의 성경을 만나다》 옮긴이 신순호. 포이에마.

메시지 담은 성경 내비게이션
– 신약편 가이드북

1판 1쇄 발행 _ 2024년 3월 30일
1판 2쇄 발행 _ 2024년 4월 5일

지은이 _ 임동택
펴낸이 _ 이형규
펴낸곳 _ 쿰란출판사

주소 _ 서울특별시 종로구 이화장길 6
편집부 _ 745–1007, 745–1301–2, 743–1300
영업부 _ 747–1004, FAX 745–8490
본사평생전화번호 _ 0502–756–1004
홈페이지 _ http://www.qumran.co.kr
E–mail _ qrbooks@daum.net / qrbooks@gmail.com
한글인터넷주소 _ 쿰란, 쿰란출판사
페이스북 _ www.facebook.com/qumranpeople
인스타그램 _ www.instagram.com/qrbooks
등록 _ 제1–670호(1988.2.27)
책임교열 _ 최진희 · 이화정

 ISBN 979 11 6143 931 0 93230

책값은 뒤표지에 있습니다.

파본(破本)은 구입처에서 교환해 드립니다.